Mon combat pour un visa

5-7, rue de l'Ecole polytechnique, 75005 Paris

http://www.librairieharmattan.com
diffusion.harmattan@wanadoo.fr
harmattan1@wanadoo.fr

ISBN : 978-2-296-10139-5
EAN : 9782296101395

Serge Pop

Mon combat pour un visa

L'oeuf d'autruche

Préface de Florence et Nicolas Hulot

L'Harmattan

L'œuf d'autruche : l'amour d'une mère pour son enfant, ou l'antidote contre la folie humaine en quête de progrès atomique : "En Sibérie, les autorités sanitaires militaires utilisaient les enfants pour faire des expériences contre les irradiations atomiques. L'autorité sanitaire proposait aux mères désespérées, comme remède miracle pour sauver leur enfant, d'apporter un œuf d'autruche. Je ne sais pas par quel miracle ma mère a réussi à en dénicher un en pleine Sibérie ! La réaction des médecins a été de rigoler par derrière.
Ma mère a alors compris combien comptait la vie d'un petit être pour eux ! Malgré les poursuites et les menaces des services spéciaux, elle m'a retiré de l'hôpital en me "volant". Cela m'a sauvé la vie, j'étais le seul rescapé de ces ambitions grandioses.

1986 - Je dédie ce livre aux habitants de la rue d'Exposition de Paris qui ont le sens de la liberté inaltérée parisienne.

Préface

Il y a des gens que l'on croise au quotidien sans imaginer que derrière leur petite histoire, ils ont parfois aussi une grande histoire. Serge Pop est de cela. Nous l'avons rencontré le plus banalement possible. Nous avions besoin d'un bon bricoleur pour des menus travaux et Serge était adroit et avait répondu à notre petite annonce. Le quotidien est fait ainsi que trop souvent on s'arrête à la fonction des gens sans tenter d'apercevoir au delà. Pourtant nous aurions du avoir la puce à l'oreille, souvent des mots s'échappaient de sa bouche sans rencontrer l'attention que visiblement ils cherchaient. Avec du recul c'est évident que cet homme portait en lui quelque chose de trop lourd pour être dissimulé. Son regard lui aussi aurait du nous alerter. Il a la profondeur et l'intensité de ceux que la vie a trop sollicités, un mélange de douceur et de révolte. Il y a chez lui une générosité naturelle, une sensibilité et une disponibilité aux autres, trop rares pour passer inaperçues, trop simples et spontanées pour être feintes. Sans compter que ses dessins au fusain et ses peintures magnifiques, principalement des chevaux révèlent aussi une autre dimension. Plus tard à la lecture de ce récit nous avons à la fois été surpris mais pas étonnés. Pas étonnés de découvrir un parcours mouvementé, mais surpris de l'engagement entier du personnage et séduit par la grandeur d'âme de l'homme. Impressionnés aussi par ces vingt jours de grève de la faim, par cette tranche d'histoire de vie, pendant laquelle toute une population dans la rue s'est spontanément mobilisée pour lui ; son courage et sa conviction étonnent, les jeunes, les vieux, les journalistes, les politiques, les passants. Ca n'est pas un hasard s'il touche les autres à ce point, certaines personnes dégagent de la bonté, de la volonté, et un désir de justice, Serge en fait partie. Un combattant de la liberté au sens noble et rigoureux, un homme courageux qui jamais ne s'accommode de l'injustice. Un itinéraire qui nous rappelle que l'espoir définitivement n'a pas la même couleur pour tout le monde selon le lieu ou l'on naît ; une discrimination géographique à laquelle il ne s'est jamais résigné.

Plus simplement Serge est de ces êtres rares qui nous réconcilient avec la Nature humaine en ne dévoyant jamais le mot humanité. Dans un monde où la tentation du repli sur soi est de plus en plus forte, son Histoire est une splendide leçon d'ouverture aux autres, une main tendue à la souffrance.

Florence et Nicolas Hulot

- Si quelqu'un vous embête, n'hésitez pas à faire appel aux forces de l'ordre extérieures à l'ambassade. Nous sommes une démocratie indépendante, et nous n'avons pas besoin de leçon de démocratie de ceux qui habitent hors de nos frontières.
- Qu'avez-vous à ajouter ? dit l'ambassadeur en raccrochant, fier de lui.
- Je pense que le devoir d'une ambassade est de tenir une liste exacte de ses citoyens dans le pays et de leur permettre d'être informés des changements et des papiers nécessaires pour les élections.

Aucune des parties ne voulait céder. Aussi, Serge fut-il invité à voter dans une urne spéciale. Faite sur mesure pour lui, devant les caméras de la télévision roumaine et les électeurs présents dans l'unique salle de vote.

Là, j'ai pu observer la manière dont se déroulait matériellement le vote : pour voter, chaque personne devait passer à une table « commission de vote » pour s'inscrire, allait à une autre table pour recevoir un tampon et trois livrets (il y'avait trois votes), passait dans un isoloir où il devait tamponner la page correspondant à son choix sur chacun des trois livrets, puis déposait son livret dans une urne soit un livret par urne, il y avait donc 3 urnes posées sur une petite estrade, sans personne à côté pour guider et chaque votant hésitait encore quelques instants pour s'assurer que c'était bien la bonne urne pour le bon livret, et enfin après tout cela, redonnait son tampon à la première table où il l'avait reçu, attendant encore un peu de se faire une petite place pour passer entre toutes les personnes attendant à la table afin de rendre le tampon. Le plus intéressant dans cette organisation est qu'il n'y avait, en tout et pour tout dans la salle, que deux tampons. L'organisation était telle que cela devenait une opération flagrante de démobilisation des électeurs. Or, avec trente pour cent de la population ayant émigré suite à des problèmes avec le régime dictatorial précédent, cela faisait donc

trente pour cent de votant en moins, ce qui pose une véritable question de démocratie.
Je commençais à mieux comprendre pourquoi Serge militait ainsi.

Quand on est sorti, la file d'attente était de 6 heures, et s'étalait dans la rue.

Au deuxième tour, Serge, la même personne, qui soi-disant avait l'air de gêner le bon déroulement des élections, s'est présenté avec des papiers en règle. C'est à dire un acte d'identité national roumain. Il prend son bulletin de vote, rentre dans l'isoloir comme tout le monde, ressort et dépose son enveloppe dans l'urne comme tout le monde. Il retourne à la commission de vote et sort un deuxième acte d'identité et demande à voter à nouveau. Un silence et une stupeur généralisés envahissent toute la salle. Tout le monde s'agite autour de ce client qui ne paraît pas banal.

- Ne paniquez pas, mes chers compatriotes, je ne fais qu'exercer mes droits. Je possède une photocopie de la circulaire officielle (concernant le vote et sortie entre les deux tours, suite au refus exprimé aux électeurs de voter) que je peux vous faire lire. « Tout citoyen a le droit de voter, avec une pièce d'identité : carte nationale d'identité, permis de conduire, carte de marin etc. soit sept pièces différentes possibles. »

Tout le monde se trouve pris de panique et sans solution miracle devant Serge qui veut respecter les dernières directives à l'iota près et demande à voter à quatre reprises.
Il eut encore le droit de voter à part.

Je suis intriguée de voir un tel spectacle et fascinée de découvrir quelque chose que je ne peux comprendre, quelque chose de nouveau. Ce « monsieur » restait élégant, avec un beau sourire, à tel point que la police française, alertée par le fonctionnaire de l'ambassade et attendant le perturbateur, s'adressèrent à Serge lors de sa sortie « Monsieur l'Ambassadeur, dites moi qui vous embête ? » et Serge entrant dans la peau du personnage sans hésiter, répondit « tout est rentré dans l'ordre, je suis sorti pour vous le confirmer ».

Je suis devenue si curieuse de connaître ce personnage étonnant, que je lui ai demandé s'il n'écrirait pas un livre sur son histoire. Il m'a simplement répondu, c'est déjà fait, j'ai un original qui dort depuis des années dans une armoire. Plus tard, je me suis donc retrouvée devant cet ouvrage et je ne le regrette pas. cela me passionnait de voir ce personnage inventif et aussi artiste. Le dimanche il allait à l'église comme beaucoup d'autres, une fois sorti, il n'était pas comme les autres. Il était connu dans la diaspora roumaine pour aider ceux qui le sollicitaient, c'était la première fois que je voyais quelqu'un en train d'écrire des CV pour les autres avec comme bureau le capot des voitures.
Plus tard, j'ai appris, qu'en dehors de son travail, le mercredi, il tenait des permanences dans une association qu'il avait lui-même créée pour les ressortissants des pays de l'Est arrivant en France et démunis, voire en état d'errance.

Deux ans après cette période des élections, je l'ai accompagné à la conférence annuelle de l'U.M.R.L. : « l'Union Mondiale des Roumains Libres » en région parisienne avec des discours de différents intervenants. Il y avait aussi un spectacle de danses traditionnelles. J'ai appris que le Président roumain était en visite à Paris à cette même période et l'ambassadeur roumain à Paris a tenu à être présent à cette réunion pour annoncer la bonne nouvelle : la Constitution roumaine a subi une modification : « tout citoyen roumain, résident à l'étranger, est un citoyen à part entière et son vote est valable et indiscutable. ».
C'était la première fois que j'assistais en direct à un acte d'Histoire et que je mesurais les conséquences d'un acte citoyen résistant qui avait déclenché toute une mobilisation de députés.
Je me souviens encore des discussions à l'ambassade, où Serge, d'un air sûr, disait à l'ambassadeur que son unique allié était le

temps, le temps où le propre fils de l'ambassadeur quitterait lui-aussi le pays et se retrouverait comme fils indésirable de sa propre patrie ; à ce moment là, il reprocherait à son père, la manière dont le pays l'aurait oublié. D'où la nécessité de changer la manière de faire et, s'il le faut, changer la Constitution.

Pour le titre de ce livre, Serge voulait écrire : l'homme qui valait trente mille Deutsch Marks, le prix que les services secrets roumains ont proposé pour l'éliminer à Paris.
Une fois le régime tombé, dix ans après avoir quitté son pays, il y est retourné pour un mariage dans la famille. Il s'est alors retrouvé, face à face avec un cousin éloigné. Celui-ci lui expliqua en détail la mission qu'il devait accomplir en échange de cette somme, dans les années 1982. Il s'était alors déplacé à Paris, mais il n'avait pu accomplir sa mission. C'est aussi simplement que ça qu'il l'apprit.
Et il se souvint : en 1982, deux ans après avoir quitté la Roumanie, il travaille alors dans un garage en région parisienne ; une nuit, il fait un mauvais rêve. Le lendemain, il décide de ne pas aller travailler et ce, sans motif pour son employeur. Il téléphone à un ami qui travaillait dans un bureau de député, celui-ci le connaissant bien, il se déplace pour venir le voir et le motiver : « ce n'est pas un rêve qui doit dicter ta vie ». Mais Serge ne veut pas en démordre, croyant plus en ses prémonitions et restant méfiant. Ce même ami, voyant son obstination, lui confie alors qu'il sait que la police surveille en permanence son lieu de travail. En effet, elle avait réussi à obtenir une liste qui circulait dans les Services Secrets roumains et qui contenait les noms des résidents indésirables à éliminer. Par la suite, il sut qu'un coup de fil avait été passé à son travail, pour savoir s'il était là. « Quand j'ai vu mon cousin au mariage, il m'a raconté que c'était lui, qu'il avait été intercepté par la Police et que paniqué, il était retourné en Roumanie »
Brigitte Mahé

PREMIERE PARTIE
Pour un simple visa touristique

Un simple visa touristique peut, dans certaines conditions, engendrer des histoires souvent attribuées à l'irrationnel.
Comme pour chaque coupe mondiale de foot, je voulais la passer devant la télé, tranquille, je m'imaginais d'avance les équipes, les joueurs préférés ou même les luttes classiques de force pour arriver à la victoire.

Mais cette année, la coupe avait quelque chose de spécial.
Malgré les apparences, j'étais condamné d'avance à ne pas la regarder, non parce que je n'aimais pas, au contraire, la passion peut nous priver des choses que l'on aime.

Tout avait commencé par une histoire banale, une histoire plutôt touristique : des proches de la famille voulaient me rendre visite en France. Après de longues années d'attente, voilà que les choses traînaient... Au début je ne savais pas s'il s'agissait d'un simple oubli de papiers dans un tiroir où la poussière marquait les années ou s'il s'agissait de l'ignorance totale d'un droit humain, ce droit de circuler librement pendant un mois. La famille pour moi, c'était comme une image en couleur, je la voyais de cette façon, mais tout le monde ne regardait pas les couleurs de la même manière.

Les lettres de mon frère et ma sœur mettaient longtemps à arriver grâce au système de censure mis en place.
Cela faisait ressurgir en moi la même sensation que celle que j'avais cinq ans auparavant : une sensation de peur des voisins et de l'administration.

La milice mettait en place des réponses classiques comme : « vous n'aurez le droit de visite que cinq ans après avoir déposé le dossier ». C'est cette première réponse qui a fait que tout le monde a attendu sans trop se poser de questions Mais si on se pose des questions, on n'arrive pas à trouver une raison à cette réponse.

Après toute cette période, ma sœur m'explique l'ambiance d'un simple rendez-vous aux organismes appropriés pour obtenir un oui ou un non : d'abord le réveil matinal à trois heures du matin, puis faire la queue encore et toujours, à côté de trois cents personnes toutes concernées par le même problème ; les bureaux ne sont ouverts que tous les trois mois, avec des horaires bien établis d'avance : deux heures entre dix heures et midi. Comme chaque demande est étudiée avec beaucoup d'intérêt, une bonne demi-heure est consacrée au premier qui passe, les quatre personnes suivantes obtiennent très rarement une réponse affirmative. En échange, un nouveau rendez-vous trois mois plus tard leur est fixé ainsi que pour tous les autres, qui n'ont pas réussi à rentrer.

Si tout va bien avec l'administration il faut encore que le chef d'entreprise (membre du parti) donne son accord pour l'absence de son employé. Et ça, c'est une autre histoire.
D'abord il faut que l'employé se montre très volontaire à travailler les jours fériés soit trois par an, ainsi que les samedis et les dimanches, sans aucune rémunération supplémentaire ; le travail doit être effectué sans hésitation, le plus vite possible ; le salarié doit être prêt à sacrifier le salaire de base selon les caprices du chef d'entreprise, sans recours ni moyen de défense ; si les produits ne sont pas vendus à cause de la concurrence ou de l'incapacité économique du système, les partants sont les premiers visés.
Tous les rendez-vous pour obtenir le visa sont effectués devant l'immeuble de police, au gré des caprices de l'hiver : neige, froid, pluie font partie du décor ; si l'on n'est pas content des réponses, on peut bien sûr s'exprimer en famille, tout en restant méfiant et donc sans aucune allusion à la politique afin qu'aucun élément ne vienne entraver le dossier déjà gros pour partir à l'étranger : bon comportement du citoyen modèle.

Moi de mon côté, j'essayais de faciliter leur tâche, je contactais le ministre français des affaires étrangères pour lui expliquer la situation ; des députés, comme Georges Mesmin essayaient également de lui adresser des lettres concernant ce problème. Je ne comprenais pas pourquoi je n'avais aucune réponse de la part du ministre. Il répondait par le silence, cette même façon de répondre que celle de l'ambassade roumaine à Paris. Je ne comprenais pas son attitude, surtout que j'avais été reçu par lui-même en 1982, lors de ma dernière grève de la faim pour laquelle j'ai obtenu que ma femme et mes deux enfants me rejoignent en France, et où il m'avait conseillé d'avertir son cabinet si un problème similaire se reproduisait. Probablement devait-il être très occupé avec des problèmes plus importants qu'un simple visa touristique ?
Entre temps, un nouveau gouvernement était démocratiquement choisi en France.
L'intervention répétée du nouveau ministre des droits de l'homme auprès de l'ambassade roumaine à Paris ne donnait aucun résultat. Un silence total entourait cette institution. J'avais une nouvelle place de travail, j'étais conscient que trouver à travailler pendant cette période était vraiment un luxe, ma femme essayait de me le rappeler, mais quelque chose était plus fort que moi et me disait qu'il y a des choses plus importantes que le travail, des choses pour lesquelles on passe souvent à côté, que l'on ne voit plus car cela semble normal, mais quand cette chose n'existe plus ou est ignorée par certains, cela nous fait réagir. Pourquoi les médias font-ils la gloire de Ceausescu au mépris du manque total de liberté ? A ce moment là, je n'arrive pas à résoudre ce mystère.

Les jours passent…

Je ne trouve pas le sommeil, j'avais ma famille, mon travail, mais quelque chose me disait « c'est à toi de faire quelque chose » c'était comme une voix divine qui me suivait partout.
Pourquoi moi ? Je me le demande. Cette question m'était posée par Clémentine, ma femme, qui avait remarqué mon sommeil

agité et à laquelle j'expliquais mon état « il ne faut pas que tu ailles à l'ambassade, à cette ambassade où les cadavres poussent comme de l'herbe ». J'essayais de la convaincre que depuis toujours, le régime qui conduit cette ambassade compte sur la peur qu'ils essaient par tous les moyens d'installer, sans reculer devant aucune méthode, mais que, toujours, il y a eu quelqu'un pour manifester contre leur système et que maintenant c'est moi, qui, à nouveau, étais choisi. Moi, je commençais à en être convaincu, mais elle était loin de tout cela. A mon travail, j'expliquis la situation, à Jean-Pierre, en lui précisant que les choses ne sont pas si simples que l'on croit et qu'une présence active est nécessaire pour obtenir une réponse

Je contacte également Antonia C. la secrétaire de Mihai K., un défenseur des droits de l'homme de cette époque. Je ne le connais que par téléphone grâce au mari d'Antonia qui m'a donné son téléphone en m'assurant qu'ils seraient de mon côté à la prochaine action contre les abus de cette ambassade. Cela s'était passé quatre ans auparavant, lors de ma dernière grève de la faim Comme l'occasion de me manifester était arrivée, je le contacte par téléphone. Je tombe sur Antonia C. Après avoir écouté la situation, elle me conseille de ne pas commencer de grève de la faim, qu'elle a des méthodes plus efficaces, des méthodes qu'elle peut me confier à une prochaine rencontre, en attendant elle peut faire un article dans son journal qui s'appelle «LUPTA», ce qui se traduit par « la lutte », un journal d'opposition des exilés, un journal perdu quelque part dans la multitude des papiers qu'on oublie.

Le deuxième appel téléphonique est adressé à Théo, directeur lui aussi d'un journal d'exilés « BIRE ». Mon appel rencontre la voix d'un homme malade du cœur, avec une tonalité très basse, il me prie de l'appeler quelques moments plus tard, le temps que le médecin qui arrive chez lui s'occupe de son cœur. Une demi-heure plus tard, je le rappelle ; cette fois sa voix est plus forte. Théo veut plus de renseignements, je lui rappelle toute l'histoire « et tu fais ça pour ta femme et tes enfants ? » « Non, c'est pour ma sœur et mon frère » « ce n'est pas la peine de te déranger à faire une action pour eux, parce que tu n'obtiendras pas satisfaction » … une fois de plus, je me sens seul. Malgré mes sentiments, je suis resté poli avec lui, je ne voulais pas provoquer de nouvelle attaque cardiaque ; je lui souhaitais donc une bonne santé et un rapide au revoir.

Il n'y avait personne pour m'encourager, mais quelque chose me disait qu'il ne fallait pas laisser faire, au contraire, il faut y aller malgré les obstacles. Si je suis tout seul dans mon action, il faut que je m'organise pour être fort. Alors je me mis au travail. Je mis au point un texte dans lequel j'essayais d'exprimer ma demande, j'envoyais des lettres à tous les partis et connaissances personnelles pour les avertir de mon action prochaine.

Mais l'heure était plus proche que je ne pensais : un jeudi, comme n'importe quel jeudi, je pris la décision, une de ces décisions qui souvent vous entraîne dans des aventures imprévues.
D'après mon calcul, je pensais que trois jours seraient suffisants pour obtenir ce que je demandais, une chose toute banale. Mon calcul me disait donc que lundi je pourrais reprendre mon travail.

DEUXIEME PARTIE
Rendez-vous avec la forteresse de la mort

CHAPITRE I
Un jeudi

Mes pas se dirigeaient vers la même rue presque inaperçue de Paris, la rue de l'Exposition. Chaque pas me faisait revivre le sentiment que j'y passais comme il y a quatre ans auparavant.
La rue était à cette heure pleine d'animation, un chantier pour la réparation partielle du trottoir rendait la rue presque inaccessible dans un sens. Une fois arrivé dans la rue, je partis avertir Antonia C. par téléphone, comme je l'avais promis. Au bout du fil, la même voix que le matin, seulement maintenant, elle avait plein de questions à me poser :

- N'as-tu pas peur ? Es-tu tout seul sur place ? Qui est encore au courant de ton action ?

Les questions n'arrêtent pas de pleuvoir. Je me permets de lui demander pourquoi toutes ces questions ? A son tour elle essaie de m'affirmer qu'elle a simplement besoin de renseignements pour faire un article dans son journal, pour lequel elle travaille comme rédactrice. Elle me dit également qu'elle va avertir la ligue des droits de l'homme, la section roumaine, pour donner suite à mon action, et qu'elle passera ensuite me voir sur place. J'étais content d'entendre son intérêt pour moi, c'était la première personne qui me confirmait ouvertement son soutien pour ma cause. Je regagnais la rue de l'Exposition dès la conversation téléphonique terminée.

Toute l'ambassade de Roumanie était entourée de voitures Dacia, avec un ballet incessant d'allers et retours, c'était bien des voitures de fonction de l'ambassade ; quelques instants encore et j'étais devant la porte principale.

Je sonne à la porte et demande une entrevue avec le Consul ou l'Ambassadeur : « vous ne pouvez pas voir le Consul ni l'Ambassadeur, ils ne sont à la merci de personne ». Pour une réponse, c'est une réponse. « Si vous voulez attendre dehors, vous pouvez le faire de votre plein gré, mais ils ne reçoivent personne ». C'était bien là leur système, ils n'avaient rien changé depuis ma dernière visite, quatre ans auparavant.
« De toute façon, je suis là pour obtenir ... » mais je m'arrête, je parle tout seul. Le haut-parleur a été coupé, ils ne m'ont même pas laissé dire pourquoi j'étais venu.

Je passe de l'autre côté de la rue pour préparer un tract avec ma demande. Deux minutes plus tard, un fourgon de police s'arrête devant moi :

- Vos papiers s'il vous plait

Je sors mes papiers et les leur montre.

- Nous vous demandons de venir avec nous
- Pourquoi faire ? Ils ne sont pas bons mes papiers ?
- Non, ce n'est pas cela, on a reçu des réclamations de l'ambassade.
- Et pourquoi ? Je les dérange ?
- Je n'ai pas le temps de t'expliquer, mais si tu ne rentres pas à la maison tout de suite, tu vas dormir au commissariat. Maintenant tu viens avec nous, on va te déposer devant un métro et tu rentres à la maison.

Je commence à bien les connaître, la dernière fois, j'étais embarqué tous les quarts d'heure.

- D'accord, je vais rentrer.

Je les laisse s'éloigner. Dès qu'ils sont partis, je me remets à sonner à la porte de l'ambassade, mais toujours sans résultat.

Je sors un tract de mon sac en plastique et je l'expose. Lorsque je sors le tract, un homme sort de l'ambassade vers moi ; il s'assure d'abord que personne ne remarque sa sortie puis s'adresse à moi :

- Alors c'est vous monsieur Pop ?

- Oui c'est bien moi, mais comment cela se fait-il que vous connaissiez mon nom ?
- Je suis le nouveau Consul à l'ambassade, je m'appelle Telu et je suis là pour résoudre les problèmes ; si je connais ton nom, c'est grâce à notre réseau d'information. Je suis également au courant de la lettre adressée à l'ambassade, je suis pratiquement au courant de tout, si tu veux, on peut discuter dans mon bureau.
- Je préfère un lieu plutôt neutre.
- C'est comme tu veux, si tu ne veux pas rentrer dans l'ambassade, on peut parler au guichet.

Quelques moments plus tard, je me trouve devant une porte ou le Consul est presque inaperçu derrière une petite ouverture. Tout de suite, il me conseille de rentrer à la maison, il m'explique qu'il a reçu une lettre du ministre des Droits de l'Homme, mais que ça ne change pas beaucoup. « Je connais bien l'ancien ministre des affaires étrangères et je sais qu'il va régler toute cette affaire, et cela parce que le gouvernement actuel est un gouvernement d'ordonnance qui n'a aucun pouvoir officiel. »

- C'est nouveau tout ça ! lui dis-je étonné. On dirait que vous ne savez pas tout, que vous ignorez certaines choses. J'ai bien envoyé une lettre à ce ministre, mais il m'a répondu par un silence complet, je me méfie de lui comme de vous.
- Il ne faut pas dire ça, nous on travaille beaucoup avec lui, il nous a rendu des services plus importants.
- Devant cette ambassade, j'ai de tristes souvenirs, je vois bien qu'ils ont changé de personnel, mais avez-vous changé vos habitudes ?
- Je veux simplement t'aider, j'ai presque le même âge que toi, je ressens les sentiments que tu peux avoir.
- Nous avons des sentiments communs ? vous parlez aussi bien que votre précédent Consul, le Consul Mihalache
- Comment ? Tu l'as connu ?
- Bien sûr que je l'ai connu, mais malgré ses paroles, j'ai été obligé de revenir, ses paroles ne correspondaient pas à la réalité.

- Il ne faut pas dire cela, c'était une personnalité remarquable.
- Vous savez, je parle de mon point de vue, je suis au courant que pour obtenir un poste de consul ce n'est pas facile et que cela demande beaucoup de sacrifices, mais je ne comprends pas dans quel sens vont vos conseils, et je tiens à vous rappeler que grâce à ses promesses j'ai été poussé à faire une grève de la faim. Au contraire, si vous me donnez une réponse écrite, je rentre à la maison sans hésiter.
- Je ne peux pas te donner une réponse écrite, mais je vais voir l'ambassadeur pour qu'il te rédige une lettre.
- Et je l'aurai aujourd'hui ?
- Bien sûr, dans deux heures tu auras la réponse écrite. Ce serait mieux que tu rentres à la maison comme ça tu auras ta réponse par courrier.
- Je préfère attendre la réponse sur place et vous économiser un timbre.
- Tu fais comme tu veux, maintenant je te laisse, j'ai plein de questions à résoudre.

Et il disparut par la petite ouverture.

Je restais là devant l'ambassade, à attendre la lettre, mais pas pour longtemps.

Le même fourgon de police arriva et s'arrêta un peu plus loin. L'air pressé, le même policier se dirigea vers moi, se jeta sur moi, comme s'il attrapait un grand terroriste international.

- Je t'ai dit de rentrer à la maison, tu ne m'as pas écouté maintenant ça va être ta fête.

Comme un oiseau sans défense, j'étais emporté vers leur fourgon. La fête commençait.

Centimètre par centimètre, j'étais fouillé. Après la fouille, le plus grand se mit à parler en regardant mon sac plastique : « violation d'ambassade, port de tracts, tout compris cela fait trois mille francs et un jour d'hébergement gratuit à la Préfecture ».

- Vous n'avez pas oublié les menottes comme supplément ?

Ils me regardent, puis appellent le commissariat central par radio.

- Nous sommes devant l'ambassade de Roumanie, on a interpellé un suspect.

Tout de suite une réponse ferme :

- Vous l'amenez au commissariat central.

Quelques instants plus tard, j'étais dans le même commissariat où quatre ans auparavant, j'avais été invité de la même manière. Une fois descendu du véhicule, de jeunes policiers nouvellement arrivés au commissariat se précipitèrent pour me prendre en charge :

- Ne vous fatiguez pas, je connais la route.
- Comment ça, vous êtes un vieux client de la police ?
- Non, je suis un vieux client de l'ambassade.

Je suis conduit dans un bureau, devant un commissaire.

- Voulez-vous une chaise ?
- Oui, et je préfère la même que celle que j'ai eue en 1982.
- Les nouveaux commissaires ne vous connaissent pas.
- C'est normal, ils n'étaient pas là lors de mon dernier passage.
- Moi, je te connais, mais je ne me souviens pas pourquoi tu étais arrêté, peux-tu me le rappeler ?
- C'est simple, je m'étais enchaîné à la porte d'entrée de l'ambassade, et quand ils ont réussi à enlever la chaîne, je suis retourné avec un lit devant la même porte où je suis resté jusqu'au moment où j'ai obtenu ce que je demandais.
- Et cette fois, qu'est-ce que tu demandes ?
- Un visa touristique pour mon frère et ma sœur.
- Sont-ils mariés ?
- Bien sur, ils sont mariés, et ils ont également des enfants.
- Et ils veulent venir avec leurs enfants ?
- Moi personnellement, je trouve que cette question dépasse un peu les bornes, mais je n'ai pas de secret à cacher et je peux vous répondre franchement que dans notre famille on s'est toujours marié homme et femme et qu'on a toujours eu des enfants qui ont suivi partout leurs parents, sagement.
- Finalement c'est toi qui as raison, mais méfie-toi, tu n'auras jamais gain de cause pour cela.

- Je me demande pourquoi vous me posez cette question ?
- Je le demande pour moi simplement. Et si ton frère et ta sœur veulent demander asile ?
- S'ils veulent le demander, c'est leur problème et s'ils le font, c'est pour de bonnes raisons.

Comme la première question, la seconde, elle aussi, passe mal.
- Est-ce que tu vas recommencer une grève de la faim comme la dernière fois ?
- S'il le faut et si je suis poussé à le faire, je le ferai.
- J'espère que tu es au courant des incidents survenus l'année dernière à l'ambassade quand nous avons ramassé un cadavre.
- Oui, je suis au courant, et si vous voulez savoir si j'ai peur, je peux vous répondre qu'avec de telles ambassades on peut mourir également de peur dans son propre lit et qu'entre mourir dans son propre lit et mourir en agissant, je préfère la deuxième variante, même si certaines personnes sont gênées par une mauvaise publicité.
- Je suis franc avec toi, je te dis clairement que nous n'avons reçu aucun ordre pour assurer ta protection et que si on n'a pas de directives, on ne le fait pas. Toi tout seul est responsable si quelque chose t'arrive.
- Si j'avais peur je ne serais pas là, et si je suis arrivé là, je préfère mourir devant eux, face à face plus que dans un accident inexpliqué.

Le commissaire se mit à rédiger son rapport en me demandant les causes qui me poussaient à faire cette action. Une fois son rapport terminé, il recommença :
- Tu ne veux pas abandonner ta grève ?
- Je me demande pour qui vous travaillez ? Et qui vous paie vos salaires ? Pourquoi ne demandez-vous pas à l'ambassade d'éviter toutes ces situations, vous essayez de m'intimider ?
- Pourquoi ne vas-tu pas à Trocadéro pour manifester ?
- C'est simple comme réponse, parce que l'ambassade se trouve dans votre arrondissement. Et si vous n'êtes pas

d'accord pour des manifestations pacifiques, il faut me le dire, il encore temps de changer de tactique.

- Justement, je voudrais te conseiller de rester loin de leur trottoir, comme ça on peut éviter les malentendus avec eux, tu seras sur le territoire de France d'après les lois diplomatiques, et ils ne peuvent pas nous demander de t'arrêter.
- C'est promis d'avance. Je peux sortir ?
- Oui, j'en ai fini avec toi pour le moment, maintenant je vais envoyer ce rapport au ministère des affaires étrangères.
- Si vous avez fini avec moi, je ne vous dis pas au revoir, je vous dis à bientôt.

Quelques moments plus tard, je me trouve devant la grille de l'ambassade. Les commerçants qui avaient remarqué mon départ forcé me demandent pourquoi j'étais embarqué. Je le leur explique en quelques mots, y compris la promesse du consul. Les deux heures promises pour avoir la lettre étaient bien passées. Il était sept heures du soir, malgré la grande horloge située vers la rue du Bosquet et arrêtée à quatre heures. Le froid ne tardera pas à faire son apparition et la lettre qui n'arrive pas.
Je me mets à marcher sous les yeux curieux du gardien de l'ambassade qui m'observe.
La chaleur me revient lorsque deux passants s'arrêtent pour me rappeler l'histoire du cadavre volant de l'ambassade. Tout de suite après, ils me proposent un pistolet de défense que l'un d'eux sort de sa veste en cuir.

- Désolé, mais ici, les terroristes ce sont eux, de l'autre côté de la rue et pour ça, je n'ai pas besoin d'arme, surtout qu'ils ne sont jamais aussi bien protégés, depuis mon arrivée, ils ont déjà demandé deux fois protection au commissariat.

Comme le temps pour rédiger la lettre était dépassé, je mis mon tract en action. C'était l'heure du dîner, les passants se dirigeaient vers les restaurants. Ils jetaient un coup d'œil vers moi, transformé en homme sandwich, et tout de suite après, tournaient la tête de l'autre côté de la rue. Ils lisaient à voix haute

l'inscription de l'entrée principale : « Ambassade de la République Socialiste de Roumanie » et continuaient « cette ambassade n'a pas besoin de commentaire » sans même avoir lu ce qu'il y avait sur mon papier, « il s'agit sûrement des abus du gouvernement, ils ne font que ça là bas ».
J'ai même entendu des anglais « o my God ! Here is romanian ambassade ! »
Vers neuf heures, une patrouille de police s'arrête devant moi :
- Alors tu vas rester là toute la nuit ?
- Oui, à partir de demain, aujourd'hui, je vais informer ma femme et ensuite je serai entièrement à vous.
- Tu dois trouver une voiture pour demain, tu ne peux pas rester dehors par ce froid.
- Vous savez, j'ai tellement l'habitude de dormir devant cette ambassade, que j'ai chaud d'avance.

Comme promis vers onze heures, je rentrais à la maison et atteignais la banlieue sans incidents. Le seul inconvénient était mon imagination, partout je voyais des ombres, comme si quelqu'un était derrière moi ; la nuit avec ses ombres me causait des soucis, comme jamais auparavant, la rue était plus longue, le temps aussi était plus long.
Une fois arrivé à la maison, j'expliquais à ma femme la situation, elle ne pouvait accepter leurs réactions et leurs manières de faire.
- Est-ce que tu as bien expliqué que c'est un visa touristique ?
- Bien sûr.
- De toute façon tu ne peux pas commencer une grève de la faim ; tu y vas encore demain, et si tu n'as pas de réponse claire, tu peux encore recommencer mais c'est mieux d'y aller demain aussi.
- Si tu me dis ça pour me faire manger, je tiens à te dire qu'ils m'ont coupé l'appétit, et ce n'est pas bien d'insister.
- Ça, c'est bien toi. Les enfants font comme toi et tu me demandes à qui ils ressemblent ?

Bientôt j'étais au lit, bien endormi. C'était la fin d'une journée assez complexe pour un simple jeudi.

CHAPITRE II
Vendredi

Le réveil matinal était accompagné des paroles de Clémentine :

- Alors, tu as changé d'avis ?
- Non, au contraire. Si tu parles de mon rendez-vous de Paris, il est pour aujourd'hui, comme prévu.
- De toute façon, même si tu vas là-bas, ne compte pas que je t'aide ni que je te prépare quelque chose pour dormir là-bas. Il vaudrait mieux que tu essaies encore d'obtenir une réponse.
- D'accord, je vais comme ça pour aujourd'hui, et demain, je ferai comme je sais qu'il faut faire. De mon côté, j'aimerais bien travailler lundi.
- Tu peux aussi téléphoner à ta sœur en Transylvanie, pour voir si, des fois, elle n'a pas reçu ses papiers.
- C'est trop tôt pour voir si elle a du nouveau, mais je te promets que je vais l'appeler.

Au téléphone, je tombe sur sa fille Cristina. Ses parents travaillent toute la journée et ne rentrent pas avant le soir. Ils ne seront à la maison ni samedi, ni dimanche. Ils ont eu de nouvelles directives de travail et doivent travailler ainsi jusqu'à la fin de l'année. Mais pour la visite touristique c'est toujours la même histoire, ils n'ont rien reçu.
Encore une fois j'avais la réaffirmation que les démarches administratives n'avaient pas avancé.
Vers 10 heures, je suis de retour à l'ambassade. Les mêmes voitures de fonction circulaient dans un aller-retour non-stop. Je reprends ma place.
Aujourd'hui, je remets mon tract en place tout de suite. Le même gardien, toujours pas fatigué, jette un coup d'œil vers moi. Après sa disparition derrière le carreau, la police ne tarde pas à arriver. Cette fois je reconnais les nouveaux arrivés. Un commissaire en civil, présent au commissariat de longue date, s'adresse à moi :

- On se connaît déjà, je te croyais parti au Canada ?
- Je ne suis jamais allé au Canada, j'étais parti aux USA et me voilà de retour.
- On a vite remarqué ton retour ! J'espère que tu ne vas pas faire comme la dernière fois avec la chaîne et le lit ?
- J'y serais peut-être obligé, si vous m'embarquez trop souvent !
- Nous on n'est pas contre toi, mais c'est mieux si tu vas au Trocadéro, là-bas il y a plus de passants et plus de touristes aussi.
- Vous avez raison, surtout que là-bas ce n'est plus votre secteur, comme çà vous serez débarrassé de moi. J'ai déjà entendu cette histoire quelque part. Mais comme l'ambassade se trouve ici et que j'ai des affaires à régler avec eux, je vais rester sur place même si cela dérange.
- J'espère que tu n'impliques pas les autorités françaises dans ton action ?
- Non pas du tout, si c'était le cas, je n'aurais pas choisi cette adresse pour manifester.

Le commissaire repart aussi vite qu'il est arrivé, laissant sur place deux gardiens de la paix, l'un d'une cinquantaine d'années, l'autre d'une trentaine. Ils avaient presque tous les deux le même visage, on aurait dit qu'ils étaient père et fils.

Ils ont laissé le commissaire s'éloigner puis le policier plus âgé m'a adressé la parole avec un regard un peu ironique :
- J'espère que tu es au courant de ce qui se passe en Amérique latine et en Afrique du Sud ?
- Oui, je suis très bien renseigné par la presse et la télé, mais mon problème, je le vois d'une autre façon, surtout lorsqu'il ne s'agit que d'un simple visa touristique. Dans les pays que vous venez de citer, les hommes comme les femmes peuvent aller là où ils le désirent. Ils ne sont pas privés de leur droit de circuler librement. C'est plus une question de pouvoir. Moi et ceux de mon pays, comme plusieurs

millions d'hommes, on se contenterait d'une libre circulation.

- Et pourquoi ne vas-tu pas là-bas ?
- D'abord ça ne m'intéresse pas, mais si vous, vous êtes intéressé vous pouvez y aller sans me demander conseil, par contre, si cela vous intéresse, je peux vous arranger un échange de maison avec quelqu'un qui voudrait bien prendre votre place ici.
- Moi, je vais n'importe où, si mon travail est garanti, répond le policier
- Pas de problème, non seulement le travail est garanti mais il est même obligatoire. Le salaire, comme vous le voyez écrit sur mon tract est beaucoup moins garanti, mais si ce n'est que le travail qui vous intéresse dans la vie, alors vous pouvez y aller et vivre votre vie.

Le policier plus âgé ne répondit plus, en guise de réponse il se dirigea vers son compagnon pour lui rapporter notre discussion.

Deux heures après, un fourgon passa les ramasser : « ce n'est pas la peine de rester là, il n'est pas dangereux »
Je restais tout seul ou presque.

Vers onze heures, le Consul Telu, sortit de sa cachette et d'un signe discret de la main, il me fit signe d'approcher :

- Je veux te parler. Si tu veux aller au guichet pour parler comme hier, je suis à toi dans dix minutes.

Je suivis la grille, les barreaux de fer de l'ambassade jusqu'au guichet. Quelques moments plus tard, le consul ouvrit la glissière.

- Je téléphone aujourd'hui, et j'aurai la réponse formelle du commissariat concerné pour régler les problèmes de visa. Votre sœur a fait une demande pour une visite. Mais comme votre frère ne veut plus venir, elle voulait tout laisser tomber.
- Cela me semble bien nouveau ! J'ai justement une lettre sur moi que je viens de recevoir de la part de ma sœur. Je pense

que vous comprendrez son écriture. Moi, je peux vous donner une autre variante.

- Je n'ai pas le temps de lire la lettre, mais je t'assure que c'est cela qu'on a eu comme réponse.
- C'est vraiment dommage que n'ayez pas le temps parce que je voudrais aussi vous monter une photocopie d'un reçu. Je vais essayer d'être court pour ne pas gâcher votre temps si cher.
- Non, tu ne me déranges pas, tu peux m'expliquer ce dont il s'agit.
- D'accord. Regardez bien. Il s'agit de ce reçu de 28.000 francs, somme équivalente à ce que ma mère a dû payer à la douane roumaine pour quelques paires de pantalons qu'elle a achetés en passant des vacances avec moi en France.
- Et pourquoi n'as-tu pas fait de réclamation à l'ambassade ?
- Je m'attendais à cette question, voici la réponse que m'a faite l'ambassade.

Et je lui montre la lettre que m'a envoyée l'ambassade.

- Alors c'est bien votre réponse, OK ? Vous me répondez qu'il ne s'agit d'aucun abus de la part des contrôles douaniers et que la somme demandée résulte d'une taxe de 200% appliquée à tout objet qui n'appartient pas directement à la personne qui passe la douane nationale.
- Je ne suis pas au courant de tout ça.
- Vous avez dit « tout » ? Mais je n'ai as fini de tout vous raconter. Les choses se sont déroulées de façon plus complexe, je me permets de finir si ça ne vous dérange pas trop. Le retour de ma mère s'est effectué en train. Tout s'est bien déroulé jusqu'à la douane de notre chère patrie.

  Premier contrôle : dans le compartiment deux personnes : un homme âgé et ma mère. Une petite fouille et les douaniers sont partis.

  Deuxième contrôle : comme par hasard, ils découvrent dans la poche du pauvre passager, une balle et comme par hasard du même calibre que les douaniers utilisent pour leurs pistolets. Cardiaque, l'homme tombe par terre sans réussir à s'expliquer.

Tous les bagages ont été descendus et recontrôlés. Pendant le contrôle, tous les objets ont été triés selon leur taille, les plus petits sont rentrés dans les poches des agents, les plus grands retenus par censure, en échange d'une somme fixée selon la libre appréciation du fonctionnaire. Les deux passagers se sont retrouvés en jogging et sans bagages.

Vous me croyez sur parole ? Ou vous voulez lire la lettre confirmant mes paroles ?

- Je crois ce que tu me dis. Ici on est au courant de quelques abus et on fait de notre mieux pour les éliminer.
- Pouvez-vous vous occuper de ce problème ?
- Non, je ne peux pas, il n'est pas assez récent et on n'arriverait pas à le suivre ; il y a des situations où les douaniers ont même volé des conserves de chiens ; on a plein de réclamations, on ne peut pas tout faire, cela ne dépend pas de nous.
- D'accord, vous ne pouvez pas bouger pour cela. Mais comment cela se fait-il que vous ne pouvez rien faire pour le visa touristique ?
- Si c'était moi qui les donnais, tu aurais eu satisfaction depuis hier, mais ce sont les autorités françaises qui ne donnent pas leur accord.
- Ne mélangez pas tout à la fois, si vous arriviez à faire le nécessaire de votre côté, cela serait déjà très bien.
- Et maintenant, tu rentres à la maison ?
- Bien sûr, si vous me donnez la lettre que vous m'avez promise hier !
- Je ne peux pas te donner de réponse écrite. Si tu ne rentres pas à la maison, de toute façon on n'a plus rien à se dire.
- C'est à vous de décider, moi je reste sur place pour attendre la réponse écrite promise.
- Nous n'avons plus rien à nous dire, conclut le Consul

Et il ferma la glissière du guichet.

Je regagnais ma place habituelle, mais pas pour longtemps.

Un quart d'heure plus tard, un fourgon de police arrive sur place.

Deux nouveaux policiers se dirigent vers moi.

- Tu vas rentrer à la maison tout de suite

Ils avaient oublié la formule habituelle pour demander les papiers, et se préparaient à m'embarquer.

Des passants s'adressent à eux :

- Mais pourquoi l'arrêtez-vous ? Il n'a pas de papiers sur lui ? Il attaque quelqu'un ? Ou quoi ?
- Il faut qu'il rentre à la maison. Ici c'est une ambassade et il ne peut pas rester.
- Doucement, vous me faites peur. Pourquoi me dites-vous que je ne peux pas rester ? Y a-t-il une loi spéciale pour moi ou est-ce la même loi pour tout le monde ?
- La loi est pour tout le monde ! essaie-t-il d'expliquer
- Alors pourquoi n'arrêtez-vous pas ce chien qui vient de passer, il n'a même pas de papiers sur lui ! Or vous vous attaquez à ceux qui ne montrent même pas les dents !
- "Il a raison", s'exprime le coiffeur qui vient de sortir de sa boutique, qu'est ce que vous lui voulez exactement ? Surtout quand vous l'embarquez de cette façon, je me demande si on est encore à Paris ? Avec votre façon de faire, j'ai l'impression d'être ailleurs.
- Nous on y est pour rien, on exécute les ordres, c'est tout.
- Et qui vous donne les ordres ? L'ambassade ?

Les policiers changent de formule après l'intervention du coiffeur :

- S'il retire ses tracts, nous ne pourrons rien faire contre lui. Au moins qu'il les enlève à notre arrivée, comme ça nous pourrons dire qu'il est conforme à la loi et qu'il ne dérange plus personne.
- Si vous voulez que je retire mes tracts, je peux le faire volontiers, mais à la place je peux marquer autre chose, par exemple : « deux policiers pour chacun, la France avance ».
- Non ! Surtout ne marquez pas ça !
- Comme vous le constatez, je ne suis pas là pour ça. Mais si vous ne me laissez pas exprimer mes sentiments contre "qui il faut", je peux facilement changer d'adversaire.

- D'accord on va te laisser tranquille, mais ne te mets pas de l'autre côté de la rue.
- Vous tenez à protéger ces assassins ; moi j'habite dans ce quartier depuis trente ans, continue le coiffeur, je peux vous dire que vous protégez de vrais assassins. Vous savez combien de cadavres on a trouvé autour de cet immeuble ? Trois, et ça c'est seulement ceux qui ont réussi à sortir de cette forteresse. En plus, je n'ai jamais vu des hommes pareils ! Ils ne disent même pas bonjour, ils sont aussi muets que leurs murs.

Les deux policiers commencent à perdre du terrain. Ils regardent encore une fois l'ambassade, comme s'ils voyaient toutes ces actions se dérouler devant leurs yeux. Ils appellent par radio leur PC et communiquent l'absence de tracts.

Ils ont attendu encore quelques moments la réponse et sont repartis dans leur voiture.

Les passants qui s'étaient arrêtés par curiosité, commencent à me poser des questions. Ils voudraient surtout savoir pourquoi je suis là, dans leur quartier.

J'essaie de formuler la réponse, mais ils se donnent des réponses eux même, disant que depuis que cette ambassade se trouve dans cet endroit, ils ne font que de mauvais rêves.

Une vieille dame de l'âge de la retraite raconte les différentes manifestations qu'elle a vues :

– Il y avait même un écrivain roumain dans les années soixante-dix, qui est resté quarante jours sans manger pour protester contre le régime en place.

Finalement, elle ne sait même pas s'il a obtenu quelque chose, mais elle continue :

– Il y a eu également des femmes en âge de la retraite qui ont fait grève de la faim, ainsi que d'autres femmes avec des enfants dans les bras.
– Il aurait fallu démolir depuis longtemps cette ambassade et renvoyer les diplomates, si on peut les appeler ainsi, chez eux.
– Regarde, ce sont bien eux montre la vieille dame vers un groupe qui venait de sortir derrière la grille. Ils ne se sentent

pas gênés, lorsque quelqu'un est mort devant la grille principale, d'aller chercher leur baguette comme si de rien n'était.

Les personnes du petit groupe qui vient de sortir ne nous regardent pas mais parlent assez fort en roumain, pour que je les entende.

- comment ça se fait qu'il est toujours là ? disent-ils en partant, avec toujours le même regard fixe devant eux.

A leur retour, des baguettes à la main, un autre se met à parler toujours aussi discrètement pour que je l'entende : « pourquoi a-t-il fait des panneaux en français ? Moi je ne comprends pas ce qui est écrit, je vais lui dire de les écrire en roumain. »

Mais ils rentrent sans s'adresser à moi directement.

L'après midi, je contacte France Inter pour confirmer ma présence devant l'ambassade : qu'est ce que vous demandez finalement ? dit la voix d'une femme au téléphone.

- Je désire revoir mes frères et sœurs lors de leur venue « pour une visite touristique »
- On ne peut rien faire pour vous, mais si vous restez plusieurs jours rappelez nous pour nous tenir au courant des évènements.

Je me dit : encore un coup de téléphone pour rien.

Je regagne la rue de l'Exposition, me parlant à moi-même, en me posant des questions et me répondant :

- Il faut continuer, même si je suis tout seul, je dois le faire, il faut que je lutte… Il ne faut pas que je me laisse faire… Je dois réussir…

Je regagne ma place et bientôt, j'ai de la visite. Aujourd'hui, il y a plus de monde qui s'intéresse à moi : devant moi se trouvent deux commissaires en civil. « Nous sommes de la police » et ils me montrent leur carte, me demandant mes papiers en échange. Je sors ma carte de résident. Le plus âgé prend la carte et commence à lire attentivement chaque ligne.

- En plus elle est valable encore neuf ans ! s'exclame-t-il en me redonnant la carte. As-tu demandé la nationalité ?
- Non, j'attends d'abord régler cette affaire pour voir si je le mérite vraiment.

Ils ne répondent rien, en guise de réponse ils retournent vers leur voiture tout en continuant leur discussion au cœur de laquelle j'étais.

Je me disais : maintenant qu'ils sont partis, je n'aurai plus de visite, mais pas du tout ! Tout le monde avait l'air de sympathiser envers ma cause.

Assez vite, une nouvelle voiture et de nouveaux visages apparaissent : toujours en civil, avec la même précision de direction dans le regard : vers moi.

- Bonjour, nous sommes de la police, et nous avons contacté le ministère des affaires étrangères. Le ministère a pris en charge votre cas et il va tout faire pour vous faciliter les visas.
- Vous savez, si je suis là, c'est que je ne me suis pas trompé d'adresse, je suis au courant que le ministère s'occupe bien de ses affaires mais il y a également des ambassades et des ministères de certains pays qui ne font pas l'effort de suivre de près leurs dossiers. A cause de cela, je suis obligé d'attendre une réponse écrite de leur part.
- Pourquoi ne faites vous pas confiance à cette ambassade?
- Vous savez, ce n'est pas la première fois que je suis là devant cette institution : une ambassade si on peut l'appeler ainsi , et je la connais si bien que je préfère une réponse écrite pour prouver mon passage.
- Ah bon ? Ce n'est pas la première fois que vous êtes devant ce bâtiment ?
- Bien sur que non, je leur ai fait confiance une fois et je me suis fait avoir.
- D'accord, on a compris, faites comme vous voulez mais notre ministère est formel dans sa décision surtout n'oubliez pas ça.

L'autre policier qui parlait paternellement, cherche une règle dans sa voiture et se met à mesurer mon tract :

- Ce n'est pas la peine de mesurer, l'arrête le plus âgé, c'est facile à voir, qu'il a la grandeur d'une feuille normale, pour ça ils ne peuvent rien nous reprocher.

Mais son collègue continue son travail.

- A mon avis le tract est un peu trop grand, il devrait avoir la moitié de sa grandeur.
- Est-ce que vous me proposez de couper mon tract en deux pour être conforme à la loi ?
- N'insiste pas, continue son collègue, viens.

Et ils sont partis continuant à discuter les petits détails dans leur voiture qui démarra à toute vitesse.

Quelques femmes qui ont assisté à la discussion commentent les faits :

- C'est la première fois que j'entends une histoire pareille.
- Je n'ai jamais entendu de telle chose pour un tract, mais ici dans cette ambassade, tout est possible. On commence à s'habituer avec des évènements hors du commun.
- Bientôt ils vont nous mettre le feu et ce seront eux les protégés !

Un groupe d'adolescents s'est également arrêté à côté pour me demander de quoi il s'agit.

Je leur explique, en répondant à leurs questions aussi innocentes que leur âge.

- C'est bien triste, disent-ils.
- Et quand on pense qu'aujourd'hui c'est nous qui te regardons et que demain la même chose pourrait nous arriver, ça nous fait peur ; on se demande si nous serions assez courageux pour faire comme toi, pour manifester pareillement.

Un homme en vélo, d'une trentaine d'années, s'arrête et attend son tour en silence, pour parler ; timide, il me demande si je reste toute la nuit dehors et si je suis préparé pour y rester.

- S'il s'agit de couverture je n'en ai pas mais je n'ai pas froid, lui répondis-je
- J'habite dans cet immeuble et si des fois toi tu as besoin de quelque chose, tu peux frapper à ma porte à n'importe quelle heure. Je connais bien les voisins de l'autre côté de la rue et je veux rendre service à ceux qui ont le courage de manifester contre eux, je trouve que c'est très humain de les aider. Je dois rentrer maintenant mais je repasserai sûrement te voir.

La nuit était toute proche, les passants moins nombreux, le gardien de l'ambassade me regardait comme s'il attendait l'heure à laquelle je rentrerais mais malheureusement, aujourd'hui je le décevais, j'avais l'intention de rester toute la nuit pour lui tenir compagnie.
Une heure plus tard, l'homme au vélo était de retour, cette fois, à la place du vélo, il tenait à la main une couverture.
- Tiens ça, c'est pour toi et je vais également chercher un fauteuil, tu dois être fatigué, toute la journée debout.

Il partit et quelques instants plus tard, il était de retour en tenant un grand fauteuil dans ses bras.
- Moi, je suis ouvrier, un simple ouvrier, continue-t-il pour me montrer sa modestie.
- Ne t'en fais pas pour ça, moi aussi je suis comme toi.
- J'espère que tu n'attends pas que des syndicats viennent te soutenir ? Je te dis ça parce que je n'ai jamais vu de syndicats venir manifester devant cette ambassade même si tu es un simple ouvrier, ils disent qu'ils défendent les droits des ouvriers de toute origine, sauf des ambassades similaires à celle-ci, ils ne vont pas se déranger pour défendre ta cause.
- Je n'attends pas leur participation pour me soutenir, je n'ai pas besoin de leur pitié. Je compte surtout sur ma personne, c'est tout.
- Je te le dis simplement pour que tu ne te fasses pas d'illusions et que tu dormes bien au moins je l'espère avec tout ce froid. N'oublies pas, surtout, ma proposition ; si tu as froid, tu peux rentrer à n'importe quelle heure chez moi,

il suffit de taper à la porte. Si tu penses que tu me déranges, je te dis d'avance que non.

Après m'avoir souhaité bonne nuit, il rentre chez lui.

Je pensais que dans la nuit je passerais inaperçu. Mais cela ne se déroule pas exactement comme je l'ai pensé. Bientôt, j'ai de la visite. Un homme âgé qui se déplaçait à l'aide d'une canne, s'arrête devant moi :

- Tu sais quel âge j'ai ?

Mais à ma place, c'est lui qui me répond :

- J'ai quatre vingt ans et j'habite dans ce quartier bien avant l'ouverture de cette ambassade. J'habite juste en face de leurs fenêtres et c'est moi qui ai alerté la police quand l'hiver dernier il y avait un cadavre dans la neige. Les voisins disaient que c'était probablement un clochard en train de dormir mais moi je savais que même les clochards ont peur de dormir dans cette rue. Tu n'as pas l'intention de rester toute la nuit ici, j'espère ?
- Si, je vais rester pour un moment. Je n'ai pas peur de réclamer mon droit.
- Tu sais, je suis assez âgé pour te donner des conseils. Avec des hommes pareils cela ne vaut pas le coup de risquer ta vie. J'ai vu tellement de choses ici et ils sont toujours aussi insensibles. A mon avis tu dois bien manger, afin d'avoir des forces pour lutter d'une autre façon, de la seule manière que, moi personnellement, je crois qu'il faut lutter avec eux.
- Non merci, j'ai déjà trouvé ma façon de manifester
- Mais tu es têtu ! Je t'offre à manger au Club de la Marine, là où je vais très souvent, et je suis sûr que tu vas changer d'avis.
- Comme je vous l'ai dit, j'ai déjà choisi comment il faut manifester. Je suis bien là et je resterai ici.
- Je ne peux pas te faire changer d'avis mais je peux te rendre un service. Depuis plusieurs années, je ne dors plus beaucoup, je reste à regarder la rue. A partir d'aujourd'hui, je vais te protéger. Ne penses pas que je suis trop âgé, à la maison j'ai un fusil que je garde depuis la première guerre,

avec lui, je ne rate pas un lapin, et pour les conséquences, à mon âge, je n'ai plus peur. Comme ça, tu peux rester tranquille toute la nuit sans te faire de souci.

Le vieil homme partit tout doucement à l'aide de sa canne.

Sa place fut tout de suite occupée par un autre passant. Il s'approcha de moi discrètement et m'adressa la parole :

- J'ai entendu que tu veux commencer une grève de la faim, ce sont des clients de mon restaurant qui me l'ont dit. Je suis assez proche de ton âge et je pense que ce doit être pénible de faire ça, surtout que tu as une famille. Je n'arrive pas à m'imaginer que ça puisse exister des choses pareilles, en plus je ne crois pas que cela serve à quelque chose tout ça ; moi de mon côté, je te conseille de bien manger. La vie est trop courte pour leur faire ce plaisir. Je t'apporte quelque chose à manger, j'ai tout caché sous mon manteau, si tu veux, je te le donne tout de suite.
- Non merci, vous êtes très gentil, mais je ne veux pas accepter.
- Oui ? Tu as peur que j'ai mis quelque chose dedans ? Je peux te dire que non, tout est dans l'emballage d'origine, même à boire, je t'en apporte dans une bouteille d'origine fermée par le fabricant. Ou tu as peur que les fonctionnaires de l'ambassade te voient ?
- Non, c'est simplement que je n'en ai pas besoin.
- D'accord, je te laisse ça plus loin, sur la voiture en face. Et sans attendre ma réponse, il le pose sur le toit d'une voiture et disparaît.

Cinq minutes plus tard, il était de retour.

- Alors, tu refuses toujours ?
- Non pas du tout, mais je préfère garder l'invitation pour une autre occasion.
- C'est comme tu veux. Si tu ne le veux pas maintenant, je te le donne demain, et, ramassant ses affaires, il retourne à son restaurant où l'attendent ses clients.

Une heure après, il était de nouveau de retour :

- J'ai tout dans les poches, il suffit de me demander et je te le donne tout de suite.
- Vous êtes très gentil, mais je n'en ai pas besoin, vraiment.
- Tu fais comme tu veux, je ne peux pas t'y obliger. Mais comme je ferme très tard mon restaurant, je vais repasser, dit-il continuant son chemin.

Entouré de froid, je me mis dans le grand fauteuil, caché presque entièrement sous la couverture que j'avais reçue pour la nuit.

PREMIERE NUIT DANS LA RUE

La voiture garée devant moi démarra et partit quelque part dans Paris. La place resta vacante, et moi j'étais plus facile à voir. De cette façon, je devenais plus exposé et en même temps plus gênant pour le gardien de l'ambassade qui n'avait pas du tout l'air content. Leurs visiteurs pouvaient me voir facilement.

Quand la nuit fut bien tombée et quand je pus penser que je pouvais me reposer, une voiture de police apparut. Trois policiers en descendirent et recommencèrent leurs questions :

- Est-ce que vous avez des papiers ?

Une fois que je leur eus présenté mes papiers :

- Pourquoi êtes-vous là ?
- Vous avez l'intention de rester toute la nuit sur place ?
- Bien sûr, je vais rester jour et nuit pour obtenir ce que j'ai demandé.

Je m'attendais à ce qu'ils continuent leurs questions et donnent leurs opinions personnelles, mais à la place de cela, l'un d'eux ajouta :

- Si tu restes toute la nuit, je te dis : chapeau !

Et ils partirent en me souhaitant bon courage. Je ne savais pas comment l'interpréter ; après toutes ces visites, les opinions étaient si différentes que je ne savais plus quelle formule utiliser pour l'avenir.

Bientôt, je m'endors, entouré de froid et des quelques fantômes qui partagent mes sentiments.
Vers trois heures du matin, je me réveille à cause du froid. La rue est complètement vide. Je me mets à marcher pour oublier le froid mais je comprends vite qu'il est préférable de rester sous la couverture pour me réchauffer. Je regagne donc ma place et me cache tout entier sous la couverture pour me réchauffer. Bientôt, j'oubliais tout et ne sentais plus rien. Un sommeil sans rêves m'accompagna jusqu'au matin quand le soleil commença doucement à apparaître.

L'homme qui m'avait prêté le fauteuil fut le premier à passer. Je lui rendis ce qu'il m'avait prêté pour la nuit.

- Je te remercie pour tout et pour demain soir, si j'ai besoin de quelque chose, j'irai les chercher à la maison, ce n'est pas la peine de descendre tout ça de cinq étages pour moi tous les jours.
- Ça ne me gène pas de le descendre.
- Vous êtes gentil mais je ne veux pas non plus trop abuser.

L'homme remonta ses affaires chez lui puis avant de partir en vélo à ses occupations :

- Je vais essayer de contacter des journaux pour les avertir de ton action, si la presse n'intervient pas, tes copains de l'autre côté de la rue te laisseront tomber.

Je sonne à la porte de l'ambassade pour voir s'ils ont du nouveau pour moi. Une voix froide sort du haut-parleur. « Aujourd'hui l'ambassade est fermée. Revenez lundi à partir de neuf heures. Si vous voulez voir Monsieur le Consul, il faut prendre un rendez-vous et nous prévenir une semaine à l'avance. »
C'était bien leur style, mais je croyais que dans les ambassades situées en occident ils essayaient de changer un peu leurs habitudes.
Ils se préparent déjà pour un long week-end. Si dès aujourd'hui ils sont fermés, je me disais que c'était dommage qu'ils n'utilisent pas leurs week-ends pour sortir et se changer les idées. Comme il

n'y a rien à discuter avec le gardien qui venait de couper le haut-parleur, je regagne ma place.

CHAPITRE III

C'était bien un samedi. La journée où presque tout le monde faisait ses achats habituels. Les gardiens de l'ambassade venaient de m'annoncer à leur façon qu'on était en plein week-end.

Les passants de la rue chargés de leurs achats se déplaçaient vite, pour bien réussir leur week-end. Quelques-uns s'arrêtaient pour jeter un coup d'œil à mon tract.
« Elle est de glace cette ambassade », essayaient-ils de me convaincre avant de repartir.

Une nouvelle ronde de police en voiture. La patrouille ne s'arrête pas, se contentant de jeter un coup d'œil pour s'assurer que tout allait bien et repartit aussitôt.

Bientôt une vieille dame passe et lit attentivement mes écritures. Elle réfléchit et dit un peu après :

- Il ne faut pas rester comme ça ; il faut faire quelque chose, de mon côté je vais appeler le maire de mon quartier, il n'a pas peur de cette ambassade, il est âgé mais son cœur est toujours jeune, c'est un homme qui va certainement faire quelque chose pour toi.

La dame repartit si vite que je crus un instant qu'elle avait un rendez vous fixé d'avance avec Monsieur le Maire.
Elle s'arrête un instant pour me dire qu'en restant là je ne pouvais pas résoudre mes problèmes devant des fonctionnaires muets comme les murs, et elle repart en ayant l'air de savoir où elle va.

Nouvelle apparition : c'est encore un fourgon de police. Il s'arrête devant moi, une voix me demande si j'ai toujours l'intention de rester sur place. Je lui montre l'horloge sur le mur situé vers la fontaine de Mars, l'horloge, qui ne fonctionne pas.

- Vous voyez là-bas ? Il est bien quatre heures moins cinq ? dans cinq minutes j'ai rendez-vous avec le Consul

- Mais elle n'est pas bonne cette horloge !
- Bien sûr qu'elle n'est pas bonne. Mais apparemment c'est comme mon rendez-vous qui est fixé d'après cette horloge, et moi je dois attendre, c'est ce que je fais.

Les policiers n'insistent pas et s'en vont.

Je pense à téléphoner. Mais à qui ? Plus personne ne travaille aujourd'hui. Alors je me contente d'attendre devant la grille qui s'ouvre pour laisser passer des personnes qui font des allées et venues sans arrêt. Les petits fonctionnaires qui sortent n'oublient pas, à leur passage, de me jeter un coup d'œil peu content. Les sentiments étaient réciproques entre nous, et de petites étincelles sortaient lors des rendez-vous improvisés de nos regards.

A côté, le salon de coiffure était ouvert. Le coiffeur profita d'un moment de libre pour me saluer :

- Moi, je m'appelle Marc, et si des fois je peux faire quelque chose pour toi, tu n'hésites pas à me le demander, je le ferais très volontiers.

Puis il me raconte que depuis qu'il a ouvert son salon de coiffure, il n'a jamais vu de clients de l'ambassade, en plus il me demande à moi pourquoi ils ne viennent pas chez lui !

- Ils ont peur que vous leur coupiez les oreilles, lui ai-je répondu.

Mais il a pris cela au sérieux :

- C'est pour ça ? Ils ne viennent pas à cause de ça !
- Non, je t'ai fait une petite blague. La vérité est qu'ils ne gagnent pas assez d'argent pour aller chez le coiffeur. La plus grande partie de leur salaire, c'est l'Etat qui le prend, et pour sortir de l'impasse, ils se coupent les cheveux entre eux.
- Comment cela se fait-il que ce pays soit tombé si bas ? surtout qu'avant la guerre il était à un niveau économique très avancé. Il y avait aussi un roi, qu'est ce qu'il est devenu après la guerre ? C'était le roi Michel, non ? Le fils de Carol.

Il en connaissait plus que moi. J'essayais de lui répondre avec mes connaissances assez vagues :

- Il se trouve quelque part en Suisse.
- J'ai entendu qu'après son départ il y a eu beaucoup d'arrestations, des chiffres qui dépassent l'imagination et même dix ans après son départ forcé, les arrestations se faisaient au nom du roi.
- C'est parfaitement vrai, mais comment êtes-vous au courant de tout cela ? Vous êtes mieux informé que moi qui ai vécu là-bas.
- Tu sais, on a tellement de clients dans notre salon de coiffure qu'on sait plus de choses que beaucoup de monde, et comme on est juste en face de cette ambassade, on ne parle que de ça.

Marc m'a tenu longtemps compagnie avec sa femme, et jusqu'à l'heure de fermeture, ils m'ont raconté diverses histoires. Sans que je le remarque, le temps avait bien avancé et c'était l'heure de me dire bon courage. Il était déjà bien sept heures du soir.

- J'espère que lundi je ne te retrouverai pas là, ajouta Marc à son départ.

SAMEDI SOIR

La nuit commence à tomber et aucun mouvement encourageant ne vient de la part des fonctionnaires de l'ambassade. Je me lève et me dirige vers la porte de l'ambassade. Je sonne. Après une longue attente, une voix surgit dans le haut-parleur :

- C'est fermé, revenez lundi.

La nouvelle ne m'encourage pas.

Il me faut téléphoner à Clémentine pour expliquer pourquoi je ne suis pas rentré la nuit dernière à la maison. Dès que je trouve un téléphone, j'explique comment se présente la situation, c'est à dire pas très bien. Je lui annonce que je vais rentrer à la maison pour chercher une couverture afin de passer les prochaines nuits au même endroit. A son tour elle m'annonce qu'il n'y a pas de nouvelles de la part de mon frère et de ma sœur. Une fois la conversation terminée, je me prépare à sortir de la cabine téléphonique.

Un jeune gardien de la paix m'attend devant la cabine :

- Je vous ai cherché devant l'ambassade et comme vous n'étiez pas là, j'ai fait un tour. Pourquoi téléphonez-vous ? Pour rentrer à la maison ?

Il me pose la question avec un air souriant, comme s'il attendait la réponse de ma défaite. Je ne voudrais pas lui donner cette satisfaction et tout de suite j'essaie de lui couper son envie de sourire :

- Tu sais, on n'a pas fait nos études ensemble. Et à mon avis, je ne cède pas si facilement qu'on pourrait en avoir l'impression.
- Je voulais seulement savoir si vous restez la nuit, pour en informer mes supérieurs.
- Si ce n'est que ça, tu peux leur dire que je reste jusqu'à dix heures, ensuite je vais rentrer chercher mes affaires pour continuer demain. Comme je vous ai tout dit, je vous laisse.

Deux minutes plus tard, je suis devant l'entrée principale de la même ambassade. Devant mes yeux, le Consul et l'Ambassadeur se préparent à sortir, accompagnés de leur femme. Ils sont en tenue de soirée. Ils ont probablement rendez-vous dans une autre ambassade avec des personnes ayant les mêmes principes qu'eux, pour profiter d'un week-end ensemble. Les femmes leur demandent, d'une voix assez forte pour que je l'entende :

- Vous n'avez rien fait pour lui ?

Mais l'ambassadeur coupe court tout de suite à la discussion d'un ton très autoritaire :

- Vous, ne vous occupez pas de ça. Normalement, il devrait être chez lui. Je ne sais pas ce qu'il fait encore là.

Les dames ne parlent plus, elles se contentent de me regarder sans rien dire. Bientôt, plus personne dans la rue. C'était l'heure de rentrer. Après un dernier regard, je me dirige vers le chemin de la maison.

La route vers la maison est plus longue qu'hier, les maisons plus grandes, j'ai l'impression que tout a grandi autour de moi.

Clémentine m'attend avec la porte ouverte. Les enfants ne dorment pas, ils m'attendent aussi. Une fois les enfants au lit, les remarques de Clémentine commencent à tomber :

- Regarde-toi, comment tu es ! Je ne sais pas quand tu rentres. Où as-tu dormi hier soir ? Qui t'a donné des couvertures ? Pourquoi as-tu dormi dehors ?

Et les questions ne s'arrêtent plus.

- Je préfère que tu me laisses dormir et demain on pourra parler tranquillement.

Elle arrête ses questions et prépare le lit. Le sommeil ne tarde pas à arriver. Puis le matin est à nouveau de retour. Je le retrouve plus vite que d'habitude. Sans doute, cela est-il dû au sommeil dans un lit !

DIMANCHE

Le matin, Clémentine prépare à manger.

- Je te dis que je ne veux pas manger avant d'avoir résolu ce problème.
- Si tu ne manges pas, je ne te prépare rien pour passer la nuit là-bas.
- Tu fais comme tu veux mais je ne mangerai pas et je ne rentre pas ce soir à la maison.

Elle ne comprenait plus rien, mais elle fit un effort contre sa volonté et prépara un sac de couchage et une couverture.

- Voilà, je t'ai préparé quelque chose, et si tu ne rentres pas, je passerai te voir et j'irai voir également le Consul pour lui dire deux mots : Il n'a pas honte de te laisser attendre ainsi ? Il n'a pas de famille ? Il ne comprend pas la situation ?

- N'essaie pas de comprendre, ils ne pensent pas comme nous, ils ont une autre façon de voir les choses.

Une fois mes affaires préparées je repars à Paris ; la rue de l'Exposition a toujours l'apparence d'une rue où rien ne se passe. Je regagne ma place habituelle sous les yeux curieux des fonctionnaires qui, aujourd'hui, sont plus nombreux à me regarder. Ils commencent à regarder mon arrivée de leurs étages supérieurs. Mais comme tous les jours, de la compagnie ne tarde pas à arriver : une voiture de police, le contrôle habituel des papiers. Puis le gardien de la paix essaye de m'expliquer qu'il n'est pour rien dans cette affaire et que les appels au secours de l'ambassade les obligent à intervenir. Leurs appels de détresse arrivent chez le Préfet avec la formule classique : « si vous n'intervenez pas, on va faire appel au ministère des affaires étrangères »
Les habitants du quartier, sensibilisés, sont plus réactifs aujourd'hui, ils se précipitent dehors dès que la police est sur place. Mais le gardien de la paix recommence son histoire pour les assurer qu'ils ne sont pas passés pour m'embarquer et qu'ils font un simple tour de routine.

L'homme au vélo est sorti pour voir de près de quoi il s'agit. Il attend le départ des policiers puis il commence à me donner quelques nouvelles :

- J'ai réussi à contacter plusieurs journaux. Un journaliste de « Présent » s'est déjà mis à écrire un article sur toi, il était content que je l'appelle parce qu'il était justement en pleine écriture d'un article sur la Roumanie où le Président est en train de démolir les monuments historiques et viole presque tous les droits de l'homme, et comme ton action est à Paris même, il peut donner un exemple très clair à ceux qui liront son article.

L'homme au vélo me laisse avec la promesse ferme qu'il va s'occuper, dans la limite du possible, d'informer la presse.

C'était un dimanche comme les autres, la plupart des habitants sortaient pour profiter de cette journée.

Un silence profond régnait dans la rue après le départ de l'homme au vélo, jusqu'à l'arrivée de monsieur Mihaï K. Il venait de la part d'Antonia C., sa secrétaire qui l'avait mis au courant de mon action.

- Comme Madame C. t'a expliqué, nous avons des méthodes plus efficaces. Elle ne pouvait te communiquer par téléphone notre façon de protester, c'est pour ça, j'ai pensé que c'était mieux que je passe personnellement. Notre système consiste à distribuer des tracts dans toutes les gares principales de Paris avec l'adresse du Président Ceausescu, comme ça tout le monde peut lui envoyer une lettre, et il sera obligé de céder devant l'opinion publique.
- Je m'excuse de vous contrarier, mais je connais déjà ce procédé, il est si inefficace, que tout le monde jette par terre les papiers distribués. Je préfère mon système, d'abord je ne contribue pas à salir tous les endroits publics avec les papiers que je distribue, et je fais également des économies d'argent. L'argent utilisé pour faire des photocopies, je peux l'utiliser pour faire autre chose. Surtout que les papiers risquent d'être jetés sans même être lus.
- Si c'est une question d'argent, je peux te fournir toutes les photocopies. J'ai à mon journal, une photocopieuse et je te ferai tout ça volontairement.
- Vous êtes très gentil, mais franchement, je n'ai pas confiance dans ce système. C'est possible qu'il y ait des ambassades avec lesquelles ce procédé fonctionne, mais ici vous vous êtes trompés d'adresse, et si moi je trouve que la méthode est inefficace, je ne l'utilise pas.
- D'accord, je n'insisterai plus avec ça, mais je peux te donner d'autres conseils : Par exemple ton tract, je trouve qu'il est mal fait. D'abord je ne vois pas à quoi ça peut servir cette carte de Roumanie que tu viens de dessiner, moi je le sais parce que je suis Roumain, mais s'il y a quelqu'un d'étranger, il ne peut pas le savoir. Et ça aussi, continue-t-il à me

montrer, pour « la Roumanie socialiste qui ne respecte pas les droits de l'homme au vingtième siècle » il faut écrire simplement la Roumanie et ce n'est pas la peine de donner des leçons aux autres avec le vingtième siècle, tout le monde le sait qu'on est au vingtième siècle ; c'est trop compliqué, il faut marquer simplement « la Roumanie » tout seul ;

- Et cette histoire de « travail assuré, salaire non garanti » elle est très mal placée ; les passants n'aiment pas les choses très compliquées, tu peux simplement marquer « grève de la faim » et ça simplifie les choses.
- Si je comprends bien, vous êtes passé aujourd'hui pour me donner des conseils ?
- Non, ce n'est pas simplement ça, je suis passé également pour prendre des renseignements pour mon journal ; je ne sais pas si tu es au courant que le journal sort trois fois par mois ; je peux mobiliser pas mal de monde en faisant un article, il y a beaucoup d'abonnés à ce journal.
- C'est possible qu'il soit efficace, mais moi j'entends parler de ce journal pour la première fois.

Il m'assure que son journal est très efficace même si moi, je ne le connais pas.

- Également, j'ai contacté l'organisation des anciens détenus politiques de Roumanie dirigée par Monsieur Cîmpeanu, mais comme ton cas représente un cas isolé, il ne peut pas intervenir pour l'instant.
- Là, je pense que vous avez raison. Une nation entière se trouve dans la même situation et malgré les apparences, il s'agit d'un cas isolé ! Moi personnellement, je trouve que ce monsieur est vraiment très original dans ses décisions.
- Ce n'est pas facile de prendre une décision quand on est président d'une association, surtout quand les opinions sont très différentes.

Il continue en citant un de ses exploits :

- J'ai également contacté la ligue roumaine des droits de l'homme qui transmet des informations sur la principale station de radio de l'opposition « Europe libre », station qui fait ses émissions en Allemagne fédérale. Elle a comme rôle d'informer les pays de l'Est de tout évènement politique et culturel d'occident. Tu peux également contacter madame B. Elle est très efficace pour ce genre de problème.

Avant de partir il tient à me donner un dernier conseil :

- Avec ta grève totale, tu peux tenir sans manger et sans boire deux semaines.

Il se prépare à partir mais avant, il voudrait que je lui explique où trouver un téléphone dans le coin. Je lui conseille de chercher à partir de la rue des Bosquets. Il écoute mon conseil et s'en va d'un pas pressé.

La journée s'annonce tranquille. L'après-midi, j'entends les bruits des supporters de foot en train de crier à chaque exploit de leur équipe préférée. Le championnat mondial de foot venait de commencer.

Cela faisait des heures que personne n'était sorti, personne n'était venu me poser des questions, personne ne me tenait compagnie. Souvent, je me demandais si mon action servirait à quelque chose. Mais je n'avais aucune intention d'abandonner même si pour l'instant, je ne touchais personne.

De l'intérieur de l'ambassade, sortit une musique populaire d'une intensité équivalente aux cris des supporters de foot. La musique était une de ces musiques utilisées dans les fêtes les plus gaies. Probablement ma présence inspirait-elle beaucoup de motivations de fête pour certains ! Mais je connaissais bien ce procédé. J'ai eu l'occasion de connaître en 1982, leur façon de dissimuler toute forme de manifestation ; pour eux la musique pouvait cacher n'importe quelle manifestation. Mais pour satisfaire à tous mes plaisirs, ils ajoutèrent également l'odeur de viande cuite qui sortit des fenêtres de leur cantine comme par simple coïncidence.

La musique continua toute la journée.

Quand la nuit s'approcha et que les passants devinrent plus nombreux, elle commença à perdre en intensité.

Alors qu'il commence à faire de plus en plus sombre, un groupe de jeunes étudiants s'approche de moi, il regarde bien mes affiches et les questions ne tardent pas à tomber :

- Tu dois avoir notre âge ?
- Nous espérons que tu ne te laisses pas mourir devant des ambassades pareilles ?

Mais ils faisaient aussi les réponses suivies d'autres questions.

- Si on peut faire quelque chose pour toi, on n'hésitera pas ; la meilleure chose est de prévenir la presse, sinon ils ne feront qu'écouter de la musique comme ils le font maintenant. Pour eux la vie d'un homme représente une quantité si négligeable que la mort d'un opposant leur rendrait service.

Ils sont repartis avec cet air joyeux spécifique de leur âge, mais pas pour longtemps. Ils sont revenus pour me demander si je n'avais pas quelque chose comme un cahier pour y écrire leurs opinions. Heureusement, j'avais sur moi un cahier. Je leur passe le cahier et ils se mettent à écrire.

D'abord la signature de Gilles accompagné de Christine, suivie par celle des autres.

- Tu sais pourquoi on est revenu ? C'est simplement pour signer et t'encourager. Nous sommes en train de fêter un anniversaire. Mais comme on pensait à toi, la musique avait beau jouer, nous, on n'avait aucune envie de danser ; Alors on a pris la décision de faire quelque chose pour toi tout de suite. Et nous voilà, nous sommes là pour signer dans ce cahier, on ne sait pas si ça servira à quelque chose, mais nous sommes très contents de faire ça pour toi.
- Moi je m'appelle Christian, dit un autre, depuis samedi je n'arrête pas de boire pour fêter l'événement. Depuis que j'ai entendu ton histoire, tout l'alcool que je bois depuis n'a aucun effet.

Ils se dépêchent de signer pour rentrer à cause du froid qui ne fait pas de cadeau.

Après leur départ, Gilles est bientôt de retour avec une couverture.

- Je ne sais pas comment tu fais pour résister, mais j'ai froid rien que de penser à toi. Et il me couvre avec sa couverture.

Christine ne tarde pas à rejoindre Gilles.

- Comme j'ai pensé que ta cause est une cause juste qui nous concerne également, je t'apporte quelques fleurs. Ce sont les plus jolies et je te les offre de tout mon cœur. Ce qui me touche chez toi c'est surtout le courage de te sacrifier. Tu as dû déjà franchir les limites de la patience pour en arriver là. Je me demande si, moi, j'aurais ton courage.

Ses lèvres tremblent. Je lui suggère de retourner à leur fête.

- Il faut que vous vous amusiez bien. Je n'ai pas froid. J'ai l'habitude.

Ils rentrent en faisant la promesse qu'ils reviendront dans la nuit pour voir si tout va bien.

Le vieil homme à la canne était de nouveau présent. Il en profite pour me dire qu'il m'a cherché la nuit passée et qu'il pensait que j'avais eu des problèmes. Je lui assure que tout s'est bien passé et que j'étais à la maison à préparer des couvertures pour passer la nuit dans de bonnes conditions.

- Si tu restes la nuit, n'oublie pas, je monte la garde comme d'habitude, il ne faut surtout pas que tu aies peur des gangsters.

PAULETTE ET ISABELLE

Une femme de cinquante ans tenait également à me parler.

- Je m'appelle Paulette, si tu veux savoir où j'habite, c'est justement là-haut tout près de toi. Si des fois tu as besoin de quelque chose, tu m'appelles et je viens tout de suite. Tu peux m'appeler à n'importe quelle heure ; il ne faut pas croire, surtout, que tu me déranges, je ne dors plus depuis longtemps. Mon mari est gravement malade et je suis obligée de rester toute la nuit à ses côtés. Comme j'habite juste en face de la porte de cette ambassade, j'ai souvent eu l'occasion de constater à qui on avait à faire et ils commencent à me dégoutter. Si je fais ça pour toi, c'est de bon cœur, sinon, je ne le ferais pas. Alors n'oublie pas, tu peux me demander n'importe quoi, à n'importe quelle heure, je te le donnerai avec plaisir.

- Vous êtes très gentille, Madame.
- A partir de maintenant tu m'appelles Paulette, pas Madame, compris ?
- D'accord Paulette
- Voilà, comme ça il n'y a pas de formalité entre nous. Elle continue : Je me rappelle qu'ils ont même, une fois, appelé un ministre, pour faire partir un jeune qui demandait sa femme.
- Comment s'appelle ce ministre ?
- Je ne me rappelle pas son nom, mais je l'ai toujours appelé monsieur Papillon à cause du nœud papillon qu'il porte en toute occasion, en guise de cravate. Et je me suis demandé pourquoi ils envoyaient tant de monde pour intimider le pauvre homme. Les problèmes ne sont pas simples à résoudre, comme dans toutes les ambassades, mais tous les moyens leur sont bons. Moi je ne suis pas d'accord avec ça, qu'ils empêchent tout le monde de manifester, ce n'est pas normal.

Elle parle de telle manière que les personnes qui sont arrivées entre temps donnent aussi leur opinion, opinion non loin de la sienne.

- Et ce n'est pas tout, ils ont même envoyé des brigades mobiles, en moto, pour en taper un qui sonnait à leur porte. Des ambassades pareilles, c'est mieux de ne pas en avoir à Paris.

J'étais en train de les écouter quand un nez de bouledogue allemand commença à me regarder de très près.

- Il n'est pas méchant, dit une jeune femme qui tirait sur sa laisse.

Mais lui est plus fort, et essaie d'en profiter. J'ai d'abord éprouvé une sensation de peur, mais la voix de la jeune femme me rassure, elle m'affirme que tout va bien et que malgré les apparences, son chien n'est pas du tout méchant.

- Je m'appelle Isabelle et j'habite aussi dans cet immeuble.
- Oui, oui, je la connais, dit Paulette, essayant aussi de me rassurer. C'est une gentille fille et son chien essaye de profiter d'elle.
- Moi je t'ai vu depuis jeudi, et je me disais que tout allait bien se passer et tu allais rentrer chez toi. Mais maintenant je commence à me faire des soucis après tout ce temps. Je me demande comment tu peux résister au froid toute la nuit ?
- Le froid c'est une des questions ! intervient Paulette. Moi je me demande comment il reste sans protection, quand tout le monde sait de quoi ils sont capables, ces voisins de l'autre côté de la rue !
- Oui, comment cela se fait-il que la police ne le protège pas ?
- Ce n'est pas très normal tout ça !
- Mais comme vous le constatez, il n'y a rien de normal avec eux.
- Moi, je suis en vacances, plutôt au chômage, continue Isabelle, essayant de sourire.
- Je peux bien rester toute la nuit, de toute façon, je n'arrive pas à dormir, dit un autre
- Si c'est pour moi, ce n'est pas la peine. Ils n'arriveront pas à me faire peur, si j'avais peur, je resterais à la maison.
- Bon, excusez-moi, je rentre à la maison. Je suis juste sortie pour promener le chien et je ne me suis pas habillée très chaudement, maintenant, je commence à avoir froid. Il fait particulièrement froid pour cette période de l'année.

Elle rentre, mais pas pour longtemps. Elle est bientôt de retour, avec dans ses bras, une couverture et un oreiller.

- Voilà, c'est pour toi. Tu dois avoir plus froid que moi. Comme ça tu peux passer la nuit sans avoir de problèmes à cause du froid. Si tu veux, je peux t'apporter quelque chose à manger.
- Tu es vraiment très gentille, je ne veux pas refuser quelque chose à une fille comme toi, mais là, je crois que je vais faire

une exception : je ne refuse pas la couverture, mais la deuxième proposition, je suis obligé de la refuser.

- Tu fais comme tu veux, c'est vrai, tu as certainement raison de refuser. Mais moi, je pense qu'il ne faut pas faire ce sacrifice.

Une jeune fille lycéenne qui était déjà passée dans la journée, était cette fois de retour, accompagnée d'un garçon de son âge. En lui donnant la main, la fille lui explique pourquoi j'étais là. Le jeune, répond à son geste en se serrant plus près d'elle. Le jeune homme m'adresse la parole :

- Ma copine m'a expliqué tout à l'heure pourquoi tu es là. Cela m'a touché et je voulais te voir pour te dire que nous sommes de ton côté et si on peut faire quelque chose pour toi, on n'hésitera pas à le faire. Peut-être qu'on te dérange et que tu es trop occupé avec tes problèmes. On ne veut pas t'embêter trop longtemps.
- Vous ne me dérangez pas,

J'essaie d'intervenir pour calmer ses émotions, il n'avait pas l'habitude des grands discours, ce sont ses sentiments qui le faisaient parler.

- Nous habitons dans ce quartier et on repassera sûrement te voir si tu restes sur place.

Ils se tournent pour repartir. La jeune fille le serre de près et se penche pour lui dire quelque chose à l'oreille, le jeune homme lui répond par une affirmation. Sans attendre, elle se retourne vers moi et me donne la petite fleur qu'elle serrait dans sa main.

- J'ai demandé à mon copain si je pouvais te donner ma rose et il est d'accord. Nous, on ne s'occupe pas de politique. Il ne faut pas prendre cette fleur, si innocente, comme un symbole politique. Il faut que tu l'acceptes simplement comme symbole pour notre admiration envers ton courage.

La fille avait fini de parler et sans attendre, elle s'est jetée dans les bras de son copain, comme si elle avait réussi un grand exploit.

- J'espère qu'il n'est pas jaloux son copain ? ajoute Isabelle en les regardant partir.

Elle aussi était touchée comme moi, et comme je n'arrivais plus à m'exprimer, elle changea de conversation :

- J'ai laissé mon chien à la maison, il n'aime pas du tout rester seul, il est très gentil, mais parfois il est plutôt curieux, j'espère qu'il ne te fait pas peur ?
- Non, pas du tout, dis-je, essayant de cacher mon émotion derrière la conversation qu'elle vient d'entamer.

Isabelle me tient compagnie encore longtemps et même assez tard, elle tremble même de froid ; sur mon insistance elle finit par se décider à regagner son appartement :

- Bon, je vais rentrer. Mais je vais rester derrière ma fenêtre pour m'assurer que tu n'auras pas de surprise, même si cela ne te plait pas et là, malheureusement pour toi, tu ne peux rien faire ! Bonsoir.

Et la rue reste vide après son départ. Plus de passants. Je me prépare à dormir. La nouvelle couverture me rend la nuit moins fraîche. Autour de moi, un silence presque parfait : le chantier de la rue Bosquet diminue la circulation. Le passage des voitures n'était plus un problème.

LA NUIT

Une des lumières de l'ambassade, située à l'étage supérieur, dans une pièce au fond de l'immeuble, s'allume, s'éteint … clignotant comme si elle transmettait du morse. De toute façon, ce n'est pas pour moi, me dis-je, en essayant de l'oublier. Mais mes yeux restent tournés vers cette fenêtre, la lumière n'est visible que sous un certain angle et doit être destinée pour quelqu'un de précis. Je n'y pense plus, j'essaie de dormir, je sais que seulement le sommeil peut m'aider à tenir le coup.

La faim commence à me torturer, l'estomac vide tourne dans tous les sens, le sommeil ne veut pas venir, il faut faire quelque chose, mais quoi ?

Soudain, je pense à réveiller tous ces fonctionnaires qui dorment sans se faire de soucis pour moi. Je vais taper dans leur grille en fer. Non, ce n'est pas bon, me dis-je en moi-même, je vais réveiller en même temps des hommes innocents, des enfants du quartier qui n'ont rien à voir avec ça. Il fallait quand même faire quelque chose pour leur faire payer leur silence ignorant.
Je sors de ma cachette, marchant comme un chat, et me dirige vers la rue Saint Dominique. J'avais l'impression que la rue était calme et que tout le monde dormait, je m'étais bien trompé. Chaque pas que je fais est suivi d'un bruit de fenêtre qui s'ouvre, je ne vois personne, mais avec tous les renseignements que j'ai eus, je m'imagine à qui appartient chaque fenêtre : là ce doit être chez Paulette, puis une nouvelle ouverture de fenêtre : ici doit habiter Isabelle. J'ai presque fini la rue et un nouveau bruit de fenêtre suivi d'un autre bruit : comme si quelque chose en bois léger venait de tomber : qu'est-ce que ça peut être ? Ce n'est pas du côté de l'ambassade. Alors, il y a quelqu'un d'autre qui ne dort pas ? Mais si, j'ai trouvé, le bruit de cet objet tombé ne peut être qu'un bruit de canne. C'est sûrement l'homme à la canne avec son fusil de la première guerre mondiale.
Je pouvais donc dormir tranquille, les habitants de la rue sacrifiaient leur sommeil pour s'assurer que tout allait bien pour moi. Je regagnais ma cachette et, bien couvert, je dormis sans bouger de la nuit.

CHAPITRE IV

A cinq heures, l'heure à laquelle la rue commence à se réveiller, j'entrouvre les yeux. Dès que je commence à bouger, Paulette descend :

- Alors tu as bien dormi ? Tu n'as pas eu trop froid ? C'est à cause du froid que tu t'es promené dans la nuit ? et sans attendre ma réponse elle se met à m'ausculter :
- Tu n'as pas de fièvre ? A mon avis, il faut que tu manges. Tu peux venir chez moi manger et tu reviendras ici après.
- Il faut le laisser tranquille s'il ne veut pas manger ! intervient Isabelle qui nous a rejoint et tente de convaincre Paulette : on ne l'aide pas en lui proposant toute la journée de manger.
- Tu as raison, mais il faut faire quelque chose. Moi je pense à mon fils, qui n'est pas loin de son âge, et quand je le vois c'est comme si je voyais mon fils et je ne peux rester à regarder sans rien faire. Je vais appeler monsieur le Maire, il doit faire quelque chose et toi Isabelle tu l'as assez veillé toute la nuit, tu dois te reposer maintenant. Il est assez grand pour se défendre pendant la journée.

Et Paulette rentre chez elle, en même temps qu'Isabelle.

Simone, la secrétaire, vient d'arriver :

- Alors, tu es toujours devant ma porte ? Tu n'as rien eu de nouveau ? J'étais convaincue que tout était réglé depuis samedi, mais je vois que je me suis trompée. Si je peux faire quelque chose pour toi, je le ferai très volontiers. Je vais essayer de téléphoner de mon côté pour avertir la Presse, sinon tu risques de rester comme ça longtemps.

Le patron de Simone ne tarde pas à arriver : « alors toujours là ? Comment cela se fait-il ? ». Je lui explique en deux mots où j'en suis exactement.

Après un moment de réflexion, il me dit :

- Si tu veux téléphoner, tu peux le faire de mon bureau. On ne trouve pas facilement de téléphone public qui fonctionne.
- Merci, vous êtes vraiment très gentil.

Après cela, il regagne son bureau. Je me disais que le patron était aussi sympathique que la secrétaire mais je n'en trouvais pas la raison. Moi qui étais devant leur porte, je devais les gêner pour y accéder. La réponse ne tarda pas à arriver : une heure plus tard, le patron de Simone sortit. Il devait partir en moto dans Paris pour une livraison habituelle. Il prépare sa moto, mais ne part pas avant de me raconter une petite histoire :

- Tu sais, je connais bien ton pays, cela fait deux ans, j'étais là-bas et je suis resté deux mois, et même dans ta ville : je connais bien comment ça se passe chez vous. Comme j'y suis allé en voiture, je l'ai garée comme je le fais d'habitude à Paris devant une maison. Un matin, je trouve un papier accroché sur l'essuie-glace. Je le prends et qu'est-ce que tu crois que c'était écrit ? Je pense que tu imagines ?
- Non, pas du tout. Ce n'était pas un P.V. ?
- Non, pas un P.V. mais pour moi, c'était pire. C'était simplement marqué : « monsieur, votre voiture gène la sortie ». J'ai regardé, mais il n'y avait aucune sortie. Cependant, la nuit suivante, j'ai changé d'endroit. Malheureusement pour moi, cela s'est répété. Alors je me dis que j'allais sonner et demander aux habitants pourquoi ils me mettaient chaque fois ce papier. Et bientôt j'ai eu la réponse. Ce n'était pas pour une sortie que ma voiture gênait, c'était simplement la plaque d'immatriculation. Comme ma voiture était immatriculée à l'étranger, l'habitant de l'immeuble devant chez qui elle est garée doit immédiatement prévenir la milice de sa présence, si non, il risque une amende équivalente à son salaire d'un mois de travail. Aussi, pour éviter d'avoir à dénoncer, ils préfèrent ne pas avoir de voiture à problème devant leur domicile. Quand j'ai su de quoi il retournait, j'étais pressé de rentrer à la maison. Les hommes sont très gentils là-bas, mais leurs lois sont si terribles que la plupart du temps, ils ont peur de

parler avec toi, pour ne pas risquer de surprises désagréables, et si nombreuses qu'ici on ne peut même pas l'imaginer. Et là : regarde ces voitures de l'ambassade garées devant mon bureau, si moi, je me gare du côté de l'ambassade, je risque une contravention, mais eux, ils peuvent occuper mon parking sans problème. Si des clients veulent venir chez moi, ils doivent tourner une demi-heure avant de trouver une place pour se garer, et eux ils laissent exprès leur trottoir libre et viennent stationner de notre côté pour nous embêter. Et nous ne pouvons rien faire parce qu'ils sont sous protection diplomatique. Je me demande pourquoi l'Etat n'applique pas les mêmes lois pour eux, pour leur rendre la monnaie.

- Enfin, continue-t-il, tu veux savoir pourquoi tu ne me gènes pas ? C'est simple, c'est à cause de cette histoire que je viens de te raconter.

Et il partit en me gratifiant d'un «bon courage ! »

Sa secrétaire sortit pour me donner des nouvelles :

- Je viens de téléphoner à plusieurs journaux : France Soir, Libération, Le Monde, Présent et même à France Inter et Europe 1. Le dernier c'est une station de radio. Tu sais ce qu'elle m'a répondu cette station ?

Je ne le savais pas ; Simone me raconte qu'elle est tombée sur une dame au téléphone :

- Madame, je vous appelle parce que j'ai devant le bureau, un homme qui fait grève de la faim depuis cinq jours.
- Est-il devant l'ambassade d'Afrique du Sud ? demande la dame au téléphone.
- Non, pas du tout, il est devant l'ambassade de Roumaine.
- On est désolé, madame, mais les problèmes de grève de la faim ne nous concernent pas. »
- Alors, continue-t-elle, je pense que tu es mal placé. Il faut que tu changes de place pour que la presse parle de toi. Ce serait mieux que tu ailles à l'ambassade d'Afrique du Sud, comme ça, tout le monde serait au courant de ton action.

- Probablement, vous avez raison, mais il ne faut pas désespérer, des fois on peut mal tomber et avoir au bout du fil une personne qui n'est branchée que sur une seule source d'information.

Simone est rentrée dans son bureau. Elle a un peu oublié son travail et a continué de téléphoner jusqu'à midi. Midi venu, elle est partie déjeuner comme la plupart des passants :

- Je te laisse la porte ouverte, si des fois tu as besoin de quelque chose tu peux entrer. Ta présence n'est pas gênante pour nous. Il ne faut pas te faire de soucis pour nous, tu en as assez avec les voisins de l'autre côté de la rue et je pense que c'est bien suffisant.

QUELQUES GOUTTES D'EAU

Après son départ, un jeune homme de mon âge s'arrête :

- Je m'appelle Olivier, je te vois depuis quelques jours ici. Cela fait combien de jours : cinq, non ?
- Oui, c'est bien cinq.
- Ils sont bien de l'autre côté de la rue. Moi, je vais essayer de faire quelque chose de mon côté, je vais d'abord prévenir la mairie.

Olivier parle très clairement, avec un air sûr de lui. Il n'a pas cette expression de peur, comme le manifeste presque tout le monde en regardant l'autre côté de la rue. Comme s'il lisait mes pensées, il ajoute :

- Avec des hommes pareils, il ne faut pas avoir peur, au contraire, il faut faire comme toi et même plus, il faut leur répondre de la même manière. Maintenant, je te laisse pour avoir le temps d'organiser une petite manifestation. Surtout, ne pars pas de là.
- Pour ça, je te garantis que je reste là.

Bientôt, une femme brune, la quarantaine, prend sa place :

- Je m'appelle Antonia C. Je ne vous connais que par téléphone ; une femme tient toujours ses promesses, je suis donc passée pour faire un article dans mon journal.
- Mais comment cela se fait-il que vous ne veniez qu'au bout de cinq jours ?
- Oui, je t'avais promis de venir dès le premier jour, mais je n'ai pas eu le temps suffisant pour venir. Il ne faut pas croire que je n'ai rien fait. J'ai contacté la ligue des droits de l'homme, la station de radio « Free Europe » et j'ai aussi envoyé des télex à tous les organismes de presse pour les avertir de ton action. Pour ça, il ne faut pas t'inquiéter, c'est fait.

Elle continua :

- Et comme promis, je vais te dire la façon de lutter pour obtenir gain de cause : d'abord il faut faire des tracts, ensuite il faut les distribuer dans les grandes stations de métro et de RER. Comme ça, tout le monde va envoyer des lettres au Président de la Roumanie jusqu'à ce qu'il soit obligé de te donner gain de cause.
- J'ai déjà entendu ça quelque part. Si je ne me trompe, c'est l'homme qui sort le journal avec vous qui me l'a déjà proposé.
- Ah bon ? Je n'étais pas au courant qu'il t'en avait parlé. Alors, je n'insiste pas.
- Non, ce n'est pas la peine. Il faut trouver quelque chose de nouveau.
- D'accord, mais je te dis ça en pensant que ça ne sera pas facile de supporter une grève totale. Tu fais toujours une grève totale ?
- Oui
- Et comment le supportes-tu ?
- Pour le moment, assez bien.
- Je peux te dire que tu peux résister au moins vingt jours sans manger et sans boire.

Et comme si elle avait oublié quelque chose elle me dit qu'elle a contacté Monsieur Cîmpeanu qui est directeur général de plusieurs journaux d'opposition au gouvernement roumain et également président de la ligue des anciens détenus politiques. Mais malheureusement mon cas est isolé et la ligue n'intervient pas pour des cas isolés.

- Et moi qui croyais que toute la nation était concernée !
- Je t'assure, c'est ce qu'il m'a répondu. Elle essaye de me redire ses paroles.

Isabelle était descendue et voulait assister à la discussion. Mais comme si Antonia avait de grands secrets avec moi, elle se pressa de repartir en s'excusant que les affaires ne pouvaient attendre.

- Qui est cette femme ? Et pourquoi vient-elle te rencontrer en secret ?
- C'est une journaliste. Elle vient de m'expliquer que mon cas est un cas isolé et que je peux tenir le coup sans boire au moins vingt jours. C'est n'importe quoi.
- Justement, je viens de téléphoner à mon médecin. Il m'a dit qu'après cinq jours, tu peux avoir des problèmes irréversibles, surtout si tu ne bois pas d'eau. Et il ne dit pas n'importe quoi, c'est un des meilleurs médecins de la région, à ta place, je me méfierais de cette dame. Mais je suis passée pour te dire autre chose, avec cette femme, j'étais en train d'oublier pourquoi j'étais passée.
- Je viens de téléphoner, continua-t-elle, à Antenne 2 et TF1. A Antenne 2, ils m'ont dit qu'ils ne se déplacent que s'il y a plus de cents appels et à TF1, qu'ils ne se déplaceront que lorsque tu en seras à ton vingtième jour ! Pas avant !
- On dirait que chacun a son style original ou que chaque directeur de chaîne a sa façon d'interpréter les évènements. Et toi Isabelle, on dirait que tu es un oiseau de nuit, qui ne dort pas non plus pendant la journée, à mon avis, tu dois te reposer un peu.
- Ne t'occupe pas de moi, et surtout il faut que tu commences à boire, sinon, tu auras des mauvaises surprises et qui te suivront toute ta vie. Tu es résistant pour le moment mais méfies toi pour l'avenir : d'abord, c'est le cerveau qui commence à avoir des problèmes, puis après c'est un peu tout le corps.

Et comme je ne réponds pas, elle se dirige vers la grille de l'ambassade et d'une voix forte elle s'adresse au fonctionnaire qui vient de rentrer : « Vous avez tort, il a des enfants à élever » et elle se lance dans un grand discours. Elle parlait de tout son cœur mais rien ne se passait. Le fonctionnaire rentra impassible sans même la regarder.

- Ils sont de glace, tes compatriotes !
- C'est bien dit, renchérit Olivier qui était de retour. Mais tu ne peux rien changer. Si tu penses qu'ils se laissent impressionner avec des sentiments humains, tu as perdu avant même d'avoir commencé. Puis il s'adressa à moi : comme je te l'ai promis, je suis de retour. Je suis accompagné d'un médecin qui est passé exprès pour te consulter.

Tout de suite, il donna son diagnostic :

- Le poil est déshydraté, un peu de fièvre, le cœur palpite. Je vais te donner un conseil de médecin : tu dois commencer à manger et à boire.
- Tu parles, intervient Isabelle, il est têtu comme une mule. J'ai parlé par téléphone à mon médecin, il m'a dit la même chose. Mais il ne veut pas écouter. Il y a une bonne dame qui lui a dit qu'il peut rester vingt jours sans manger et sans boire et il la croit.
- C'est encore une de ses compatriotes ?
- Comment avez-vous deviné ? répliqua Isabelle.
- C'est facile, ce n'est pas n'importe qui, qui peut donner des conseils pareils !
- J'espère que tu ne te laisses pas faire. Tu es assez grand pour voir les choses correctement. Ils t'ont sûrement dit de ne pas rester trop longtemps devant eux comme ça ils sont sûrs que tu ne les déranges pas.

Je commence à réfléchir à ces paroles. Olivier disparut sans rien dire, pour quelques instants. A son retour, il avait une bouteille à la main.

- Je t'apporte un peu d'eau à boire, avec du sucre, et si tu refuses, je ne peux plus rien faire. Il faut me faire confiance, je n'ai mis que du sucre. Et pour me rassurer, il commence à boire. Maintenant tu dois boire toi aussi.

J'étais convaincu : je prends la bouteille et essaye de boire. Les gouttes d'eau commencent à me brûler, j'avais l'impression que je buvais de l'alcool à 90 degrés.

- Il faut boire tout ça, m'encourage Olivier,
- Je vais boire plus tard,
- C'est une réaction normale, ajoute le médecin, s'il n'a pas bu depuis longtemps, c'est très difficile de boire d'un seul coup. Il faut lui laisser le temps nécessaire de s'accommoder.
- Je me demande comment vous avez réussi, intervint Isabelle, s'il a commencé à boire, je lui apporterai volontiers de l'eau.
- C'est mieux qu'une seule personne t'apporte à boire. Intervient à son tour Olivier, comme ça il n'y aura pas de mauvaises surprises.

MANIFESTATION A 17 HEURES

Olivier et son compagnon sont repartis. Une dame d'une soixantaine d'année, s'approche.

- Vous êtes toujours là ? Mais pourquoi, je me le demande ? Je sais bien de quoi ils sont capables ! Je connais ce lieu depuis longtemps, même avant qu'ils construisent cette partie. Avant, ici, on avait un parc, le parc qui se trouve actuellement derrière la grille. Il a été construit sous Bonaparte et on pouvait s'y promener jusqu'à leur arrivée. Après plus de promenade ; on ne peut même pas garer une voiture devant chez eux sans avoir une amende ! Mais toi, tu es jeune, tu ne dois pas rester à leur merci. Tu crois que tu peux les faire changer d'avis ? Ils sont si cruels que rien ne pourra les faire changer. Je vais t'apporter à manger.
- Surtout pas ça, Madame, explique Isabelle, il faut le laisser tranquille ! De toute façon même si vous lui apportez quelque chose, il refusera.
- Mais qu'est ce que je peux faire ?

- Pour le moment, répondit Isabelle, moi-même, je ne sais pas ce qu'il faut faire. Mais des jeunes du quartier veulent manifester devant l'ambassade aujourd'hui.
- Je n'ai pas l'âge de manifester, mais j'espère que vous en serez ?
- Moi ! Non ! Je n'aime pas ça, les manifestations, ça me fait peur !

Olivier était de retour avant dix-sept heures. Il jeta un coup d'œil à la bouteille :

- C'est bien, tu bois, mais il faut boire encore plus. Il faut prendre des forces, bientôt, il y aura plein de monde, et après un moment d'hésitation, il ajouta : je vais voir également les commerçants du quartier, je n'y ai pas pensé plus tôt. Je suis sûr qu'ils vont venir également manifester.

Olivier partit sans attendre. Vingt minutes après, il était de retour. Toujours avec cet air infatigable, il m'aida à me déplacer jusqu'à la rue Saint Dominique, lieu de rendez-vous avec les autres manifestants où je repris ma position normale : à l'horizontale.

Autour de moi, de plus en plus de monde commence à se rassembler. Bientôt, je suis entouré de tous les côtés. Maurice, un copain d'Olivier, est chargé des actions imprévues comme les provocateurs qui ne manquent pas dans ce genre de circonstances. Isabelle, une autre Isabelle, une copine d'Olivier, m'a apporté des fleurs, elle commence à expliquer notre présence aux passants. Un homme âgé, avec un chapeau à l'américaine, est venu me serrer la main. Isabelle, profite d'un moment pour venir parler avec moi. Elle m'explique que l'homme avec le grand chapeau vient de la mairie comme la plupart des manifestants. Ils ont fini leur journée de travail, et sont tous sortis sans exception, pour manifester en dehors de leurs heures de travail. Elle regarde le grand bouquet de fleurs et continue :

- Pour les roses, il ne faut pas croire que j'ai fait exprès, en ce moment, ce sont les seules fleurs que l'on trouve chez le fleuriste. La majorité d'entre nous, on est plus pour la couleur bleue de notre pays, mais je ne crois pas que la couleur va changer quelque chose. Surtout que pour moi, une fleur reste toujours une fleur quoique puisse peut en faire l'invention diabolique de l'homme.

- Regarde ! Demande un jeune homme, tout le monde s'arrête autour de l'homme au chapeau, tu sais pourquoi ?
- C'est Frédéric Dupont, le maire adjoint, presque tout le monde le connaît, il est si populaire dans ce quartier à cause de sa simplicité administrative, que tous ceux qui ont affaire à lui, ne l'oublient pas.

Isabelle parle avec moi. A cause du nombre des passants, je ne remarque pas qu'une nouvelle personne s'approche pour me serrer la main. Les yeux fermés, je me dis : il y a encore une Isabelle qui vient m'encourager, comment puis-je avoir affaire avec des filles ayant les mêmes prénoms ! Mais non ! C'est Clémentine avec un télégramme à la main : elle essaye de me convaincre que tout est réglé. Je prends le télégramme : il vient de la part de ma mère. Je lis son contenu : « tout est réglé ». Une fois terminée cette courte lecture, je lui demande si elle a téléphoné en Roumanie pour voir si « tout est vraiment réglé », comme c'est indiqué sur le télégramme.

- J'ai téléphoné à ta mère, elle m'a simplement dit que c'est la milice qui lui a conseillé d'envoyer ce télégramme, en disant que si elle ne fait pas quelque chose pour t'arrêter, c'est la police française qui va te frapper et t'emprisonner.

Olivier est juste à côté de nous. Il a tout entendu, il demande à voir le télégramme et le montre à l'homme au grand chapeau en lui expliquant le contenu. Si le télégramme est vrai, le consul doit confirmer le contenu.

- On va faire une délégation et on va demander à être reçu par le Consul.

Bientôt, toute la masse des manifestants se dirige vers l'autre entrée de la rue de l'Exposition. On est devant la porte de l'ambassade. Clémentine sonne à la porte, sans succès. Le maire adjoint essaye à son tour, il attend une dizaine de minutes, sans plus de succès.

- Avec cette ambassade, on ne peut pas parler de civilité, dit-il en commençant à perdre patience, et quand je pense que je leur ai facilité les démarches pour leur accorder le parc et qu'ils le gardent maintenant jalousement, et qu'ils ne veulent même pas ouvrir la porte ! A mon avis dans cette histoire, il y a quelque chose qui traîne, c'est trop beau pour être vrai que tout est résolu ! Comme ils sont muets, ce serait mieux d'appeler le Ministère des Affaires Etrangères, au moins on sera sûr qu'ils ne racontent pas des histoires ! Et à mon avis, dit-il en s'adressant à moi, il ne faut pas que tu bouges avant que tu aies leur réponse écrite. De toute façon, moi je ne bougerais pas avant d'avoir réglé cette affaire comme il le faut. De mon côté, je ne fais confiance à personne ! Je pense que notre présence n'est pas trop utile pour le moment, il vaut mieux que nous rentrions et que nous contactions le ministère compétent pour ce genre de problème. On peut attendre encore un peu.
- Vous savez moi, j'attends depuis cinq jours sans rien obtenir.
- Moi, je ne peux pas attendre tout ce temps, s'ils ne sont pas assez sérieux pour résoudre un problème, ce n'est pas la peine d'attendre !

Peu à peu, la plupart des gens repartent. Bientôt, il n'y eut plus que Clémentine pour me tenir compagnie. Elle resta tard dans la nuit, à côté de moi, en essayant de me convaincre de rentrer à la maison. Comme elle voyait qu'elle ne pouvait pas me faire changer d'avis, elle rentra seule à la maison. Avant qu'elle ne parte, j'essayais de la persuader que bientôt tout cela serait fini et que nous aurions de bonnes nouvelles, mais elle ne répondit pas, comme si elle savait que cela durerait encore longtemps.

- Tu sais, tu me fais si peur que je n'ai pas envie de rentrer à la maison.
- Tiens cette bombe de défense, tu rentres avec à la main, comme ça, tu n'as rien à craindre.

Elle partit en tenant la bombe à la main.

LA NUIT

La nuit est tombée.
La porte de fer s'ouvre : c'est l'heure des promenades nocturnes. Cinq fonctionnaires sortent pour une courte promenade. Un autre groupe arrive ; des hommes et des femmes qui cherchent un restaurant encore ouvert pour souper. Ils s'arrêtent devant moi et me demandent ce que je fais et si devant moi c'est une prison ?
Je leur explique ma présence sur place. Pour la prison je leur dis que c'est une ambassade. Oui, on arrive à lire l'emblème ;

- Mais d'après moi, je n'étais pas loin, quand j'ai dit prison. De telles ambassades, sont bien souvent de vraies prisons.

Une de femmes oublie ses compagnons, elle les laisse exprès partir plus loin.

- Alors ? Tu ne viens pas ? demande une voix.
- J'arrive tout de suite. J'ai quelque chose à lui dire et j'arrive. Attendez-moi au restaurant.

Une fois seule, la dame commence à me raconter comment elle a vécu une aventure heureuse avec un gars « super gentil » et qui avait la même origine que moi.

- Je l'aime bien, et je tiens à t'embrasser pour t'encourager, et aussi pour me rappeler les bons moments passés avec mon copain.

Elle m'embrasse avec une telle rapidité que je n'ai pas le temps de réagir.

- Bon courage, je vais repasser. Si je ne peux pas, je t'envoie quelqu'un de France Soir pour faire un article.

Quelques moments plus tard, le propriétaire du restaurant, qui était déjà passé deux jours avant, arrive avec un plateau de repas :

- Voilà ! Je t'apporte à manger, j'espère que tu ne refuseras pas, tout est payé d'avance. Une dame qui vient de rentrer dans mon restaurant m'a réglé ce repas pour toi, pour que tu t'arrêtes.

- Je ne peux pas manger, c'est tout, ce n'est pas la peine d'insister.
- C'est ce que je lui ai dit, mais elle m'a répondu qu'elle ne remettrait plus jamais les pieds dans mon restaurant si je ne te servais pas un repas.
- Elle est vraiment très gentille et je suis vraiment désolé de décevoir une femme comme elle.
- Bon, je le lui dirai. Mais elle ne sera pas très contente.

L'homme repartit, mais pas pour longtemps. Il revint tout de suite, accompagné par cette même femme qui m'avait embrassé dix minutes plus tôt :

- Alors ? Il ne veut pas te servir dehors ?
- Non, ce n'est pas lui. C'est moi qui ai refusé, lui, il n'y est pour rien. Ce n'est pas la première fois qu'il m'offre à manger, et malheureusement, ce n'est pas la première fois que je refuse.
- Pourquoi refuses-tu ? Tu as peur de cette ambassade ? Tu vas voir ce que je vais faire.

Et elle sonne à la porte. Comme elle n'a aucune réponse, elle s'adresse en criant vers l'ambassade :

- Si vous êtes des hommes, vous n'avez qu'à sortir ! Mais si vous avez peur d'une femme, vous n'avez qu'à rester derrière les barreaux !

Mais toujours rien ! Elle arrête de parler vers leur direction et se dirige vers moi.

- Tu es jeune, il ne faut pas rester comme ça, à mourir de faim. Tu me fais vraiment de la peine.
- Il ne faut pas trop penser à moi, il faut que vous alliez manger. Vous devez manger, on ne peut pas agir tous en même temps, il suffit d'être de mon côté, c'est déjà largement suffisant.
- Tu es sûr que ça suffit ?
- Bien sûr.

J'essaie de le lui affirmer, mais la femme s'en va comme si elle n'attendait pas de réponse.

- Tu coupes l'appétit à tous les clients ! Ils sont plus nombreux que d'habitude mais ils ne mangent pas comme il faut. Ils ne parlent que de toi. Ce n'est pas facile de manger avec des gars comme toi dans le quartier !
- Vous croyez ? Regardez vers l'autre côté de la rue et vous remarquerez que la porte-fenêtre de leur cantine est ouverte et qu'il y a des odeurs de viande rôtie qui arrivent, comme tous les soirs, jusqu'à moi.
- Mais tu as raison ! Ils ne font pas exprès, j'espère !
- Tout est par hasard ! Ils ne font rien exprès, les salauds.
- Maintenant je rentre, j'ai tous mes clients qui m'attendent.

Et il repart. Mais comme la fois précédente, pas pour longtemps. Il revient accompagné encore par la même dame. Il apporte à boire. :

- Si tu ne manges pas, tu ne peux pas refuser de boire.
- Je ne refuse pas.
- Ah ! Je suis très contente que tu ne refuses pas. J'avais vraiment l'impression que tu étais contre moi avec tes refus !

Les deux repartent, avec maintenant l'air satisfait. Une heure plus tard, la femme est de nouveau à côté de moi :

- Tu dois avoir une femme très courageuse pour te laisser faire ça.
- Vous croyez qu'elle me laisse ?
- Non, je suis sûre que non, mais avec un têtu pareil, elle ne peut certainement rien faire, pour ça je suis formelle. J'aimerais bien connaître ta femme.

Une patrouille de police passait. Les policiers ne passèrent pas inaperçus : la bonne dame les arrêta et leur demanda de rester pour me protéger.

- On n'a pas d'ordre pour cela, Madame et, sans ordre, on ne peut rien faire.

- Alors il faut que je m'occupe de ça aussi, à qui faut-il s'adresser pour cela ?
- Au préfet ou mieux, au maire d'arrondissement, c'est lui qui peut l'imposer au préfet.
- Je m'occupe de ça demain.

La dame venait de partir, mais une nouvelle compagnie prenait sa place :

- Qu'est ce que tu fais là ? Pourquoi es-tu là ? … Il ne faut pas te laisser mourir. Si ta femme t'a laissé, tu dois en chercher une autre… Si tu ne trouves pas de travail tu dois encore chercher ou changer de métier, mais il ne faut pas te laisser mourir. Il faut lutter… moi, je ne supporte pas de voir quelqu'un si jeune sur le trottoir…C'est possible que je ne suis pas comme les autres qui passent sans s'arrêter….

Elle parle si vite que je n'arrive pas à intervenir, à expliquer.

- Je ne te laisse pas comme ça. Tu dois venir chez moi, je n'ai pas grand chose à t'offrir, mais je suis prête à partager le peu que je possède avec toi. Je suis au chômage et comme je ne trouve pas de travail dans mon métier, je commence à chanter, j'ai fait un disque et maintenant j'essaye de le vendre. Tu dois venir avec moi…

Elle s'approche un peu plus de moi :

- Je vais te donner de la chaleur humaine, je vais partager mon lit avec toi. Tu ne peux pas refuser. Il faut que tu viennes chez moi à moins que tu préfères rester sur le trottoir froid et insensible ?
- Tu ne veux pas le laisser tranquille ? intervient Paulette accompagnée d'Isabelle.
- Si c'est pour une demande en mariage, on était là avant toi et on aurait déjà pu la faire.
- Je ne suis pas comme tout le monde, je ne peux pas le laisser comme ça !
- Attends au moins qu'il t'explique pourquoi il est là !
- C'est à cause de sa femme ?

- Non pas du tout ! Tu ne me laisses même pas le temps de t'expliquer.
- D'accord, je vous écoute.

Et elle s'arrête pour un moment.

- Si tu lui avais laissé le temps nécessaire, je suis sûre qu'il t'aurait expliqué qu'il s'agit simplement d'un visa touristique qu'il demande pour ses frères.
- Et pour quoi est-il venu ici ?
- Parce que de l'autre côté se trouve l'ambassade qui doit faciliter ce visa.
- Moi, j'habite ce quartier et je ne savais pas qu'il y avait une ambassade ici ! Et pourquoi ne lui donnent-ils pas ce visa ? Vous leur avez parlé ?

Et sans attendre, elle se dirige vers la grille pour leur parler :

- Ça ne va pas ? Pourquoi ne voulez-vous pas donner de visa ? Vous voulez qu'il meure de froid ici ? Mais ils ne répondent pas ! Ils ont peur de moi ! Hé ! Est-ce qu'il y a quelqu'un là-dedans ?
- Nous aussi, on a essayé, mais ils ne répondent pas. Ils font ça par principe.

Elle se retourne vers moi.

- N'oublie pas. Si tu veux venir chez moi, je vais repasser tout à l'heure. Tu dois changer d'avis, il ne faut pas que tu restes là.
- Mais ! Tu es un danger public ! Ne comprends-tu pas qu'il est marié ?

Mais elle s'en alla comme si elle n'avait rien entendu.

- Alors avec toi, on ne s'ennuie pas ! Tu n'es pas un homme à laisser tout seul dans la rue. Même les femmes sont prêtes à t'enlever, comment elle fait ta femme pour te garder ! Ça ne doit pas être simple pour elle !

Paulette et Isabelle parlent avec moi, et j'étais au centre de la conversation. L'homme à la canne était aussi arrivé. Comme auparavant il me propose de rentrer au restaurant de la marine.

- Mais laisse le tranquille ! Tout à l'heure c'était une femme et maintenant c'est toi qui commence !

Avec Paulette, il n'y a pas beaucoup de monde qui peut avoir gain de cause. L'homme à la canne le comprend vite et rentre à la maison en laissant tomber son invitation.

D'un pas un peu timide, quelqu'un s'approche. Il demande à Paulette pourquoi je suis là. Paulette lui explique très précisément la situation.

- Je trouve que ce n'est pas très humain de supporter cela. Moi, je suis étudiant en médecine et je sais que cela ne peut pas donner de bons résultats au point de vue médical. Si ça ne vous ennuie pas, je peux vous ausculter, aujourd'hui, comme n'importe quel autre jour, si vous avez besoin, je peux toujours vous aider.
- Pourquoi pas ? lui ai-je répondu.

Et il continue :

- Je comprends bien votre inquiétude et vous avez raison. Moi je suis chrétien libanais, j'ai eu l'occasion de voir des chrétiens qui faisaient grève de la faim et qui en sont morts. Ils faisaient cela pour arrêter la violence armée. Il y en a pas mal qui ont fini comme ça. Mais la guerre n'est pas finie, au contraire, elle continue, comme s'il n'y avait jamais eu de sacrifice. Quand ils ont compris que leur sacrifice ne pourrait rien changer, ils ont pris les armes à la main, en se disant que s'il fallait mourir d'une manière ou d'une autre, autant mourir en défendant leurs droits, en utilisant la même arme que l'ennemi utilisait contre eux. Il faut se méfier, les martyrs quand bien même ils ont une vision claire et qu'ils ont raison, souvent ne peuvent pas changer les choses. J'ai entendu parler de ton pays et de son président. Je me demande comment il est encore en place. Il a si mauvaise réputation que ce serait mieux de laisser son poste vacant. Je vais repasser demain et on rediscutera. Il faut que je rentre, je passe des examens bientôt, et je dois m'y préparer.
- Merci, d'être passé.

- C'est la moindre des choses, bon courage.

Isabelle rentre aussi chez elle, à moitié gelée, elle est suivie par Paulette.

Maintenant, je suis seul. Je décide de dormir. Comme dans un rêve, j'entends des paroles. Je ne sais pas si c'est vraiment un rêve. Un peu plus tard, quand j'ouvre les yeux, il y a à côté de moi, une couverture, des fleurs posées sur la couverture. Il y a bien quelqu'un qui vient de passer et pour ne pas me réveiller, il a posé tout cela à côté. Un papier avec un petit mot est accroché au bouquet de fleurs : « la liberté, pour ceux à qui on la doit ». Le porteur préfère garder l'anonymat. Je suis très touché par ce petit geste et par la discrétion affichée. Je repense au télégramme reçu dans la journée. Dans quelle situation ont-ils réussi à mettre ma mère pour qu'elle envoie ce télégramme ! Ils s'attaquent à des personnes sans défense ! Je dois les punir, je dois faire quelque chose en échange, mais quoi ?

Une nouvelle patrouille de police vient de passer. J'étais sûr que le prochain passage n'aurait pas lieu avant une demi-heure. Je cherche le marqueur. Je vais écrire sur leurs murs. C'était une bonne idée, mais j'arrive trop tard. Les murs de l'ambassade sont déjà pleins d'écritures. Je ne suis pas le seul à avoir eu cette idée. Mais il faut que je fasse quelque chose. Mais ils ont aussi des voitures ! Bien sûr ! À cela personne n'y a encore pensé ! Je vais casser leurs voitures. Non, ce n'est pas la meilleure solution. Mais si, je vais écrire quelque chose, ils n'oseront pas sortir avec des écritures sur leur voiture ! Je sors de ma cache et me dirige vers la rue Saint Dominique où il y a la grande entrée et où ils garent leurs voitures pendant la nuit. Comme la nuit dernière, le même bruit de fenêtres me suit. Tout le monde est à son poste, même l'homme à canne qui aujourd'hui évite de la faire tomber.

La nuit est une bonne cachette.

Arrivé devant leurs voitures, je me mets au travail. « Roumanie Prison » apparaît sur un capot, « système nationalisé » sur un autre. Je commence à écrire et soudain une voiture avec des lumières sur le toit se dirige vers moi, je fais comme si de rien n'était, je me mets à marcher. La voiture est tout près, c'est bien une voiture de police, ils n'ont pas eu le temps de me voir, ils partent plus loin. Une fois que la voiture est repartie, je continue « système irresponsable » … chaque voiture attend son tour en silence. « Long live Reagan next stop Ceausescu ». Je trouve que c'est d'actualité après le raid aérien des Etats Unis en Libye. En une demi-heure, toutes les voitures sont passées par une main d'artiste. Un grand panneau qui indique la présence d'un chantier pouvait servir d'affiche : une fois retourné, j'ai de la place pour écrire : « Long live Reagan, next stop Ceausescu », les mots me prennent plus de temps à cause de la grandeur de l'affiche qui a presque ma taille, je l'installe bien sous l'emblème de l'ambassade pour bien assortir l'écriture.

Maintenant il faut que je m'en retourne avant qu'une patrouille de police ne m'arrête ; je regagne ma cachette de la rue de l'Exposition, accompagné du bruit des fenêtres. Cette fois je réussis à bien dormir toute la nuit.

Le matin avait également ses surprises….

CHAPÎTRE V

Une voix tout près de moi me fait ouvrir les yeux :

- Tu es vivant ?

Pour une question, c'est une drôle de question. Mais la réponse ne tarde pas :

- Non, je suis mort.

Le gardien de la paix qui vient de poser la question me regarde un peu surpris. Il ne s'attendait pas à une telle réponse.

- Je suis justement passé voir si tout est en règle. Normalement je devais rentrer à la maison, mais j'ai reçu l'ordre de passer te voir. Mais comment tu parles, si tu es mort ?
- A telle question, telle réponse !
- Bon, si tout va bien, je vais rentrer. J'espère qu'aujourd'hui tout va se régler et que demain je n'aurais plus rien à te demander. Bonne journée et bon courage.

Un homme sortit de l'ambassade, c'était le même qui sortait tous les matins avant tout le monde. Deux minutes plus tard, il était de retour avec la grande affiche que j'avais écrite la nuit. Il essayait de cacher l'écriture. Finalement, il réussit à rentrer. Il jeta un coup d'œil à travers la grille comme s'il me disait « bientôt, ce sera ta fête » et il appela le gardien de l'ambassade pour lui demander s'il n'avait pas vu qui avait écrit cela.

- Je n'ai pas bougé de toute la nuit ! tenta-t-il d'expliquer. Il essayait à son tour d'échapper à ses responsabilités.

L'homme matinal, avec un chapeau à la gavroche était maintenant à l'intérieur de l'ambassade. Après quelques explications qui n'ont pas duré plus d'une minute, quatre fonctionnaires sortent presque en courant et se dirigent vers la rue Saint Dominique. A l'appel de l'ambassade une patrouille mobile apparait. Une des voitures avec le plus d'écritures, venait de se garer non loin de moi. Le chauffeur montrait aux policiers les écritures.

- Comment vais-je faire ? Je ne peux pas rouler dans Paris avec ça ! Regardez ce qu'il m'a fait !

Le policier, d'un calme très anglais, s'approche un peu plus du conducteur :

- Qu'est ce qu'elle a votre voiture ? C'est le moteur qui ne fonctionne pas ?
- Non, ce n'est pas le moteur
- Alors pourquoi me dites-vous qu'elle ne marche pas ou peut-être ai-je mal compris ?
- Non, je ne peux pas sortir avec, à cause des écritures.
- Et vous ne pouvez pas rouler en voiture parce que vous avez quelque chose d'écrit sur votre voiture ?
- Non, je ne peux pas. Regardez ce qui est marqué !
- Écoutez-moi, monsieur, vous m'avez appelé en disant que vos voitures ont été sabotées. Je constate que vos voitures ne sont pas sabotées comme vous venez de me le dire. Mais si vous ne voulez pas sortir à cause des écritures ce n'est pas la même chose. Si je fais un constat avec une déclaration, qu'est ce que je dois mettre ?

L'homme qui venait d'apporter sa voiture commençait à perdre son calme, il se dirige vers son garage, pousse la porte avec beaucoup de bruit et se retourne vers le policier :

- Si vous ne faites rien, nous saurons faire notre justice nous-mêmes.
- Ça ne va pas ! intervient Paulette de sa fenêtre.

Elle venait d'assister à toute la discussion qui était facile à entendre et maintenant elle donnait son opinion.

- On n'est pas à Bucarest ici ! et quand on n'est pas content, on n'a qu'à rentrer chez soi ! Je suis sûre que si vous partez, il n'y aura personne pour pleurer après vous !

Le gardien de la paix se dirige vers moi :

- Il ne faut pas écrire sur leurs voitures, sinon, nous serons obligés de t'embarquer.

Comme si Paulette avait deviné pour quoi il s'adressait à moi, elle se dépêcha de descendre, si vite, qu'elle eut le temps de répondre à ma place :

- Si vous voulez savoir, ce n'est pas lui qui a écrit ! Je n'ai pas fermé l'œil de la nuit et j'ai bien vu qu'il n'a pas bougé de là.
- Mon rôle est de constater les faits et je constate qu'il y a des écritures sur les voitures.
- Mais vous ne pouvez pas accuser quelqu'un sans preuve !

Le chauffeur de la voiture recommence à prendre courage en entendant les paroles du gardien. Il l'appelle en lui montrant encore une fois sa voiture :

- Regardez les portes, le capot et même le toit ! Il faut que vous l'arrêtiez !
- Et quoi encore ! Vous voulez m'apprendre ce que j'ai à faire ? Gardez vos conseils pour vous ! Ce n'est pas en montrant du doigt qu'on trouve le coupable, c'est comme ça que vous faites chez vous ?

Mais le chauffeur ne veut pas laisser tomber et s'accroche plus que jamais à ses droits de diplomate :

- Il faut que vous appeliez par radio pour l'embarquer ou sinon c'est moi qui vais appeler.

Le gardien se dirige vers sa voiture et sort son émetteur radio. Il regarde encore une fois la voiture et ses écritures et regarde le chauffeur comme s'il lui demandait : « ce n'est pas écrit assez bien sur le plan grammatical ? ».
Et sans attendre, il remet son émetteur dans la voiture. Puis il rentre dans sa voiture, toujours avec son flegme particulier. Il regarde dans le vide pendant une dizaine de minutes puis démarre sa voiture et s'en va. Le chauffeur n'en croit pas ses yeux.
Il appelle quelqu'un du garage pour lui expliquer les faits. Le nouveau sorti a l'air d'un garagiste. Il cherche plusieurs produits pour essayer de retirer les écritures.

- Il n'y a rien à faire, il faut refaire la peinture.
- Je ne peux pas attendre, j'ai des rendez-vous importants aujourd'hui.
- Vous n'avez qu'à y aller comme ça.

J'ai l'impression que le ton de la discussion va monter, mais non, le chauffeur laisse tomber. Il n'a pas envie de discuter. Le garagiste rentre la voiture dans le garage, puis les autres, celles qui ont aussi des écritures semblables.

- C'est bien fait pour eux ! tient à ajouter Paulette.
- Il apparaît que tu auras une journée bien chargée si ça commence comme ça.

Isabelle est également descendue. Simone vient d'arriver à son bureau, avec son sourire elle vient me dire :

- A partir d'aujourd'hui je prends mes pantalons, comme ça je peux t'enjamber et entrer dans mon bureau sans que tu n'aies à te lever.
- Il ne faut pas que je te dérange, tu es déjà assez dérangée.
- Attends, j'essaie de passer sans te déranger. Ne bouge pas surtout, voilà, ça y est. Et elle entre dans son bureau en ajoutant avant de fermer la porte derrière elle :
- Je vais encore essayer de contacter la presse, j'espère qu'aujourd'hui ça va mieux marcher.
- Ça y est ! J'ai réussi ! s'exclame Simone une heure après. J'ai réussi à contacter quelqu'un de "Libération", il va venir bientôt ; et j'ai eu également "Antenne 2" qui va passer demain. Ils m'ont dit de transmettre à tout le monde le message de ne plus appeler, parce qu'avec ton cas, la ligne est occupée toute la journée. D'abord ils disent qu'il n'y avait pas assez d'appels et aujourd'hui il y en a trop ! La reporter veut également te parler avant de passer. Elle veut surtout savoir comment tu as fait pour mobiliser tout ce monde pour téléphoner. Mais tu verras cela demain avec elle.

Un jeune homme avec un appareil photo, s'approche.

- Je viens de la part du journal Libération, je voudrais faire un article et pour cela j'ai besoin du plus de renseignements possibles. Notre journal vient à chaque fois qu'il y a des incidents à cette ambassade. On vient parce qu'un de nos reporters a essayé de faire un article sur Bucarest, un article concernant l'opposition dans ce pays et les problèmes des syndicats. Il est revenu de ce pays les yeux gonflés, frappé comme on n'a jamais vu ! On avait l'impression qu'il sortait plutôt d'un match de boxe. Aussi nous avons compris de quel genre de démocratie il s'agit là-bas. Pour commencer l'article, je voudrais d'abord savoir ton nom, où tu es né.

- Je suis né en Russie.
- Ah bon ? Mais comment cela se fait-il que tu sois Roumain ?
- Tout ça, c'est grâce à la déportation. Mon père est roumain, il a été déporté pendant la guerre en Allemagne, une fois la guerre finie, il a été libéré puis pris par les Russes qui l'ont envoyé vers la Sibérie.
- Et après ? Que s'est-il passé ?
- Il a connu ma mère russe, internée elle aussi, dans cette ville fermée, trois enfants sont nés sur place. Après dix ans de déportation, il a réussi à s'échapper et à rentrer en Roumanie. Ma mère et les trois enfants n'arrivaient pas à être regroupés avec mon père à cause de l'Administration. Ma mère, bien que sans autorisation, a abandonné la ville des montagnes de l'Oural en nous emmenant avec elle, pour aller à Moscou afin d'obtenir les visas nécessaires ; Finalement, on a réussi à les obtenir après de longues attentes dans la neige devant le grand Kremlin.
- Et là, tu avais trois ans, non ?
- Oui, c'est exact. C'était pendant l'automne russe plein de neige de l'année 1956.
- Et comment as-tu réussi à t'échapper de Roumanie ?
- Grâce à une croisière en Méditerranée où je m'étais inscrit. Je suis entré en France par Marseille ; à sept, on a quitté le bateau pour s'évader dans un nouveau monde. Notre arrivée en 1980 n'est pas passée inaperçue dans la Presse, qui a lancé, avec l'aide soutenue de la mairie de cette ville, une campagne de chasse à l'homme contre "les espions qui ont débarqué à Marseille".
- Et après, qu'as-tu fait ?

- J'avais été mis au courant sur le bateau, que quelques compatriotes avaient été refoulés lors de leur arrivée sur le territoire français quand ils ont demandé protection et droit d'asile ; et cela toujours avec la même complicité : Consulat de Roumanie, Mairie, Préfecture. J'ai donc décidé de ne pas m'arrêter dans cette ville et de continuer vers Paris.
- Et tu as pu échapper à tous les barrages policiers ?
- Je n'ai pas eu assez de temps pour les voir. Par contre, la Presse n'a pas oublié de mentionner que le plus dangereux avait réussi à s'échapper. Il paraît que ce n'était pas moi le plus dangereux à l'époque !
- Et ces fleurs, quelle est leur utilité ?
- Ces fleurs là, à côté de moi ?
- Oui, les roses qui sont là.
- Ce sont des habitants du quartier qui les ont déposées, mais pour quelle raison ? Je n'ai pas pu leur demander, je dormais. Ils m'ont également déposé une couverture et un petit mot.
- Est-ce qu'il y a eu des incidents ?
- Vous savez ici ce n'est pas l'ambassade de l'Afrique du Sud pour brûler des voitures ou pour qu'il y ait des incidents ! Mais il y a eu des manifestations de protestation.
- Et qui a manifesté ?
- Des habitants de la rue, des personnes de passage et même des fonctionnaires de la mairie dont Monsieur Frédéric D.
- Je ne veux pas de nom, ajoute-t-il tout en notant dans son carnet.
- Je peux continuer ?
- Oui bien sûr, mais il faut éviter de me donner des noms.
- C'est nouveau ça ?
- Non, mais il faut éviter, je n'aime pas ça.
- D'accord, je n'essaie pas de comprendre, je continue. Pour les démarches afin d'obtenir le visa pour mon frère et ma sœur, j'ai envoyé des lettres à l'ambassade et au ministre des affaires étrangères ; j'ai également contacté quelqu'un dont vous ne voudrez pas que je donne le nom, qui s'en est

occupé. Le même qui en 1982 m'a reçu et qui m'a dit que si j'avais un problème, je pouvais faire appel à lui. Seulement, malheureusement, il m'a répondu la même chose que cette ambassade.

- Pourquoi as-tu été reçu par le Ministre en 1982 ?
- Parce-que ce n'était pas la première fois que j'étais dans cette posture.
- Alors tu as déjà fait une grève de la faim ?
- Oui, c'est bien cela. C'était pour ma femme et mes deux enfants restés en Roumanie, afin d'obtenir un visa pour eux, car je voulais qu'ils me rejoignent.
- Et tu avais eu gain de cause ?
- Oui, bien sûr.
- Maintenant, j'ai l'impression que l'histoire se répète. Tu as vécu les mêmes moments d'évasion que ton père, et comme ta mère l'a fait à l'époque, tu es en train de te battre avec l'Administration.
- Oui, on peut dire que l'histoire se répète.
- Bien, maintenant on va faire quelques photos. Je préférerais que tu te mettes du côté de l'ambassade, comme ça je pourrais la cadrer pour prendre en même temps l'emblème qui est sur l'ambassade.

Quelques moments plus tard, la photo est faite. Très gentiment, il m'aide à regagner ma place.

- Ah oui ! J'ai oublié de te demander si la police t'embête ? Si elle t'empêche de rester ?
- Si on compare avec ma première grève de la faim, on peut dire que le Ministre de l'Intérieur a fait des efforts pour urbaniser la police.
- Comment ça ?
- Je parle par comparaison. Je me rappelle que la dernière fois, des reporters d'Antenne2 avaient eu des pressions pour que je ne passe pas à l'antenne. Je me souviens bien de quand j'ai été frappé par les forces mobiles pour que je parte de là : des motards envoyés par quelqu'un de bien placé, pour renforcer la police locale, qui, d'après lui, n'était pas assez

efficace. Je me rappelle encore d'une certaine personne du ministère, comme vous ne voulez pas de nom je l'appellerai simplement Monsieur "Papillon", qui est descendu lui-même pour faire la justice et m'assurer que je n'aurai jamais droit à la nationalité française. Vous voulez que je continue ?

- Non, j'ai compris que cette fois la police te laisse manifester, comme la constitution de la République le prévoit. Bon, ça sera tout pour le moment, je te donne ma carte, et si tu as un problème, tu m'appelles.

Il révise encore une fois ses notes puis s'en va afin d'écrire son article pour le jour suivant.

Simone arrive. Elle a encore d'autres nouvelles. Mais d'abord elle veut savoir qui est ce jeune qui vient de partir.

- C'est un reporter de Libération.
- On dirait que ça commence à bouger ! Bon maintenant la nouvelle que je t'apporte : tu te souviens de la jeune fille Angélique ?
- Oui, je m'en souviens.
- Elle vient de m'appeler. Elle a contacté une station de télévision anglophone qui s'appelle "The News Week, T.N.W. ». Et en plus ils vont passer aujourd'hui !
- Je me demande comment des chaînes étrangères se déplacent plus vite que les autres pour ce genre d'affaires !
- C'est possible qu'elles soient plus opérationnelles.

J'essaie de répondre à cette question en cachant la réponse plus complexe.

Simone était en train de chercher une réponse plus vraie lorsque deux reporters avec leurs objectifs nous coupent en pleine discussion.

- Nous sommes des reporters de "The News Week", et nous voudrions faire un court reportage.
- Je ne connais pas cette chaîne.
- C'est normal, elle est diffusée aux U.S.A., en Angleterre, au Canada et dans les autres pays anglophones. Bon on y va.

Et ils commencent à filmer.

- N'oublie pas, tu as deux minutes.

Et les questions, imprévues, commencent à tomber :

- Vous n'avez pas peur qu'ils vous tuent ?

Il fallait trouver la réponse. Mais ils n'étaient pas loin de la vérité.

- Même s'ils me tuent, je préfère cette mort, face à face avec l'ennemi.
- Le gouvernement français vous soutient dans cette action ?

Je ne savais pas où ils voulaient en venir avec cette question, mais l'inspiration ne m'abandonne pas

- Si vous parlez du gouvernement français vous parlez de la France, et la France fait des efforts pour régler ce problème. D'ailleurs, je profite de cette occasion pour remercier la France entière pour son accueil et sa protection.
- C'est bon, on peut couper maintenant, on te laisse, on doit transmettre tout cela rapidement. Bon courage.

Et ils repartent aussi vite qu'ils sont arrivés quelques instants auparavant.

Simone ressort de son bureau où elle s'était cachée des caméras.

- Tu penses que ça peut changer, maintenant ?
- Je ne sais pas. Je ne peux pas savoir.
- Regarde le gardien de l'ambassade, il a l'air agité. Ce doit être un bon signe.
- Oui, il a l'air inquiet à cause de leur passage. Mais ça ne veut rien dire.

Isabelle, comme chaque jour, passe me voir. Elle est accompagnée d'une jeune fille de son âge.

- Je te présente Christine, elle est comédienne, et justement elle arrive d'un court séjour à Bucarest.
- Bonjour, dit-elle en me serrant la main. Comme Isabelle vient de te le dire, je suis comédienne, je tourne un film là-bas avec des comédiens roumains. Je ne te dis pas ! J'ai eu l'impression qu'ils sont plutôt bien placés pour vivre des tragédies avec le genre de lois qu'ils ont là-bas, ils ont peur de parler avec moi. Jamais, en aucune manière, ils ne m'ont invitée chez eux, de peur d'être embarqués. C'est le genre

d'histoire qu'on trouve dans les films de guerre avec la Gestapo. Je dois repartir pour encore une semaine, pour terminer le contrat. Je n'ai jamais vu un pays comme ça ! Il ne te donne le visa que pour une semaine et ensuite tu es obligé de revenir jusque dans ton pays pour obtenir un visa pour une autre semaine ! Moi je t'admire, et tu sais pourquoi ? J'ai l'impression ferme que dans un pays comme celui dans lequel je viens d'aller, il faut vraiment du courage. Ils ont réussi à intimider les habitants de telle façon qu'ils ont peur de tout ! On dirait qu'ils ont reçu un traitement spécial pour se méfier les uns des autres. Et pour manger ! Je ne te raconte pas ! Heureusement que je ne reste qu'une semaine. J'apporte tout à manger, sinon il n'y a rien. Je me demande comment ils peuvent vivre là-bas ? Et surtout comment peuvent-ils bien élever leurs enfants ? C'est là-bas que notre télévision devrait aller un peu. Je suis sûre que cela changerait beaucoup l'opinion occidentale envers les pays de l'Est.

Et elle continue :

- Maintenant, je viens pour chercher mon visa. Et comme tu le vois, ils ne me laissent même pas entrer dans leur ambassade. Ils te reçoivent derrière une porte et pour te dire " revenez la semaine prochaine". D'abord, je me suis présentée en disant "bonjour Madame", mais c'est une voix d'homme qui m'a répondu. Je me suis excusée en disant que je ne pouvais pas voir. J'espère qu'il n'a pas été vexé, mais franchement, on ne peut rien voir dans cette espèce de guichet. Enfin, quand je pense qu'il faut que je retourne là-bas, ça me coupe l'appétit. Je vais sûrement repasser te voir si tu restes ici.

Et elle repart, accompagnée d'Isabelle. De nouveaux compagnons prennent aussitôt la place. Cette fois, ils sont trois :

- Nous sommes envoyés par le ministère des affaires étrangères. Nous voulons savoir si tu mènes une action politique ou si ton action est simplement pour obtenir un visa.
- D'abord, pourquoi cette question ?

- On a reçu des réclamations comme quoi tu as marqué sur ton tract "Roumanie socialiste".
- Et alors ? Elle n'est pas socialiste la Roumanie ?
- Oui bien sûr, mais il ne faut écrire que ta demande, c'est tout.
- Et vous voulez que je prenne cela comme conseil ?
- Tu le prends comme tu veux, mais tu changes le contenu de ton tract.
- Je ne veux pas rien changer. Je le trouve très bien ainsi. Si vous n'êtes pas contents, faites comme moi et marquez ce que vous voulez. Si j'écris quelque chose, cela reste, même si les mots dérangent certains orateurs.
- Tu dois prendre cela comme un conseil, mais si tu ne veux rien changer, c'est ton affaire. Nous, on ne voudrait pas que cette question entraîne des conséquences. Au revoir.

Et discrètement, ils regagnent leur voiture.

Je pense : si ça les dérange mon tract, il faut faire quelque chose. J'attends qu'ils passent le coin de la rue, je sors le marqueur et sur les volets d'une boutique voisine, je commence à écrire : "Le tyran hors de Bucarest ! " Les yeux du gardien me regardent comme s'il voyait un fantôme. Il regagne son immeuble et revient accompagné du consul. La grille s'ouvre et le Consul se dirige vers moi.

- "Serghei !" Il m'appelle comme si on était de vieux copains. Je viens de téléphoner en Roumanie, j'ai de bonnes nouvelles pour toi, tu peux rentrer à la maison.
- Qu'est-ce que vous avez comme nouvelle ?
- Ta sœur et ton frère ont déposé leur demande.
- Mais, cette nouvelle, comme vous dites, je la connais depuis cinq ans !
- D'accord, mais d'abord tu dois refuser la nationalité roumaine. C'est une formalité que tous les réfugiés doivent exécuter, sinon, on ne peut rien faire.
- Vous m'avez déjà proposé cela lors de notre première rencontre, et je tiens à vous rappeler, que vous n'aurez pas

mes trois mille francs pour faire cette demande, de plus, ni moi, ni ma famille, ni les enfants ne sont des indésirables en Roumanie. Vous pouvez proposer cela à quelqu'un d'autre.

- De mon côté, c'est tout ce que je peux faire. Si tu refuses, on ne pourra rien faire.
- Bien sûr que vous le pouvez ! C'est encore une de vos ruses pour obtenir des devises françaises.
- Maintenant, ce serait mieux que tu rentres à la maison, moi, je m'occupe de cette affaire.
- Avez-vous la lettre promise pour que je rentre à la maison ? Ou êtes-vous simplement sorti pour cacher mes écritures ?
- Non, pas du tout, au contraire, cela ne nous dérange pas. Comme tu vois, il n'y a que ça autour de l'ambassade et on ne les enlève pas.
- Et moi qui croyais que c'était parce que vous manquiez de temps ! Il y a si souvent des écritures, que vous n'arrivez pas à toutes les retirer.
- N'oublie pas que nous sommes une nation indépendante et nous prenons nos décisions seuls, la voix du Consul commence à se durcir. Et en ce qui concerne notre discussion ?
- Je pense que je connais quelqu'un qui parle comme vous, j'ai déjà entendu cela il y a quelques années, et si je ne me trompe pas, il est toujours Président.
- Je ne suis pas à ce poste pour dire des mensonges, ne l'oubliez pas. Et moi, personnellement, je suis touché par ton cas.
- Si vous êtes touché, pourquoi insistez-vous ? Et avec la formule "si tu ne rentres pas, je ne peux rien faire" vous ne croyez pas que c'est plutôt du chantage ? Et toutes ces interventions auprès du Ministère des Affaires Etrangères, vous croyez que ça peut me faire changer d'avis ? Au contraire, vos appels suivis d'arrestations par la police, cela peut se retourner contre vous ; Ici la population ne passe pas sans demander le pourquoi de toutes ces manœuvres. Elle réagit plus fortement après une arrestation que si vous me laissez tomber.

Un gardien de la Paix s'approche et demande de quoi il s'agit.

- C'est le Consul de cette ambassade qui est en train de me faire quelques promesses.

Mais le Consul disparut, il ne tenait pas à avoir de témoins à cette discussion. Le policier continua sa route.

Le propriétaire de la boutique où je venais d'écrire, un homme d'origine asiatique d'une quarantaine d'années, se tenait devant ses volets :

- Alors ! Qui a écrit ça ? Si c'est toi, tu dois enlever tout de suite ces écritures !

Le policier entendit la discussion qui venait de commencer et se dirigea vers nous :

- Qu'est-ce que c'est ? C'est toi qui as écrit ça ?

Et il commença à mettre en route son poste de transmission.

- Ce n'est pas grave ! Intervint le propriétaire de la boutique, c'est ma boutique, ça ne me dérange pas. En plus c'est très bien écrit et c'est bien fait pour leur grande gueule !

Je ne comprends plus rien. Devant ce changement brusque d'attitude, je reste muet. Je ne peux dire un mot. Mais il continue.

- Je connais trop bien ce genre d'ambassade et de régime politique, moi aussi, à cause d'un tel régime je n'ai plus de pays et je suis réfugié politique. Ils sont tous pareils. Ils changent de langue mais ils ne changent pas leurs habitudes. Ne t'en fais pas pour moi, tu peux laisser les écritures. Et quand tu auras fini, tu les enlèveras, sinon, c'est moi qui le ferai, lorsque j'en aurai envie. Je te souhaite bon courage et si tu as besoin de quelque chose, n'oublies pas que je suis là. Et les mots que tu viens d'écrire, je vais en faire une photo pour les garder en souvenir.

Un civil, un poste émetteur récepteur à la main, s'approche de moi, je pense que ce sont encore des invités du consul, mais cette fois je me trompe.

- "Bonjour, je viens d'écouter par radio que le consul de l'ambassade a parlé avec toi. Comme je suis un peu au courant de cette affaire, je voudrais savoir où tu en es avec eux. De quoi avez-vous parlé ? Mais avant, il faut que je me présente, je viens de la part de la mairie de Paris. Et il me montre un justificatif.

- Vous savez, lui répondis-je, c'est déjà bien qu'ils parlent avec moi, il y a quelques années, ils n'auraient même pas voulu se montrer. Ils se sont un peu améliorés, mais ils n'ont pas encore oublié leur mauvaise habitude d'ignorer nos droits.
- Et que t'ont-ils dit au sujet des visas ?
- Ils m'ont dit qu'ils étaient d'accord, mais comme toujours, il y a un "mais".
- Et qu'est-ce que c'est que ce "mais" ? La délivrance d'un visa touristique ne dépend-elle pas de leur ambassade ? Et de qui d'autre cela pourrait-il dépendre si ce n'est de leur ambassade ? Ne sont-ils pas là pour cela ?
- Apparemment ils sont bien là pour ça, mais ils ont des problèmes plus urgents.
- Et tu auras ta réponse, oui ou non ?
- Il ne faut pas le leur demander, ils n'y sont pour rien, ils ont peur de prendre leurs responsabilités.
- Et pourquoi ?
- C'est simple ! Regardez mon affiche. Et je lui montre, sur un des volets, ce que j'ai écrit. Alors vous avez compris ?

"SYSTEME NATIONALISE, SYSTEME IRRESPONSABLE"

L'homme regarde l'affiche et se tourne vers moi. Il me regarde en me mesurant des yeux.

- "Si c'est comme ça, je n'ai plus de commentaires à faire. Je comprends bien. Bon courage. Il se prépare à partir, mais se ravise et me demande : le propriétaire de la boutique est d'accord avec ce que tu viens d'écrire ?
- Entièrement d'accord. Vous voulez qu'il vous le confirme ?
- Non, je te crois sur parole. Il avait déjà fait une réclamation et la mairie de cet arrondissement nous avait déjà prévenus.

Et il partit, annonçant son départ par radio.

Une fois la rue tranquille, le consul, d'un signe discret de la main, me fait comprendre qu'il veut me parler.

- "Si tu veux aller au guichet..." se presse de me dire le gardien.

Je me déplace devant la même porte fermée. Le consul ne tarde pas à apparaître.

- Je te demande de rentrer chez toi, sinon, je ne pourrai rien faire. Ta présence ne fait qu'aggraver la situation.
- Et vous n'avez rien à me proposer ? Comme par hasard une lettre ?
- Je te dis que je ne peux rien te donner car tout ça ne dépend pas de moi.
- J'ai l'impression que vous m'avez appelé juste pour me dire de rentrer à la maison ? Si c'est simplement ça, il faut me le dire. Comme ça, ce n'est pas la peine de perdre votre temps qui est si cher. On a assez parlé.
- Si tu ne rentres pas, tu n'auras plus l'occasion de reparler avec moi.

Et il referme vite son guichet. Je regarde, étonné sa façon de couper la discussion. Je regagne ma place.

La journée passa plus vite que je ne l'aurai cru. Isabelle et Paulette étaient de retour. Elles m'ont tenu compagnie jusque tard dans la nuit. Elles ne voulaient pas rentrer avant de s'assurer que j'étais bien couvert. Je me prépare à dormir. A cette heure de la nuit où presque tout le monde dort, les places pour garer sa voiture sont pratiquement introuvables. D'ailleurs personne ne voudrait garer sa voiture devant moi. C'est comme une convention entre les habitants de la rue, un accord tacite pour lequel je n'ai pas été concerté.

La NUIT

Vers minuit, un habitant de la rue rentre avec sa voiture. Comme il n'y avait plus de place, il se dirige directement vers la place de parking située près de moi. Il gare sa voiture, sort, ferme les portes, se prépare à partir, mais il m'aperçoit.

- Je m'excuse, dit-il en se tournant vers moi, je croyais que tu étais reparti chez toi.
- Ce n'est pas grave, votre voiture ne me dérange pas.
- Mais si. Il faut que tous ceux qui rentrent à l'ambassade te remarquent bien. Je vais garer ma voiture de leur côté et demain matin, je me lèverai plus tôt pour ne pas risquer une amende.

Et il gare sa voiture de l'autre côté de la rue, où personne n'a jamais le courage de se garer.

- Surtout dors bien. Je te reverrai demain matin.

La nuit redevient silencieuse.

J'étais bien endormi, une accélération forte de voiture me réveilla. "Ça doit être encore un de ceux qui rentrent tard et qui ne trouve pas de place pour se garer", pensais-je. Mais l'accélérateur continuait à fond, pleins phares dans ma direction. J'essayais d'ouvrir les yeux, mais avec cette grande lumière ce n'était pas possible. "Mais qu'est-ce qu'il fabrique celui-là ? Comment veut-il garer sa voiture ? Toutes les voitures sont garées dans le même sens et lui, il est en train de se garer dans le sens inverse." Mais il n'avait pas l'intention de se garer. Toujours tous phares allumés dans ma direction, il s'avançait jusqu'à l'entrée du bureau à côté de laquelle j'étais installé, en accélérant au maximum, puis en reculant brusquement, dans un bruit de voiture qui freine à fond, comme dans un rallye et tout cela en pleine nuit ! Comme je n'arrivais pas à voir, je ne cherchais pas à regarder. S'il y a quelqu'un qui veut s'occuper de moi et m'embêter, ça ne peut être que les voisins de "l'autre côté" de la rue. Et si ce sont eux, ce n'est même pas la peine de se déranger ; s'ils veulent faire ma fête, ils peuvent le faire n'importe où, mais ici, ils n'oseront pas recommencer et répéter leurs habitudes. S'ils le font ici, cela ne me dérange pas. Surtout qu'ils en sont les seuls responsables. Au moins, les habitants sont prévenus de ce que je demande.

Le petit rallye dura une dizaine de minutes. Jusqu'à ce que la voix d'un homme, réveillé en plein sommeil, tienne à informer la rue : "Je travaille demain ! Arrêtez vos conneries, en bas !" Cette voix est suivie d'une autre voix qui affirme et revendique le même problème. Le chauffard nocturne tourne sa voiture et disparaît vers l'unique sortie de la rue. Je jette un coup d'œil pour satisfaire ma curiosité. L'instinct ne me trompe pas. C'est bien une voiture du corps diplomatique, l'une de celles, peu nombreuses, qui ont échappé à mes belles écritures. Quel dommage qu'il ne veuille même pas se garer à côté de moi, surtout que la place était libre ! Mais il partit pour garer sa voiture quelque part, là où je n'avais pas l'habitude de passer.
Mon cœur ne s'arrête pas de battre fort. Je m'encourage tout seul et me dis que je dois être plus fort que mes sentiments. J'essaie de me recoucher comme si rien ne s'était passé. Les oreilles aux aguets, comme les oreilles de lapin, je m'endormais ou j'eus l'impression de m'endormir.

CHAPITRE VI
Septième jour

Comme le matin précédent, la même voix vient me demander si je suis en forme. C'est le même gardien de la paix.

- Aujourd'hui, vous ne me demandez pas si je suis en vie ?
- Tu sais, moi, je ne fais que mon devoir et je serais content si tu pouvais résoudre ton problème. D'abord ce n'est pas facile pour moi et aussi, cela me fait de la peine de voir des choses pareilles, surtout que moi aussi, j'ai des enfants à la maison. Bon, si tout est en règle, je te laisse. Bon courage.

La rue suivit son cours habituel. Les mêmes départs pressés pour aller au travail, les services de nettoyage qui débarrassent la rue… Paulette et Isabelle arrivent les yeux gonflés de sommeil, elles me rappellent l'aventure du rallye de la nuit.

- Mais qu'est-ce qu'ils ont cru ? demande Paulette, ils ont cru que tu aurais peur d'eux et que tu rentrerais à la maison ?
- Je ne sais pas si c'était ça, mais ils voulaient me rappeler qu'ils n'ont pas oublié pour leurs voitures.

La journée s'annonce plus chaude que d'habitude. Le soleil commence à me réchauffer lors de son court passage entre les immeubles. Simone et Marc étaient de retour. Marc, comme tous les jours, m'adresse la parole :

– Encore là ? Ce n'est pas possible avec toi ! On te croyait rentré ! Tu nous fais de la peine. Je vais sonner à l'ambassade, ça commence à faire trop ! Cela fait sept jours. Ils ne pensent pas que tu as des enfants.

Et sans attendre ma réponse, il passe de l'autre côté de la rue et sonne à la porte :

– Vous êtes sourds ? Vous ne voyez pas qu'il est là sans manger depuis sept jours ? Ici on est en France ! On n'est pas habitué à voir cela.

Et comme la réponse ne vient pas il revient, toujours avec son calme :

– Il n'y a rien à faire, jamais vu ça ! Ils ne veulent même pas parler avec moi !
– Il y a Antenne 2 qui va passer, annonce Simone en sortant de son bureau, ils viennent de téléphoner avant même l'ouverture du bureau.

Le consul sort et s'approche de moi, discrètement :
- Je veux te parler d'urgence, tu viens là-bas ?
- Mais, je croyais qu'on n'avait rien à se dire ?
- Viens, je te dirai quelque chose de très important.
- Si c'est comme hier, ce n'est pas la peine. Sauf si c'est pour me donner la lettre promise.
- Il faut que tu rentres chez toi.
- C'est à cause de la télé qui va passer ? et j'ajoute : Ça vous gène pour la publicité ? Si c'est ça, je reste sur place.

Le consul me regarde sans dire un mot et rentre.

Deux minutes plus tard des cameramen font leur apparition. Une dame qui a l'air d'être reporter, me demande si c'est bien l'ambassade de Roumanie.
- Vous ne vous trompez pas d'adresse.
- Alors c'est vous Monsieur Pop ?
- Oui, c'est bien moi.
- D'abord, je voudrais savoir si c'est bien votre septième jour de grève de la faim. Pour le reste, je te dis comment cela va se passer. Tu nous diras pourquoi tu es là, et les démarches que tu as faites. Prêt ? Attention ! Tournez !
- "Ce n'est pas bon" dit l'un des opérateurs, "il faut parler plus fort, en plus on a aussi le bruit du chantier. Il faut qu'ils arrêtent de travailler un peu si non, on ne peut pas faire le reportage.

Un des opérateurs se dirige vers les ouvriers qui sont en train de casser l'asphalte et reviennent sans que ceux-ci n'arrêtent.
- Ils ne veulent pas arrêter, ils disent qu'ils ne peuvent pas.
- Laisse, je m'en occupe.

Et la femme reporter s'en va à son tour. Deux minutes plus tard, ils ont arrêté leur machine.

- Vous ne savez pas comment il faut leur parler ! Je leur ai simplement dit qu'un ouvrier comme eux fait la grève de la faim et ils ont tout de suite arrêté. Je leur ai également dit que s'ils restaient silencieux, tu les filmerais aussi. Bon maintenant on peut bien travailler. Et il faut également que tu parles plus fort. Je comprends bien que cela ne soit pas facile après sept jours de grève, mais il faut faire un effort. Si tu es d'accord, on peut y aller.
- Attention, on commence.
- Depuis combien de jours êtes-vous là ?
- Je suis là depuis sept jours, pour obtenir un visa touristique pour ma sœur et mon frère.
- Avez-vous fait des démarches ?
- Oui, j'ai fait les démarches nécessaires et depuis cinq ans, les autorités roumaines refusent systématiquement de donner un visa.
- Et les habitants du quartier, comment réagissent-ils ? Vous soutiennent-ils ?
- Les habitants soutiennent mon action, ils ont manifesté à côté de tous les fonctionnaires de la mairie de cet arrondissement. Ils m'ont aussi apporté des couvertures et des fleurs.
- Va chercher les fleurs et montre les à la caméra, ajoute Dominique.

Je montre les fleurs.

- C'est bon. Coupez.
- Est-ce que vous voulez aussi connaître l'opinion des jeunes qui sont passés ?
- Comme vous voulez. Alors on peut filmer. Allons-y, ça y est.
- Et les jeunes, que pensent-ils de votre action ?
- Dimanche soir, il y a eu une petite fête dans le quartier, des jeunes sont passé pour me demander pourquoi j'étais là, plus tard ils sont revenus plus nombreux. Ils ont délaissé leur fête

pour me signer des pétitions. D'autres se sont adressés à moi : tu sais pourquoi on te soutient ? On le fait, parce qu'ainsi on défend nos droits également, on ne voudrait pas en arriver à devoir faire preuve du même courage que toi, car nous ne sommes pas sûrs de pouvoir faire preuve de résistance comme toi. Comme ta cause est juste, nous sommes solidaires avec toi.

- Stop, c'est bien ! Maintenant, on va aller à la porte de l'ambassade et sonner pour demander où ils en sont. Est-ce que l'ambassadeur ou le consul t'ont parlé ?
- Justement, deux minutes avant que vous arriviez, j'ai vu le consul, il m'a dit qu'il faut que je rentre chez moi.
- Ah bon ? Ça c'est drôle ! Alors on va pouvoir parler avec lui.

Aidé par les opérateurs, j'arrive devant la porte. Je sonne.

- Oui, je vous écoute.
- Je voudrais voir Monsieur le Consul.
- Il faut que vous alliez au guichet des visas.

Toute l'équipe se déplace à l'autre bout de la rue, et on attend l'arrivée promise. Tout le monde est à son poste, les opérateurs cherchent les meilleures positions.

… un quart d'heure plus tard…

- Et alors ? Ils ne viennent pas tes compatriotes ?
- Il faut patienter Madame, la dernière fois qu'ils m'ont dit d'attendre, c'était il y a sept jours et j'attends toujours !
- Et ils croient que je vais rester là comme toi pour attendre leur réponse ?
- A moi, ils m'ont dit deux heures pour avoir une réponse écrite et je ne l'ai toujours pas. A vous, ils vous disent tout de suite et ça peut durer, d'après leur montre, jusqu'à demain.
- J'ai autre chose à faire qu'à attendre là. Bon, on va faire autre chose en attendant.

… une demi-heure plus tard…

- Mais ce n'est pas possible ! Qu'est-ce qu'il fait ? Il fait sa toilette ? Pourquoi ne vient-il pas ?
- A mon avis il faut dire aux ouvriers de reprendre leur travail.

- S'il est passé deux minutes avant votre arrivée pour me dire de rentrer à la maison, il ne peut pas être très content de votre présence.
- Attendez-moi ici. Je vais sonner encore une fois pour voir où ils en sont.

La journaliste, toujours avec autant d'énergie, se dirige vers l'entrée principale. Elle sonne et comme personne ne répond, elle revient vers nous.

- Il n'y a rien à faire, ils ne veulent même pas répondre. Est-ce qu'ils le font exprès ?
- Si vous avez suffisamment de temps vous pourrez avoir la réponse.
- Surtout pas ça. C'est mieux que nous rentrions. Je ne crois pas qu'ils soient prêts à parler devant la caméra. De toute façon, si tu restes sur place, je repasserai sûrement. Tu nous tiens au courant, comme cela on pourra informer les téléspectateurs des événements, même si on n'arrive pas à repasser. Maintenant, on doit rentrer pour préparer le reportage pour ce soir, on a juste le temps. On passe à l'antenne au journal de vingt heures.

Une fois les reporters partis, Simone sort de son bureau.

- J'ai attendu qu'ils partent pour te dire qu'il y a quelqu'un du Monde qui va passer. J'aimerais bien rester auprès de toi mais la télévision, ça me donne des émotions.

- Bonjour ! dit une jeune femme en s'adressant à nous. Je viens de la part du journal Le Monde pour faire un article, mais avant, je voudrais parler avec quelqu'un de l'ambassade.

Et sans attendre aucune explication, la journaliste profite de la grille ouverte par un petit groupe qui vient de rentrer dans l'ambassade pour se glisser à sa suite, sous les yeux étonnés du gardien qui n'en croit pas ses yeux. Pour lui la journée était très chargée, il ne savait plus comment réagir sur son propre terrain. Mais la journaliste très courtoise, essaie d'expliquer qu'elle ne sortira pas avant d'avoir parlé avec le consul ou l'ambassadeur. Comme elle ne veut pas sortir, on l'invite à attendre…

Une heure plus tard, je réussis à apercevoir le consul en train de se montrer discrètement à la porte. La journaliste ne manque pas de lui donner son avis avant de sortir.
Le gardien, pour la deuxième fois, prend un avertissement: "s'il y a encore quelqu'un qui rentre comme ça, tu retourneras à Bucarest !"

Une fois sortie, la journaliste revient vers moi et commence à parler :

- Avant de venir ici, j'ai téléphoné à l'ambassade, ils m'ont dit au téléphone, que ton cas était résolu, et que ce n'était pas la peine de me déranger. Si tu restes sur place, c'est parce que tu ne veux pas rentrer à la maison ? Maintenant, je comprends exactement de quoi il s'agit. Je ne les croyais pas si rusés. Aujourd'hui je suis passée simplement pour voir la situation. Mais ils m'ont mis à la porte de telle façon qu'ils m'ont forcé la main. Ce ne sont pas des personnes avec qui on peut obtenir quelque chose avec des discussions civilisées.
- Si vous m'aviez laissé le temps de vous raconter comment ça s'est passé avec Antenne 2, comment ils sont restés une heure devant la porte, vous auriez compris que ce n'était pas la peine d'insister.
- Comment ? Ils ont aussi osé faire cela devant la caméra !
- Ce n'est pas un problème pour eux, ils font les choses comme ils ont l'habitude de les faire.

Elle me demanda les renseignements dont elle avait besoin pour faire son article. Une fois qu'elle eut tout ce qu'elle voulait, elle m'annonça que demain je pourrai acheter Le Monde pour lire son article.

- Mais ? Tu ne parles pas très fort ! Il faut que tu boives plus d'eau.

Et comme elle agissait plus vite qu'elle ne parlait, elle disparut et revint bientôt pour m'apporter à boire.

- Tiens ! Tu vas en avoir besoin avec eux, tu auras encore des jours à passer en attendant. Je n'habite pas loin d'ici, je vais sûrement repasser te voir, même si ce n'est pas pour le journal. Bon courage.

Et la jeune journaliste repartit.

Simone, Paulette, Isabelle m'entourent. Elles veulent savoir qui était la jeune fille qui a réussi à entrer dans l'ambassade. Je leur explique qu'il s'agit d'une journaliste.

- Elle n'a pas l'air très timide, on dirait qu'elle ne recule devant rien pour faire son article.

Pour Simone, c'était l'heure de rentrer à la maison, son travail était fini pour aujourd'hui.

- J'espère que cela va bouger pour demain, si la télé est passée, essaye-t-elle de m'encourager avant son départ.

La pharmacienne du quartier vient d'arriver pour me voir :

- Si je peux faire quelque chose pour toi, je le ferais volontiers. Tout d'abord, tu dois avoir froid, je reviens dans quelques instants.

Elle est bientôt de retour avec de l'eau salée et des bouteilles d'eau chaude :

- Il faut que tu te chauffes les pieds, et que tu boives de l'eau salée ; L'eau salée est très importante pour ton organisme. Si tu manques de sel, tu risques d'avoir des problèmes et cela ne sera pas facile pour toi. Je te dis franchement, continue-t-elle, depuis que tu es là, je n'ai plus envie de manger. Toi, tu me coupes l'appétit !
- J'espère que ce n'est pas une maladie contagieuse ?
- Non, pas du tout ! Mais tu nous fais de la peine.

Elle me tient compagnie jusqu'à ce qu'Isabelle vienne nous annoncer l'heure du journal télévisé.

- Si tu veux, viens chez moi pour regarder, tu peux venir.
- Non Isabelle, je m'excuse de te refuser cela, mais je suis habitué à faire des sacrifices. Et si je regarde la télé, cela va trop m'émouvoir, aussi je préfère ne pas regarder.
- Tu es un drôle de bonhomme !
- Ne t'en fais pas pour moi. Va le regarder et après tu viendras me dire si c'était bien ou non.

Quinze minutes plus tard, Isabelle me rapporte les nouvelles :

- Comme reportage, je le trouve très bien réalisé. Ta façon de parler m'a touchée.

Bientôt, il y a plein de monde autour de moi, chacun veut en savoir davantage sur mon cas, dans les plus petits détails. Comme je n'arrive pas à répondre à tout le monde à la fois, Paulette et Isabelle cherchent à m'aider en leur donnant des explications sur les évènements.

La dame de l'hôtel, une gérante blonde, vient aussi d'arriver, elle essaye de s'approcher en se faufilant entre tous les curieux et profite d'un moment libre pour m'adresser quelques mots :

- Je te vois depuis le premier jour, et comme les clients de l'hôtel m'ont expliqué pourquoi tu étais là, je me fais du souci. Souvent je sors la nuit pour regarder si tu es toujours là. Tu es au courant de tout ce qui c'est passé dans cette rue auparavant, n'est-ce pas ? et bien avec tous ces événements, je pense souvent à toi.
- Si vous avez le temps vous pouvez sortir plus souvent pendant la nuit.
- Vous savez qu'il est sans protection ? intervient Isabelle.

Et pour changer un peu l'atmosphère, la femme se met à nous raconter une petite histoire :

- Un jour, j'ai reçu un coup de téléphone. Au bout du fil, des Américains du Texas. Ils cherchaient une chambre d'hôtel tranquille. Alors, je leur explique comment est l'hôtel. Comme ils ne veulent pas de chambre qui donne sur la rue, je leur propose une chambre avec fenêtre sur le parc. Ils me demandent tout de suite : " qu'est ce que c'est comme parc ? - C'est le parc de l'ambassade roumaine. - Si c'est ça, on préfère encore une chambre qui donne sur la rue. " J'essaie de leur expliquer que la chambre donnant sur le parc est bien tranquille. Et tu sais ce qu'ils m'ont répondu ? Qu'ils n'ont pas besoin de fantômes dans leur lit ! Et qu'ils viennent à Paris pour passer de bonnes vacances et non pour compter les cadavres ! Tu vois, elle est très connue cette ambassade, même par les Texans !

- Sont-ils venus chez vous finalement ? veut savoir Isabelle.
- Oui, ils sont venus. Mais je ne vous dis pas ! Je ne les ai jamais vus sortir la nuit ! Après huit heures du soir, ils ne bougeaient plus ! A leur départ, ils m'ont dit qu'ils avaient tellement peur qu'ils ne voulaient même pas passer devant leur porte.

Et sans s'arrêter, elle commença une autre histoire :

- Tous les ans, il y a une dame roumaine qui vient à l'hôtel. Elle porte un grand chapeau. Elle m'a dit qu'elle était écrivain. Elle n'a jamais assez d'argent pour payer son hôtel, elle dit que son pays ne la laisse pas changer autant d'argent qu'elle veut à cause des restrictions de change des devises. A la place, elle me propose un livre qu'elle a écrit. D'abord, je lui dis que je n'ai pas de chambre, afin de me débarrasser d'elle. Qu'est-ce qu'elle pense ? Que pour un livre de cinq francs je dois laver après elle et payer mes charges ? Ça se fait chez vous ?
- Non, essayais-je de la convaincre. Personne n'agit ainsi, sauf quelques personnes qui pensent que si leur littérature est encouragée par l'Etat, alors tout le monde doit leur rendre service. En plus, je suis sûre qu'elle est envoyée par quelqu'un de l'ambassade.
- Oui, c'est bien ça. Elle m'a dit qu'on lui paye le transport, mais qu'une fois arrivée ici, l'ambassade ne veut pas la loger dans l'une de ses chambres. Finalement, je vous dis que ce n'est pas cette femme qui est à plaindre dans ce pays.

Un couple d'une trentaine d'année vient d'arriver et tient à me serrer la main.

- On t'a vu à la télé. Tu es grand en comparaison avec nous. Ton courage nous a touchés, c'est ce qu'on voulait te dire. Bon courage. Demain, si tu n'as pas plus de nouvelles, saches qu'on essaiera de notre côté d'appeler les journaux.

- On ne pouvait pas s'imaginer que de tels problèmes pouvaient encore exister, avec nos lois privilégiées, on a complètement oublié les autres.

Au bout d'un moment, Paulette essaie d'expliquer à tout le monde, que ce serait mieux que tous me laissent me reposer, afin que je puisse tenir le coup. Les habitants de la rue se dispersent sans poser plus de questions.

LA NUIT

Bientôt, il n'y a plus personne autour de moi, et la nuit ne se fait pas attendre.
Une fois la nuit tombée, un barbu, les pieds effectuant une sorte de marche dansante, d'un côté à l'autre du trottoir, fait des efforts pour arriver jusqu'à moi :

- Tiens, ça c'est pour la révolution ! dit-il en jetant une pièce de métal vers moi.
- Je ne suis pas là pour faire la manche.

Mais il ne semble pas entendre ce que je viens de lui dire et il continue sa route comme s'il n'avait rien entendu.

- Moi, je suis Antonio. Je sais que ce ne sont pas mes dix francs qui vont financer une révolution, il faut plus d'argent pour cela ! Il faut acheter des armes, des munitions, payer une armée entière ! Il faut passer à la lutte armée, il faut poser des bombes ! Moi, j'ai été emprisonné en Argentine pendant sept ans ! C'est Amnesty International qui m'a fait sortir de prison !

Et les mots lui venant de plus en plus difficilement, il continue :

- Je suis ingénieur des mines, et je n'ai pas peur. Je sais bien qu'ils sont en train de me photographier, et si tu veux, je peux les faire sortir de leur ambassade !

Je ne savais pas comment réagir dans cette situation, mais j'étais sûr que plus vite il serait rentré, mieux ce serait pour moi.

- Merci d'être passé me voir. C'est vraiment très gentil, lui dis-je.

Mais il n'a pas l'intention de partir. Alors il recommence son histoire depuis le début.
Paulette et Isabelle descendent pour voir de quoi il s'agit. Elles comprennent vite la situation et conseillent au nouvel arrivé de remettre sa révolution à demain.

- Je suis son copain, reprend-il, et je rentre, s'il veut que je rentre !
- Je lui confirme : tu peux rentrer Antonio, tu dois être fatigué ! Tu travailles n'est-ce pas ? Il faut que tu te reposes un peu, on va se revoir demain. D'accord ?

Il n'était pas trop content de rentrer. Mais Paulette, d'une voix ferme, l'entraîne vers son appartement.

- Tu dois compter sur moi, il ne faut pas avoir peur ! J'ai une mitraillette à la maison, ajouta-t-il, calculant bien chaque mouvement pour éviter un accident imprévu.
- Mais qui est celui-là ? demande Paulette.
- Vous n'avez pas compris ? Il est mon copain !
- Tu parles ! Et s'il revient, je ne vois pas comment tu pourras te débarrasser de lui.
- N'oublie pas la révolution ! ajoute Antonio à moitié entré dans l'escalier.
- Ouf ! Il est rentré ! Soupire Isabelle, deux minutes de plus et j'ai l'impression que j'étais aussi ivre que lui ! Avec l'air imbibé d'alcool qu'il dégage, je n'avais aucune chance d'y échapper ! Maintenant j'espère que tu vas bien dormir.

J'ai presque réussi à trouver le sommeil, lorsqu'une main me touche discrètement. Il n'est pas encore matin, me disais-je, pour que le policier me réveille. Qui cela peut-il être ?
Un homme se tenait devant moi.

- Je ne voudrais pas te réveiller mais comme je suis rentré de Bretagne spécialement pour te voir, je voudrais te parler. Demain je dois aller travailler, sinon, j'aurais attendu demain. Je t'ai vu à la télé. Tu m'as beaucoup ému. Ma femme aussi est très touchée mais elle n'a pas pu venir, comme on a des enfants encore petits elle doit rester avec eux. Moi, je suis passé pour te dire simplement que moi, en tant que

Français, je suis très touché. Je sais que tu es un étranger mais ta cause est plus française que tu ne crois. J'en ai parlé aussi avec des voisins et tous partagent le même sentiment. Mais comment ça se fait qu'il n'y a personne pour te garder ?

Il s'arrête un moment.

- Ce n'est pas normal, je vais faire une réclamation au ministère, demain matin je vais les appeler. Tu n'as pas peur ?
- Peur ici ou à la maison, c'est pareil, ils ont tellement de moyens que je préfère risquer ma vie devant chez eux au moins comme ça, s'il y a un problème ça ne passera pas pour un malheureux accident.
- Tu as raison, finalement c'est mieux. Moi, si j'étais dans ton cas, je suis sûr que je n'aurais pas le courage de rester dehors comme toi, mais c'est à toi de t'organiser comme tu veux. Tu m'excuses, maintenant je dois rentrer. En plus, je ne me souviens plus où j'ai garé la voiture, j'ai tourné deux heures en rond, comme je n'ai pas l'habitude de rouler dans Paris.
- Merci d'être passé et transmettez à vos voisins et votre famille tous mes remerciements.
- Bon courage. Il me serre la main et part à la recherche de sa voiture.

Je pense à dormir. Les événements d'aujourd'hui, avec toutes ces questions des reporters, ont remué mes souvenirs.

Je commence à rêver : je suis à Marseille, en visite avec ma femme chez une des tantes de la famille Morry. C'était bien la famille du joueur de foot Bellone. J'ai rencontré sa tante à mon arrivée en France, à Marseille. Une fois que j'ai réussi à m'échapper du bateau, j'essaye de gagner Paris par le train. Je n'arrive pas à bien comprendre le français, et avec les cinq dollars que j'ai en poche cela m'est impossible de payer un ticket de train, aussi je demande comment arriver jusqu'à la route qui va à Paris, afin de faire du stop. Je m'adresse à une boutique de bonbons ouverte la nuit, dans la gare. La dame, à qui je pose la question, hésite à me répondre, pendant un moment elle part dans l'arrière-boutique. Une autre vendeuse prend sa place. Elle vient vers moi en expliquant : "tu as fait mal à cette dame."

- Je m'excuse, je suis simplement de passage ici, je vais partir, au revoir.
- Non, ce n'est pas ça. Au contraire, la dame veut te parler. Pour le moment elle est émue, mais tu dois attendre un peu.
- Je ne veux pas vous causer du souci, je ne veux pas que quelqu'un pleure à cause de moi.
- Tu ne comprends pas. La dame vient de perdre son fils. Tu lui ressembles tellement que la pauvre s'est mise à pleurer.
- Et vous croyez que cela peut l'aider si je reste ?
- De toute façon, elle a dit qu'elle voulait te parler.

Quelques minutes plus tard, la dame revient, cachant ses larmes et me demande d'où je viens.

- Tu dois être étranger. Un étranger si étrange que tu viens de me bouleverser, il ne faut pas que tu croies que j'ai quelque chose contre toi. As-tu de l'argent ?

Je lui montre mon portefeuille.

- Ce n'est pas terrible ce que tu as, veux-tu que je t'en donne ?
- Non, je ne veux pas.
- Il ne faut pas dire non. C'est comme si j'en donnais à mon fils.

Comme je refuse encore une fois, elle n'insiste plus.

- Où vas-tu dormir ce soir ? Tu ne veux pas que je te paye l'hôtel ?

Comme je refuse encore elle ne dit plus rien. Elle retourne chercher sa collègue. Après avoir parlé toutes les deux, celle-ci vient vers moi.

- Ne bouges pas surtout, nous on va fermer la boutique dans une demi-heure, tu peux aller là-bas boire un café, ma collègue veut te présenter à son mari, elle est en train de lui téléphoner. Elle ne t'a pas dit, elle n'a pas eu peur, mais ton visage, ton sourire, même ta façon de marcher, cela ressemble tellement à son fils que même moi, j'ai cru que c'était lui.

Je m'installais au café de la gare et commandais un café. Je ne comprenais pas bien pourquoi je restais ni où je devais aller.
Son mari ne tarda pas à arriver. Accompagné de sa femme il vint vers moi et me regarda sans parler.

- J'ai parlé avec mon mari, tu peux venir chez nous ce soir, dit la femme.

Et sans attendre, ils m'invitent à monter dans leur voiture. Bientôt, nous voilà arrivés chez eux. La dame commence à téléphoner. Elle parle au téléphone sans me perdre des yeux une seconde. Une fois qu'elle a fini, elle parle avec son mari :

- C'était ma sœur, elle tient à ce qu'il dorme chez eux.

Je ne peux pas refuser. Non loin de leur maison, il y a la maison de sa sœur. Réveillée en pleine nuit, elle me regarde avec son mari à côté d'elle, d'un regard étonné. "Je m'appelle Bellone", me dit la dame. "Il peut coucher dans son lit habituel", ajoute son mari. " Ce n'est pas lui" répond sa femme. Et elle me prépare un lit. Monsieur Bellone me regarde sans bouger et commence à discuter. Sa femme intervient de nouveau. " Ce n'est pas lui, laisse le se coucher".
Le lendemain matin, j'ai pris la direction de Paris en stop. Arrivé à Paris, j'ai gardé le contact avec eux.
Maintenant que toute ma famille était réunie, 2 ans après mon arrivée, j'avais pensé leur rendre visite.
Leur accueil est le même. Ils s'habituent très vite avec mes enfants, comme si on était de la même famille. Malgré les problèmes qu'ils n'arrêtent pas d'avoir dans la vie, ils essaient de faire du mieux possible. Ils nous montrent d'abord la mer avec son horizon infini, puis la magnifique église située sur la grande colline surplombant la ville : "Notre Dame de la Garde." La basilique dans laquelle tous les explorateurs des mers apportent un hommage, c'est un lieu de grandes prières : pour ceux qui sont partis et pour ceux qui pensent à leur départ.

CHAPITRE VII
Jeudi, Huitième jour

"Salut camarade ! » Une voix âpre coupe le fil de mes rêves. "Tu as la chance de ton côté, tu as une couverture, tu dors bien. Moi j'ai fait tous les refuges, il n'y a plus de place, j'ai marché toute la nuit. Je n'ai pas trouvé un seul lit de libre".
Comme la réponse ne vient pas de mon côté, il continue, comme si on se connaissait depuis longtemps.
J'ouvre les yeux.
Devant moi, un gros barbu, sa barbe rouge parle en même temps que sa bouche :

- Il ne faut pas que tu dormes ici, il faut venir avec moi, je suis sûr qu'on va trouver un refuge de nuit.

Comme je sentais qu'entamer une discussion avec lui pouvait durer longtemps, je le remercie simplement d'être passé. Et je lui tourne le dos.

- Attention, moi j'ai un carnet qui atteste que je suis fou. Il faut que tu me parles.

Ma main cherche discrètement une bouteille : si des fois il m'attaque, je dois pouvoir me défendre. Mais lui, se contente de me rappeler qu'il a un carnet et qu'il va repasser me voir. Il repart finalement, regardant bien autour de lui ; drôle de réveil, me disais-je. C'était presque le matin et le soleil essayait d'apparaître. Plus question de dormir. Mais comme je ne travaillais pas, ce n'était pas un problème ; je ne sentais pas la fatigue.
Paulette ne tarde pas à arriver avec Isabelle.

- Alors, encore des invités cette nuit ? Qu'est-ce qu'il te voulait le barbu ?
- Simplement, il voulait me dire qu'il a un carnet rouge et qu'il va repasser me voir pour me montrer où je peux dormir la nuit. Vous dites que je ne dors pas mais regardez vos yeux, qu'est-ce qu'ils ont ? Ils sont gonflés de sommeil ! Vous voulez me faire rentrer à la maison pour vous laisser bien dormir !

- Nous on dort. Ne t'occupe pas de nous.
- Il a raison ! Dans quel état tu es Isabelle ! Tu dois aller dormir, intervient Paulette. Elle vient de me dire en arrivant ici, qu'elle croule de sommeil. Ça ne va pas, ça. Il faut que l'on fasse quelque chose.

Et comme une patrouille mobile est en train de passer, Paulette n'hésite pas à les arrêter.

- Regardez moi cette fille, ça fait une semaine qu'elle n'a pas dormi pour faire la garde auprès de cet homme. Ça ne vous dérange pas si quelqu'un lui coupe la gorge ? Vous passez seulement pour protéger cette ambassade et ses soi-disant diplomates ?
- Madame, on fait de notre mieux. Si on n'a pas d'ordres, on ne peut rien faire.
- Je vais aller voir le maire aujourd'hui, continue Paulette et en même temps, elle se dirige vers son domicile.
- Il est trop tôt pour y aller maintenant !

Isabelle essaie de se faire entendre, mais Paulette s'en va comme si elle n'avait rien entendu.

- Ça, c'est bien Paulette, si elle veut faire quelque chose, personne ne l'arrêtera !
- Elle a raison, il faut aller te coucher.
- D'accord, je vais voir si j'arrive à dormir.

Et Isabelle s'en va. Ce matin, tout le monde est contre elle, surtout contre son sommeil qu'elle venait d'oublier depuis une semaine.

La matinée s'annonça agitée.

Maintenant que la télévision était passée, toute la Presse se précipitait sur place. Ce sont d'abord les photographes de France Soir, suivis des reporters de France Inter.

TF1 vient d'envoyer une équipe à moto. Contrairement aux autres, ils sont repartis sans me parler. Ils ont pris quelques photos en vitesse et ils ont disparu sur leur moto qui n'a pas cessé de tourner.

Des reporters de Présent viennent également prendre des photos.

Une dame d'une cinquantaine d'années vient de la part d'Europe Libre, section française.
Les journalistes et les photographes sont venus presque tous en même temps. Avant l'heure même d'ouverture des bureaux.

Vers midi, Isabelle est de retour.

- Ça y est, j'ai bien dormi.
- Ce n'était pas trop court ?
- Non, je me sens très bien, tient-elle à m'assurer.

Une silhouette s'approchait. Je reconnaissais cette silhouette. C'était bien George, il avait beaucoup changé depuis notre dernière rencontre. Ses cheveux étaient presque de la couleur de la neige.

- Alors, c'était toi Sergiu ? J'ai vu l'article dans Le Monde et je me disais qu'il ne pouvait pas y en avoir d'autre comme toi. Je me suis dépêché de venir sur place.
- Il est aussi passé sur Antenne 2, lui dit Isabelle.
- Oh ! Moi, je ne regarde plus les informations, depuis longtemps j'ai compris qu'il n'y a pas trop d'informations. Mais quelqu'un m'a raconté que tu étais passé à la télé avec des roses à la main. J'ai lu également Libération. Ils disent que ta maman est soviétique et ils parlent également des roses. Ta maman, elle est bien russe et pas du tout soviétique ? Oui, c'est ça. Et pour les roses, je suis sûr qu'elles ne sont pas là pour leur arôme. Il ne faut pas te laisser manœuvrer. Tu as une cause juste, il ne faut pas te laisser manger par les chacals. Est-ce que Madame P et toute la compagnie sont passés ?
- Oui, ils sont passés, mais pas tous.
- Et qu'est-ce qu'ils t'ont dit ? Ils ne t'ont pas dit d'aller à Trocadéro pour manifester ?
- Si, mais comment le sais-tu ?
- Ils t'ont aussi dit qu'ils ont une arme forte avec les tracts dans les stations de métro ?
- Oui, ils m'ont dit tout ça.

- Alors, ils sont tous passés. C'est exactement ce qu'ils ont fait aussi, lorsque j'ai fait ma grève de la faim pour sortir le père Calciu de prison. Si tu veux savoir, ce sont eux qui sont au service de l'ambassade, et pour le tract, ils ne t'ont pas dit qu'il doit être refait ?
- Mais tu sais tout, George !
- Je le sais parce que je les connais. Ce sont d'anciens directeurs commerciaux du journal d'Etat roumain de la Jeunesse Communiste : « l'Etincelle», venus comme des défendeurs des réfugiés. Je me demande qui est-ce qu'ils mettent dans tous ces postes de responsable à l'étranger, il doit y avoir une complicité internationale pour laisser ces laveurs de cerveaux agir, et tout ça avec l'argent du contribuable roumain.
- Ce sont des agents travaillant directement avec l'ambassade pour cacher toute résistance ou opinion, pour camoufler toutes les manifestations de protestation contre ce régime criminel.
- J'ai un téléphone à donner, s'excuse soudain George, je reviens tout de suite.

Isabelle profite de son départ :

- Tu sais, George, il n'est pas comme toi, calme et contrôlé.
- C'est possible, Isabelle, mais si tu te retrouves en prison sans aucun motif, et si tu restes des mois sans aucun jugement, tu deviens pareil. Il est passé par-là et il ne peut pas oublier. Et grâce à des croyants français, il a été libéré et obligé à quitter le pays.
- Je ne savais pas tout cela.
- Justement, à cause de ça, on a l'impression qu'il est très direct, mais c'est sa façon de s'exprimer.

On attendait le retour de George.

A la place, c'est une voiture Peugeot 505, qui arrive. Sans trop de formalité, deux civils en descendent et s'adressent au propriétaire de la boutique qui est justement en train de sortir :

- A-t-il votre permission pour écrire sur les rideaux métalliques de votre boutique ?

- Il ne nous a pas demandé de permission mais ce qui est écrit ne nous dérange pas.
- Il faut que vous enleviez tout ça, sinon, vous risquez une amende de trois cents à cinq mille francs.

Le propriétaire regarde les inscriptions, comme pour la première fois :

- Vous savez, je connais bien la grammaire, je pense qu'il n'y a pas de fautes. Et puis, qui êtes-vous ? Vous n'habitez même pas dans ce quartier et vous venez me donner des conseils ? Ou croyez-vous que dans ce quartier il n'y a pas de justiciers ?
- Nous venons de la part du quai d'Orsay et nous pouvons intervenir n'importe où.
- Oui, mais là, c'est ma boutique et je paye mes impôts, alors j'ai le droit constitutionnel d'avoir des réclames écrites, et je trouve ces écritures bien faites.

Et le propriétaire part faire sa livraison.

Les deux civils insistent :

- Regarde où il est, il n'a pas le droit de rester devant cette porte, il faut demander au patron de ce commerce.

Celui qui parle le plus des deux, se dirige vers l'entrée. Simone est justement en train de sortir.

- Je peux vous aider ?
- Vous êtes la patronne ?
- Non, mais si vous voulez savoir s'il a l'autorisation de rester là, je peux vous assurer que cela ne nous gêne pas, au contraire. Et si vous voulez voir mon patron, vous n'avez qu'à prendre rendez-vous avec lui.
- Madame, vous risquez une amende.
- Une amende pour quoi ?
- Il faut que vous compreniez, il ne peut pas rester ici.
- Là, vous avez raison, entièrement raison. Si vous venez, comme vous l'avez dit, de la part du ministère, vous devez vous adresser de l'autre côté de la rue, c'est à eux de résoudre ce problème, et pas du tout à moi.

- Vous travaillez pour l'ambassade ou pour le ministère ? Se fait entendre une voix jeune derrière nous.

Un jeune venait d'arriver et avait assisté à une partie de la discussion.

- Je m'excuse d'intervenir, mais j'ai l'impression que vous exercez un chantage.
- Et qui êtes-vous ?
- Moi ? Je suis un habitant comme tous les autres. Vous voulez savoir pourquoi je suis là ? Je peux vous le dire si vous voulez. Je suis passé encourager cet homme sans défense, vous profitez de ce qu'il est affaibli. Vous voulez savoir si je suis français ? Oui, je le suis. Vous voulez voir mes papiers ? Je peux vous les montrer si vous voulez. Mais à mon tour, je me demande si c'est une loi française que vous êtes en train d'appliquer ? Je pense qu'on est encore dans un pays démocratique où l'on peut s'exprimer. A mon avis, vous vous êtes trompé de trottoir, il faut aller de l'autre côté de la rue, vers vos copains.

Les deux civils commencent à perdre leur enthousiasme, ils parlent à voix basse, pour éviter que le jeune qui vient d'arriver n'entende. Ils laissent tomber Simone et s'adressent à leur premier client :

- Si vous ne voulez pas retirer les inscriptions il faut au moins les cacher jusqu'à notre départ.

Cette fois, le propriétaire de la boutique a l'air de comprendre, il appelle la fille qui travaille pour lui, à l'aide d'un papier, ils cachent tous les deux une petite partie des inscriptions.

- Et toi, disent-ils en s'adressant à moi, tu dois aussi retirer ton tract car tu ne fais que compliquer ton existence.
- Ça ne va pas ! Quoi encore ! s'exclama le jeune
- Nous, on ne parle qu'avec toi, continuent-ils toujours à mon intention, nous on ne connaît pas ce jeune homme. On part maintenant et quand on revient dans une demi-heure, on ne veut plus voir d'affiche.
- Je vais rester avec lui pour que vous ne touchiez pas à ses affaires, insista le jeune homme.

Les deux hommes partent sans répondre.

Le jeune homme s'adresse à moi :

- Je m'appelle Dominique, je suis venu spécialement pour toi. Je t'ai vu à la télé et aussi dans le journal. Comme je suis au chômage, j'ai pensé passer te voir. Comme je suis arrivé à un moment pas très facile, je n'ai pas pu me présenter. J'étais sûr qu'aucun syndicat ne viendrait te protéger. Je me suis dit qu'il fallait que je te voie et si ça ne te dérange pas, je peux rester avec toi.

Le même barbu, qui était passé la nuit dernière, était de retour.

- Je suis venu manifester ! Moi je suis des pays de l'Est ! Mon père s'appelait Horvath, c'est un nom qui se trouve même dans le Larousse, c'est un nom de roi !
- Et qu'est-ce que tu demandes ? Ici ce n'est pas le Secours Catholique ! dit Dominique en lui coupant la chique.

Mais il n'entend rien, il sort sa bouteille de vin avec une étoile en relief sur le verre de la bouteille, il repousse Dominique et s'installe à côté de moi.

- Je te dis qu'il ne faut pas dormir ici, tu dois venir chez moi.

Il faut trouver une ruse pour se débarrasser de lui. Il parle si vite qu'il ne me laisse pas le temps de réfléchir.

- T'en veux un coup ? Tiens ! Bois !

Tout à coup j'ai trouvé.

- Qu'est-ce que tu veux exactement ?
- Je veux manifester pour toi
- Et moi, où est-ce que je me trouve ?
- Tu es bien là, à côté de moi ! Pourquoi me demandes-tu cela ?
- Je te le demande, parce que si tu viens pour manifester comme tu dis, il faut aller de l'autre côté de la rue.
- Pour quoi faire ?
- Tu vas sonner et tu vas leur dire que tu es passé manifester.
- Ce n'est pas la peine !
- Si tu ne fais pas ça pour moi, c'est que tu n'es pas passé pour me soutenir.
- Tu vas voir que je n'ai pas peur d'eux !

Il se lève, prend sa bouteille, et essaie de traverser la rue sous l'œil ébahi du gardien de l'ambassade qui le regarde comme s'il le connaissait. Il s'approche de la grille et commence à crier : « police de criminels ! Bourgeois ! Moi j'étais en prison ! » Il crie en me regardant et comme s'il avait reçu un ordre, il se dirige vers Dominique, la bouteille à la main : « je suis fou ! Si tu ne pars pas, je te tue ! »
Je comprends vite que bientôt ce sera mon tour. Je me lève le plus vite possible et rentre dans le bureau de Simone pour la prévenir, elle essaie d'appeler la Police et semble étonnée.

- Mais, ils sont bizarres, ils disent qu'ils ne sont pas au courant que quelqu'un fait grève de la faim dans leur quartier et qu'ils sont fermés !

Je ressors pour voir Dominique. Après avoir déchiré toutes les affiches et les tracts, le barbu donne une claque à Dominique et se prépare à le frapper avec la bouteille. Il faut intervenir rapidement. Comme je ne retrouve pas mes forces, je fais appel à une vieille ruse :

- La police arrive ! Elle est au bout de la rue !

Le barbu suspend son geste un moment. Il se tourne vers le gardien de l'ambassade comme s'il lui demandait s'il était satisfait. Puis il part sans plus de problèmes pour une courte promenade.

Dix minutes plus tard, une patrouille mobile passe. Simone sort pour les arrêter et leur expliquer. Ils prennent note tout de suite et emmènent Dominique pour déposer une plainte.
La voiture de police partie, la Peugeot 505 est de retour.

- Enfin ! Tous les tracts déchirés ! s'exclament les deux en même temps.
- Vous devez être fiers de vous ! leur dis-je. Comme vos copains, vous êtes prêts à utiliser tous les moyens pour réussir à servir leur cause.
- Nous, on est au courant de rien.
- Bien sûr, tout est hasard ! Vous venez pour nous forcer à enlever les affiches et tracts ; vous n'y arrivez pas ; vous partez ; et deux minutes plus tard, l'armée de choc, le

clochard, casse tout ; et juste après vous voilà encore sur place !

- De mon côté, intervient Simone, il ne faut pas compter sur moi pour le faire partir, vos méthodes ne sont pas du tout catholiques. J'ai la ferme conviction que vous ne travaillez pas pour la France.
- On y est pour rien dans cette affaire ! Nous aussi on est contre la violence.

Simone avait fini son travail, elle partit. Les deux civils étaient partis également. Dominique était revenu de chez la police. Mais une autre voiture l'attendait. De jeunes commissaires le prennent en charge.

- Vos papiers s'il vous plait.
- Mais je sors de chez la police !
- Ce n'est pas la même police, nous on est là pour contrôler ceux qui sont là, nous on est spécialisé dans les pays de l'Est.

Dominique partit encore. Bientôt, il est de retour.

- Ils m'ont pris les empreintes. S'ils ne m'avaient pas parlé gentiment, je ne serais pas parti avec eux pour prendre mes empreintes.

George était de retour.

- Ce n'est pas facile de trouver un téléphone qui fonctionne, dit-il, j'ai été obligé de chercher jusqu'aux Invalides. Mais qu'est-ce qui se passe ici ? Pourquoi avez-vous tout détruit ?
- Ce n'est pas nous.

Et Dominique lui raconta tout depuis le début.

- Cela veut dire que tu les gènes. Maintenant, ils sont prêts à tout pour te faire partir, surtout, il ne faut pas te laisser impressionner. Moi, je ne te quitte plus de toute la journée.
- Moi non plus, ajoute Dominique. J'étais passé juste pour te voir, mais là, je change d'avis. Après ça, et il montre son visage rouge avec les traces de violence, je vais rester là toute la nuit, comme ça il n'aura plus d'invités indésirables.

Isabelle arrivée sur place, regarde, étonnée.

- Je suis partie deux heures, et voilà ! On ne peut pas te laisser tout seul ! D'abord les filles et maintenant les clochards ! Je suis sûre que si Dominique n'avait pas été là, c'est toi qui aurais des traces sur le visage ! A mon avis, il ne faut pas rester sans rien faire, il faut organiser tous les jours des manifestations.

Je n'en croyais pas mes oreilles ! Isabelle, qui au départ ne voulait pas participer à la première manifestation de protestation, changeait d'un seul coup !

- C'est bien toi, Isabelle ?
- Oui, c'est moi ! Il ne faut pas te laisser faire. A partir de demain, on va faire des manifestations tous les jours.

Et sans attendre, elle cherche un carton et commence à écrire : « TOUS LES JOURS, A PARTIR DE 17 H, MANIFESTATION DE SOUTIEN »

- Voilà, comme ça, il y aura tous les jours une manifestation.
- Alors, ils sont passés les journalistes que j'ai envoyés ? me demande une fille qui vient d'arriver. Je suis Angélique, j'espère que tu te rappelle de moi, je suis passée hier. Au fait, tu n'es pas juif par hasard ? ajoute-t-elle.
- Non, pas du tout. Mais pourquoi me demandes-tu cela ?
- Si tu étais juif, je pourrais convaincre les étudiants juifs de manifester aussi.
- Ce serait une première devant cette ambassade, ai-je répondu.

Elle me regarde sans rien dire comme si elle ne s'attendait pas à cette réponse. Mais elle n'est pas fille à se perdre facilement dans ses émotions.

- Ils peuvent venir si je les appelle.
- Tu sais Angélique, ça m'étonnerait qu'ils viennent. En plus je tiens à te raconter quelque chose même si tu le prends mal, il faut que je te le dise. Depuis huit jours que je suis là, il y a eu tellement de monde à passer et chacun demande quelque chose : tu es de droite ? tu es de gauche ? Mais toi tu m'as posé carrément la question, est-ce que tu es juif ? Je me demande pourquoi. Quand il s'agit de juif, ça n'existe pas la droite ou la gauche.

- Es-tu raciste ? me coupe Angélique.
- Contre la gauche ou contre la droite ?
- Je te demande : en général.
- Si tu veux savoir « en général », je vais te raconter une histoire : Une fois, j'ai passé la douane soviétique, un douanier était en train de piquer les valises d'un Américain, comme ils disent chez eux « c'est un simple contrôle de routine ». Je suis intervenu pour cet homme accompagné de sa femme ; à aucun moment je ne me suis demandé s'il avait une origine. J'ai jugé et réagi en tant qu'homme. Je l'ai aidé à récupérer ses bagages. Je lui ai donné à manger et cela parce que le restaurant ne servait qu'en langue russe. Cinq ans plus tard, je l'ai revu aux U.S.A., il m'a dit qu'il était juif et m'a remercié du service que je lui avais rendu. Il m'a demandé également si j'avais fait cela pour la cause juive. Je me suis étonné de sa question comme je m'étonne de ta question aujourd'hui. J'ai réussi grâce à lui, à faire écrire un article dans le New York Time. Tu peux montrer à tes étudiants l'article, c'est possible qu'ils changent d'avis, mais j'ai l'impression que les services ne vont que dans un seul sens.
- Il ne faut pas croire ça, si tu me donnes l'article je suis sûre qu'ils changeront d'avis.
- J'espère que tu ne veux pas avoir la réponse à la question si je suis raciste ou non ? Si tu insistes, je peux encore ajouter quelque chose, comme histoire.
- Oui, si tu veux, tu peux me raconter, d'accord.
- Dans l'été 1984, j'étais avec ma famille en vacances en Bretagne. Et là, on trouve une chatte abandonnée, non vaccinée, sale. Elle avait plusieurs couleurs, sur fond blanc, du noir, du jaune et une sorte de rouge. Toute la famille était d'accord pour l'emmener à la maison. Elle n'avait pas de carte de séjour. Cela ne nous a pas dérangés. On a lavé le chat, on l'a emmené et gardé à la maison. Jamais on n'a puni l'animal pour ses couleurs, on l'a adopté et traité comme si elle faisait partie de la famille. En plus, elle commence même à regarder dans mon assiette.

- Tu as une drôle de façon de raconter les choses.
- Je réagis en fonction des questions que tu me poses, c'est tout.
- Si tu me montres l'article du New-York Times, je ferai du mieux possible pour que les étudiants viennent.
- Je vais demander à ma femme et je vais te le montrer demain, probablement.
- Il ne faut pas croire que je n'ai rien fait. J'ai même téléphoné au ministère des affaires étrangères, et là, une voix de femme, m'a répondu : « il ne faut pas se faire de souci pour les Roumains, ils disent qu'ils font grève de la faim, et le soir ils rentrent à la maison pour manger ». Je lui ai demandé si elle n'exagérait pas, mais, tu sais, elle a continué à m'expliquer que tu étais assez grand, et que tu devais te débrouiller sans avocats. Quand je lui ai demandé son nom, elle m'a dit que c'était mieux si je laissais la ligne libre, parce qu'il y avait du monde qui voulait téléphoner aussi, je n'en ai pas cru mes oreilles. Je repars, je repasserai demain.

Une fois Angélique repartie, George revient ; il a réussi à refaire les affiches et cela fait ressortir mon action bien en évidence. Il cherche également un de ses tracts qui lui a servi lorsqu'il a manifesté, il y a un an.

Un jeune habitant du quartier veut me parler. Une fois qu'il a été au courant de la raison de ma présence nuit et jour, dans cette rue, il a voulu venir. Il vient d'ouvrir une petite boutique avec toutes ses économies. Comme il était au chômage, il a eu l'idée de travailler sur son compte pour arriver à s'en sortir.
Notre conversation est coupée par deux femmes qui viennent d'arriver, elles m'adressent la parole :

- Nous sommes de la ligue roumaine des droits de l'homme et on a vu l'article dans Le Monde. Pourquoi ne nous avez-vous pas prévenus ? Si on avait su que tu étais là, on aurait pu faire plus de choses pour toi.
- Vous n'avez pas été prévenu par Madame Antonia C. ?
- Non, pas du tout.

Je connaissais bien ce genre de personnages qui ont l'habitude de dire des mensonges comme on récite une poésie par cœur. Mais je n'insiste pas.

- On veut te dire quelque chose. On va te le dire en roumain, c'est très important.

Je savais déjà de quoi il s'agissait :

- Je préfère que vous parliez en français. Je n'ai de secret pour personne.
- Et ce jeune, là, qui est-il ?
- C'est mon copain.
- Bon, comme tu veux. Nous, on a pensé que ton affiche est mal faite.
- Ah bon ! C'est ça votre secret ?
- Nous on te le dit parce qu'on a de l'expérience, comme on fait partie de cette ligue, on a une longue expérience.
- Et qu'est-ce qu'il faut faire ?
- On peut le faire pour toi si tu veux, tu nous donnes ton tract et on refait le texte.
- Comment par exemple ?
- Si tu veux le savoir d'avance, on peut te le dire. D'abord ce n'est pas la peine de marquer : « la Roumanie socialiste » tout le monde sait qu'elle est socialiste, ce n'est pas la peine de le marquer. Après : « travail assuré, salaire non garanti », ça n'intéresse pas. Il faut simplement marquer : « grève de la faim pour un visa touristique » avec l'emblème de notre ligue.
- Pour qu'on arrête la discussion là, vous me faites d'abord le texte promis, et après je retire mon affiche. Mais surtout, je voudrais savoir exactement ce que vous pouvez faire pour moi. Jusqu'à maintenant, j'ai compris que vous pouviez me donner des conseils et pour le moment ce n'est pas de cela dont j'ai besoin. Nous, ici, on a déjà contacté la presse, on a aussi téléphoné en Allemagne à la station de radio « Radio Europe ».

George les regarde sans rien dire. Bientôt les deux dames s'en vont. Le jeune qui est à mes côtés demande :

- Comment ont-elles eu tous ces bijoux ? Les bijoux que je viens de voir dépassent largement le prix de ma boutique. Sont-elles aussi réfugiées ? Je me demande comment elles ont fait pour avoir tout cela !
- Ce n'est pas difficile à comprendre, elles prennent de l'argent de tous les côtés en essayant de casser les manifestations contre leur employeur : l'ambassade !
- Ça ne m'étonne pas, avec tout l'or qu'elles portent ! Ça ne peut pas venir d'un salaire tout ça, ce n'est pas possible.
- Tu comprends pourquoi j'ai insisté pour qu'elles parlent en français ? Comme cela tu as entendu ce qu'elles peuvent inventer ? Tu verras, même si je reste dix jours, je n'aurai pas le tract promis.
- Elles sont passées pour voir si tu vas encore rester sur place, c'est tout, intervient George. Elles ont le rôle de te faire abandonner, mais comme elles sont au courant que tu n'es pas du genre à laisser tomber, elles essaient de cacher ton action pour en tirer profit. Elles veulent finalement utiliser ton action pour arriver à sortir quelqu'un de leur clan en disant qu'il est un opposant du régime. En un mot, disons que c'est une espèce d'espion qui se fait passer comme religieux ou écrivain intellectuel de la même espèce.

Et George me tint compagnie jusqu'à la tombée de la nuit, au moment où deux policiers arrivèrent :

- A partir d'aujourd'hui, on a reçu ordre écrit de rester toute la nuit auprès de vous.
- Enfin ! s'exclame Isabelle. Maintenant je peux dormir tranquille. J'ai encore l'impression de rêver. Vous voulez bien répéter encore une fois ?

Les deux gardiens de la paix sont surpris. Ils ne comprennent pas pourquoi cet enthousiasme de la part d'Isabelle. Elle s'explique.

- Depuis une semaine, ce sont les habitants de cette rue qui assurent volontairement sa protection. Moi je suis une de ces volontaires.
- Ah ! On n'était pas au courant de cela.

- Dominique, si la police est là, ce n'est pas la peine que tu restes aussi, lui dis-je.
- Et tu fais confiance à la Police ? Tu n'en as pas assez vu aujourd'hui ? Moi, je reste, même si la Police est là, je suis majeur et je fais ce que je veux.
- Il ne faut pas prendre tout négativement, si les deux policiers sont là, cela veut dire qu'ils sont directement responsables.
- Moi, je veux rester, c'est tout.
- Où vas-tu dormir ? Tu vas avoir froid.
- Si en huit jours tu n'es pas mort, tu crois que je vais mourir ? J'ai tellement eu l'habitude de dormir dans des tentes à l'armée que je n'ai plus peur du froid.

Il n'y avait rien à faire pour convaincre Dominique.

Olivier arrive bientôt avec le médecin qui est venu auparavant. Il me conseille de bien boire de l'eau, pour arriver à tenir.

- Qui êtes-vous ? Pourquoi êtes-vous là ? lui demandent les gardiens.

Les deux policiers sont les mêmes qui, quelques jours auparavant, m'expliquaient qu'en Amérique Centrale et du Sud il y a aussi des problèmes. Olivier qui tout d'abord ne leur prêtait pas attention, leur répondit quand le plus âgé reposa la question.

- Vos papiers, vous n'avez pas le droit de rester là.
- Mais ce sont des amis, dis-je, essayant de calmer le jeu.
- Ça n'a aucune importance.
- On habite là, on vient lui donner quelques conseils ; intervient Olivier. En plus, on est de simples piétons.
- Vous êtes des piétons ? demande, intrigué, le policier plus âgé
- Et toi ? Tu es policier ? fuse la question d'Olivier.
- C'est bien dit ! intervient Dominique.

Le policier ne sait plus que dire, il se retourne vers son collègue. Après une petite discussion entre eux, il recommence, avec le même ton autoritaire que quelques instants auparavant.

- Bien sûr que je suis policier, regarde mes habits !

- Et moi, je suis piéton, continue Olivier en montrant ses habits.
- Laisse tomber, Olivier, lui dit le médecin, on va rentrer.

Et Olivier s'en va, accompagné du médecin :

- On reviendra quand la garde changera, conclut Olivier en partant.
- Il faut savoir qu'à partir de maintenant, tout le monde doit garder ses papiers sur lui, et toi aussi, dit le policier en s'adressant à Dominique, tu dois avoir tes papiers sur toi.
- Bien sûr que j'ai mes papiers sur moi ! Je peux vous les montrer. C'est la quatrième fois aujourd'hui que je montre mes papiers. Les voilà.

Il montre encore une fois ses papiers, puis se tourne vers moi :

- Et tu veux que je te laisse avec une telle protection ! Je reste sur place, comme ça, je suis sûr qu'il ne t'arrivera pas de surprises.

Bientôt, plus personne ne circule dans la rue. Dominique se promène le long du trottoir en m'encourageant à dormir à chaque passage devant moi. Les évènements d'aujourd'hui me faisaient beaucoup réfléchir. Le barbu violent était toujours devant mes yeux. Je me suis endormi en pensant à lui. Probablement, il fut la cause de mon rêve.

La NUIT

… Dans mon rêve, je me trouvais au même endroit. Mais c'était au mois de février 1982. J'avais sorti un lit, pour manifester jours et nuits. L'objectif de ma grève de la faim d'alors était de faire venir en France ma femme et mes deux enfants. Ils étaient en Roumanie et n'avaient pas l'autorisation de me rejoindre. Dehors : moins trois degrés. Trois policiers assurent la garde. Dans la journée, Madame B. qui assure le relais de protestation, est embarquée de force. La cause principale de l'arrestation est « la conférence internationale de la jeunesse communiste » qui se déroule à Paris, l'ambassade essayant de faire tout son possible pour cacher aux représentants notre action de protestation.

Malgré tous les avertissements, je pris la décision de continuer la nuit. Vers trois heures du matin, une visite inattendue : un homme très correctement habillé, avec nœud papillon, s'approche de moi. Il se met à déchirer mes tracts, et tout de suite après s'attaque à moi :

- Personne ne t'a dit de rentrer à la maison ? Si personne ne l'a fait, je te le dis maintenant. Il faut que tu rentres.

Les trois policiers se précipitent vers lui. Il leur dit :

- Vous, doucement, venez avec moi.

Il les emmène trois mètres plus loin. Il leur montre une légitimation devant laquelle les policiers se mettent au garde à vous.

- Qui vous a envoyé pour le garder ?
- Ce sont les ordres, Monsieur le Ministre
- Les ordres, c'est moi qui les donne ! Et maintenant, tournez-vous, j'ai à parler à ce jeune homme.

Les trois hommes font ensemble demi-tour, tout en suivant des yeux ses mouvements.

- Tes papiers ! sa voix forte s'adresse à moi.

Je sentis à cet instant l'odeur qui sortait de sa bouche. Une odeur de fête où les bouteilles d'alcool ne manquaient pas.

- Je voudrais d'abord savoir qui vous êtes avant de vous montrer mes papiers.
- Moi, je suis commissaire de police, et toi, tu dois me montrer tes papiers en vitesse, sans poser de questions.
- Vous n'avez pas de légitimation à me montrer ?
- Qu'est ce que tu veux encore ! Si tu veux, je peux t'apprendre à vivre dans ce pays ! continue-t-il.
- Si ce sont mes papiers qui vous empêchent de dormir, les voilà.
- Alors ! Tu viens pour nous faire le bordel ici !
- Non, pas du tout, je viens pour demander ma famille. Si vous appelez ça « le bordel », c'est votre affaire.
- Tu n'auras jamais la nationalité française. Ça, c'est moi qui te le dis et n'oublie jamais mes paroles !

- Même si je ne suis pas français avec des papiers, je le suis par le cœur.
- Maintenant, tu vas rentrer à la maison.
- Désolé ! Je ne rentre pas avant d'obtenir ce que je demande.
- Et pourquoi regardez-vous par-là ? dit monsieur « Papillon » en se retournant vers les policiers curieux, je vais vous apprendre la discipline, je vais vous apprendre à ne pas désobéir aux ordres ! Et toi à ton tour ! continue-t-il en se retournant vers moi, tu n'auras jamais la nationalité française si tu ne pars pas tout de suite ; je t'attends au bout de la rue pendant deux minutes, je te donne une chance.

  Et il s'en va. Je demande aux policiers restés sur place :
- Qui est cet homme ?
- On ne peut pas te le dire.
- Je sais bien qu'il n'est pas commissaire.
- Non, il n'est pas commissaire, me confirment-ils d'une petite bouche.
- Je vous ai entendu parler, vous l'avez appelé Monsieur le Ministre. J'insiste : comment s'appelle-t-il ?
- Ce n'est pas à nous de te répondre, on est là pour t'assurer la protection et en plus on a des problèmes.

Quelques moments plus tard, un groupe de jeunes entre dans l'ambassade. C'est l'élite de la jeunesse communiste roumaine qui ne comprend pas de quoi il s'agit et surtout comment des manifestations sont possibles devant l'ambassade !
- Dépêchez-vous de rentrer ! cria une voix comme pour couper court à tout commentaire.

…

J'étais choqué, mon rêve me rappelait de mauvais souvenirs. J'ouvrais les yeux, j'avais peur que monsieur « Papillon » soit de retour. Il faisait presque matin. Les yeux ouverts, je me mis à réfléchir. Comment un homme si bien habillé comme ce monsieur Papillon pouvait avoir le même caractère violent que ce barbu qui venait d'attaquer Dominique et avait déchiré les tracts ? C'est un mystère : la même violence cachée sous des apparences différentes.

CHAPITRE VIII
Neuvième jour

Le rêve m'a effrayé, je venais de revivre des moments difficiles de ma vie.
Je regarde autour de moi si monsieur « Papillon » n'est pas de retour. Non, il n'y a pas non plus l'homme à la barbe rouge. J'étais rassuré, tout allait bien, ce n'était qu'un mauvais rêve.
Dominique est le premier réveillé. Il a réussi à dormir un peu sur l'escalier. Il prend un marqueur et se dirige vers mon affiche :
- Surtout, il ne faut pas que tu oublies de marquer le nombre de jours. Et il écrivit « neuvième jour ».
- Ils n'ont pas l'air très commode de l'autre côté ! C'est ma présence qui les énerve ?
- Possible, ils ont l'habitude de rester seuls la nuit.

La pharmacienne est également arrivée, elle vient vers moi :
- Je t'apporte des médicaments, du strict nécessaire. Il faut que tu les prennes.

Et elle en verse quelques gouttes dans l'eau.

Dominique traverse la rue et sonne à la porte de l'ambassade sans plus de succès qu'auparavant.
- J'espère qu'ils ne sont pas fermés aujourd'hui ? Ils n'ont pas l'air de répondre, ou bien ils font ça par principe.

Bientôt Isabelle descend avec Paulette.
- Alors Dominique, tu ne veux pas rentrer ?
- Si, je vais rentrer, mais pas à la maison, je vais à l'ambassade américaine pour leur expliquer la situation d'ici.

Il s'excuse et part sans attendre nos explications ou conseils.

Georges arrive à son tour. Il essaie de bien poser dans l'ordre des choses autour de moi. Il apporte de nouveaux tracts.
- Si ton petit tract les dérange, j'en apporte un, un peu plus grand, comme ça ils te laisseront tranquille. J'ai oublié de te raconter ce qu'ils m'ont fait quand j'ai fait la grève de la faim pour Père Calciu.

Et Georges commence à me raconter :

- Ils ont osé téléphoner chez mes parents pour leur dire que si je ne m'arrêtais pas, la police française allait me tuer. Alors ils leur ont conseillé d'insister auprès de moi pour que je m'arrête. S'ils ne l'ont pas encore fait pour toi, cela ne va pas tarder. Maintenant, ils vont essayer tous les moyens pour t'arrêter, mais toi, tu ne dois pas te laisser faire ; comme je te l'ai dit auparavant, moi je suis resté vingt jours sans manger et je suis encore vivant, ce n'est pas toi qui vas mourir, tu es encore plus costaud que moi.

Dominique était de retour. Il nous rapportait des nouvelles.

- Je suis allé à l'ambassade américaine, là-bas, j'ai réussi à avoir le représentant politique de l'ambassade. Ils n'ont pas, comme ici, de longs week-ends. J'ai été reçu, même si je n'étais pas en costume comme cette ambassade roumaine me l'a conseillé. En plus, ils m'ont invité à entrer dans leur ambassade, m'ont fait attendre sur une chaise, et ont parlé avec moi. On arrive facilement à faire la différence entre un pays démocratique et les autres. Rien qu'en entrant dans leur ambassade, on sent déjà l'air moins pesant et les portes ouvertes.

A midi, Georges partit téléphoner, Isabelle et Dominique étaient également partis.
Michel, l'un des premiers à avoir signé dans mon cahier, venait pour me demander où j'en étais avec ma demande. Je commence à lui expliquer l'absence de discussion de la part des diplomates à cause selon eux d'un prochain week-end, lorsqu'une femme gitane se met entre lui et moi. Elle lui tend la main.

- Donne-moi cinq francs, je suis Gitane roumaine.

Mais Michel, avant même que je puisse réagir, lui répliqua

- J'ai déjà vu des gitans qui font la manche, mais c'est la première fois que j'entends ça. Pourquoi ajoutes-tu que tu es Gitane roumaine ? pour lui faire de la publicité ?

Mais la Gitane continue comme si elle n'avait rien entendu.

- Donne-moi cinq francs, je suis Gitane roumaine.

- Tu sais, d'habitude je te vois avec un papier dans le métro pour faire la quête sans rien dire, et là, comme par hasard, tu parles, et pas n'importe comment. A mon avis, tu es envoyée exprès pour faire ça. Est-ce que tu as tes papiers sur toi ?

La dernière question commence à troubler la gitane, surtout qu'une patrouille mobile vient de passer. Elle jette un cou d'œil vers l'ambassade puis s'empresse de partir.

- Je ne crois pas ça, qu'ils sont prêts à utiliser les Gitanes pour faire diversion ! me dit Michel. Mais, attend ! Je me rappelle ! continue-t-il. Il y avait même un article avec les Gitans roumains infiltrés en France par la police secrète roumaine. Ils passent pour des réfugiés et finalement ils font leurs enquêtes.
- Tout n'est pas hasard devant cette ambassade. J'essaie d'être plus court dans mes explications.
- Mais elle est bien tombée ! continue Michel, si quelqu'un m'avait dit ça je ne l'aurais pas cru, mais maintenant je l'ai vu des mes propres yeux !

- Alors ça va ?

Une voix de femme se fait entendre. C'était la même femme qui s'était déjà présentée comme faisant partie du groupe « Europe Libre, section française ». Tu es toujours là, tu tiens le coup ? Tu crois toujours pouvoir obtenir quelque chose après tous ces jours sans réponse ?

- Oui, j'ai l'intention de rester.
- Vous savez, Madame, ce qui s'est passé ? lui demanda Michel
- Non, de quoi parlez-vous ?
- Il y avait tout à l'heure une Gitane qui faisait la quête en disant : « Donne moi cinq francs, je suis Gitane roumaine. »
- Oui, je l'ai vue aussi, coupa Isabelle qui arrivait avec la dame de l'hôtel et des commerçants de la rue du Bosquet pour nous dire la même chose.

- Ce n'est pas grave, poursuivit la dame d'Europe Libre. J'ai souvent vu dans le quartier des Gitanes qui faisaient la quête ainsi. Moi j'habite dans le quartier et je l'ai vue.
- Et où habitez-vous dans le quartier ? demande la dame de l'hôtel, je connais pas mal de monde par ici et vous, je ne vous ai jamais vue.
- J'habite à côté de Montparnasse.
- Ah bon ! C'est ça, « dans le quartier » ?
- Moi j'habite dans le quartier, ce n'est pas comme vous, et je peux vous dire, depuis dix ans que je tiens le commerce, je n'ai jamais entendu d'histoire de Gitane. Et quand j'ai entendu cela, j'ai tout de suite pensé à cet homme dit-elle en me montrant, c'est pour ça que je suis venue.
- Et moi aussi ajoute Isabelle, j'étais à faire des achats, quand devant moi j'ai entendu un jeune Gitan qui faisait la quête de la même façon, tout de suite je suis revenue pour voir s'il ne s'était rien passé ici.
- Alors madame, vous êtes seule pour soutenir la Gitane, je me demande vraiment à quoi sert votre organisation ! ajoute pour terminer la boulangère, qui vient aussi d'arriver.

La femme s'excuse de devoir partir. Une fois partie, tout le monde se demande si ce n'est pas elle qui a organisé la petite surprise !
Georges était revenu. Une fois mis au courant de la visite inattendue, il me conseille de faire attention pour l'avenir : « ce n'est qu'à partir de maintenant qu'ils commencent à sortir leurs griffes. » Il m'assure qu'il ne me quitte plus pour calmer tous ceux qui sont autour de moi. Il me tient compagnie jusqu'à la fin de la journée, oubliant même de manger. Une fois que la nuit commence à tomber, George fait connaissance avec les oiseaux de nuit qui ne tardent pas à arriver.

Antonio, avec la même démarche dansante, faisait son entrée. Il recommence l'histoire d'hier : « Moi, je suis ingénieur des mines. Moi, j'ai été emprisonné, c'est Amnesty International qui m'a libéré. Il faut poser des bombes. C'est la lutte armée qui conduit à la victoire. Il faut faire une révolution ! »

Comme George est aujourd'hui mon défenseur, il lui adresse la parole pour le convaincre que les terroristes sont de l'autre côté de la rue. Mais l'état d'Antonio, le même qu'hier, ne l'aide pas à comprendre facilement.

Bientôt, arrive une dame d'une cinquantaine d'année, en même temps que Clémentine.

- Je m'appelle Eddie, je t'ai vu à la télévision, et j'ai voulu passer te voir. Tu dois avoir froid, je vais revenir demain pour t'apporter quelque chose. Mais ? Tu as une drôle de compagnie, pourquoi ne te laisse-t-il pas tranquille ?
- Moi, je suis son copain, recommence Antonio, et je vais rester toute la nuit s'il le faut !
- Mais tu ne comprends pas que personne ne veut de toi. C'est mieux que tu rentres à la maison.

Mais lui ne veut pas écouter, il s'assoit sur le capot d'une voiture et regarde ailleurs.

- Alors c'est ta femme ? continue Eddie en se tournant vers Clémentine, pourquoi tu le laisses faire cela ?
- S'il n'y avait que moi, il ne serait pas là, répondit-elle, mais s'il veut quelque chose, personne ne peut le faire changer d'avis.
- Il faut poser des bombes ! continue Antonio,
- Mais il ne se tait jamais celui-là ! Il ne nous laisse pas parler !
- Hier soir, c'est Paulette qui l'a fait partir, il faut qu'on l'appelle pour avoir un peu de silence.
- Il faut faire la révolution ! Ce n'est pas avec dix francs qu'on peut faire une révolution ! Il faut plus d'argent ! des munitions ! continue Antonio.
- Regarde moi ça Antonio, lui montre George en lui présentant un tract avec le dessin de la serpe et du marteau, c'est à cause de cela qu'on est arrivé à cette perfection, grâce à ça, on est obligé de mourir pour obtenir nos droits !

Antonio regarde l'affiche comme s'il n'en croyait pas ses yeux, il ne parle plus, sa langue commence à sortir comme s'il voulait dire quelque chose, mais il n'y arrive pas. Petit à petit ses bras commencent à tomber et il glisse le long du capot de la voiture.

- Mais ! Il est en train de mourir, crie Eddie, en se précipitant pour le soutenir.
- Qu'est-ce qu'il a ? Il est cardiaque ? Tu lui as fait quelque chose ?
- Non ! Je ne lui ai rien fait ! Je viens juste de lui montrer le marteau et la serpe.
- Ce n'est pas à cause de ça qu'il est tombé !
- Si, c'est à cause de ça !
- Il faut plutôt appeler une ambulance !
- Je ne veux pas aller à l'hôpital essaie d'articuler Antonio.
- Il faut le ramener à la maison, il faut appeler les voisines pour leur demander où il habite.

Dominique appelle Paulette pour lui demander. Paulette ne connaît que l'escalier qui correspond à son appartement.
Clémentine, Eddie et George, l'aident à se diriger vers son appartement.

Un quart d'heure plus tard, tout le monde est de retour.

- Ce n'était pas facile avec lui ! On a été obligé de sonner à chaque étage pour demander si quelqu'un le connaissait ! On a du monter comme ça jusqu'au cinquième avant de rencontrer quelqu'un qui le connaissait, alors il lui a sorti sa clef et a ouvert. Une fois rentrés, on ne savait que faire. Dans son appartement, il y avait un lit, quelques livres et des médicaments. On l'a mis au lit et on lui a fait boire de l'eau, on lui a demandé s'il y avait un médicament qu'on pouvait lui donner, mais il n'a pas réussi à parler, on l'a laissé là-bas, il n'a personne !
- Si, il parle de son enfant, mais sans doute n'habite-il pas avec lui.
- Il doit plutôt être ivre, à mon avis, dit Dominique, tellement ivre qu'il est tombé comme ça.
- A mon avis, ajoute Eddie, ce serait mieux que vous ne lui montriez plus la serpe et le marteau, c'est possible que ça lui ait fait du mal.

- Et quoi encore ! Ici on est dans un pays démocratique, on peut s'exprimer comme on veut ! S'il était habitué à poser des bombes à chaque personne qui lui disait la vérité en face, c'est son affaire, il est tombé parce qu'il ne peut pas nous mettre une bombe.

Clémentine était perdue par les évènements. Eddie ajouta que la vie n'est pas sans évènements. Toutes les deux sont reparties en promettant de revenir dimanche.

Dominique, fidèle comme la nuit précédente, se prépara pour passer la nuit à côté de moi afin de m'assurer une protection. J'étais en train de penser au télégramme que ma mère m'avait envoyé. C'est sur cette pensée que je m'endormis.

LA NUIT

Je rêvais un des épisodes de ma vie où dans ce même Système, le commandant de l'unité où j'ai fait le service militaire avait fait la même chose : il venait d'appeler ma mère, pour la prévenir que si elle n'intervenait pas efficacement pour changer mes habitudes, je risquais le tribunal militaire. Dans le passé, la lettre s'est montrée très efficace et ma mère a dépensé un quart de son salaire pour venir me voir.

Le commandant me fit sortir des arrêts et expliqua devant moi la situation :

- A cause de votre fils, chaque fois que je suis proposé pour un avancement, j'ai des problèmes. Depuis dix mois qu'il est là, il a réussi à avoir quatre-vingt dix jours d'arrêt ; à cause de lui, on a été obligé de changer la cellule d'isolement utilisée pour les arrêts : chaque fois il a réussi à en sortir par lui-même, il y a quelque chose que je ne comprends pas. Mais il ne faut pas faire ça pendant le service militaire ! Il faut lui demander pourquoi il s'échappe comme ça de la cellule d'arrêt.
- Si vous y tenez, je peux m'expliquer, dis-je
- Oui bien sûr, tu es là pour ça.

Alors je commençais :

- La première fois que je suis sorti de la cellule, c'était pendant l'été, pendant la période, où, comme vous le savez, il fait quarante degrés à l'ombre, dans cette partie du delta du Danube où nous sommes. Les officiers ne voulaient pas changer l'eau des flaques qu'ils nous donnaient à boire comme de l'eau potable, ces grosses flaques d'eau qui résultent de la fonte des neiges et dans lesquelles le chargé d'eau doit puiser. L'officier disait que si les grenouilles et têtards y étaient, c'est donc qu'elle était de bonne qualité. En plus il y avait aussi le problème de la nourriture qui a causé pas mal de cas de dysenterie. Parce que j'ai refusé de boire cette eau, j'ai été enfermé pour instigation pendant dix jours. Votre lieutenant a donné l'ordre de ne pas me donner à manger pendant trois jours. Je ne trouvais pas cette décision très juste, alors j'ai décidé de me servir moi-même pour le déjeuner.
- Vous savez, Madame, intervint le commandant, il faut qu'il nous dise comment il réussit à sortir de sa cellule. Il n'a pas cassé la porte ni les murs, et on l'a retrouvé à la cantine en train de manger, tout mouillé, sortant du bain. Les autres soldats travaillaient et lui, qui était aux arrêts, était parti se baigner dans la rivière à côté ! A cause de lui, on a été obligé de changer la cellule d'isolement et le croirez-vous ? Il a encore réussi à s'en échapper ! En plus le lieutenant qui l'a mis aux arrêts vient de porter plainte contre lui pour blessure volontaire. Il faut qu'il vous explique ça, vous pouvez lui demander.

J'ai repris la parole sans y être poussé :

- D'accord je vais parler. D'abord votre lieutenant m'a remis aux arrêts pour instigations. Cette fois là je ne voulais pas, pendant le dimanche, jour de notre repos habituel, charger les traverses en bois destinées à des privés. En un mot, je refuse de travailler pour ses petites affaires personnelles. Il m'a mis aux arrêts en essayant de me piquer avec sa baïonnette, malheureusement j'ai réussi à l'attraper, malgré qu'il tape comme un fou. Le matin, il voulait forcer deux personnes à témoigner contre moi pour l'attaque d'un supérieur. Comme ils ont refusé, il les a mis dans la même cellule que moi, et il les prenait un par un pour les faire parler afin qu'ils disent ce qu'il voulait. Une fois que je me suis retrouvé seul, j'ai décidé de m'enfuir. S'il n'y avait pas des collègues qui étaient sortis sans permission, et qui m'avaient retrouvé à cent kilomètres de la caserne pour me dire que je n'aurais pas de problème si je revenais, je serais déjà loin.

- Oui, je lui avais promis de ne pas le sanctionner mais malheureusement le lieutenant a porté plainte devant le tribunal militaire, dit le commandant à l'intention de ma mère et se tournant vers moi : à mon avis, tu dois attendre sagement la décision du procureur et pour être sûr que tu ne te sauves pas, je vais te mettre deux gardes à la porte. Quand tu n'en as qu'un tu es toujours parti ! Au début, on a pensé que tu étais complice avec le garde de service, mais maintenant, j'ai compris que ce n'est pas ça. Tu auras à manger et à boire à discrétion, mais comme je t'ai dit tout à l'heure, il ne faut pas que tu t'échappes. D'abord je ne veux pas d'évasion tant que je suis en poste, et en plus c'est aussi pour toi. J'ai parlé avec le procureur militaire, il m'a dit qu'il y aurait une amnistie le 9 octobre pour la journée de l'armée. S'il te fait le dossier avant, tu auras la chance de n'avoir que vingt jours d'arrêt, si non, tu sais ce qui se passera avec tes collègues qui ont fait des choses moins graves et qui n'ont pas échappé au tribunal.
- En ce qui me concerne, je n'oublie pas, intervient ma mère, que vous avez envoyé la police militaire chez moi, je me permets maintenant de vous demander pourquoi vous avez fait cela ?
- Attendez que je me souvienne, et le commandant essaie de réfléchir. A oui, je me rappelle. C'était pendant l'été, quand il est parti à Constance au bord de la mer, oui, j'avais fait appeler la police militaire. J'espère que ça a servi d'exemple ?
- Vous croyez ? Quand la police militaire est arrivée chez moi, elle voulait embarquer son frère. Une fois qu'ils ont établi

son identité, ils ont fini par le laisser tranquille. Vous savez ce qu'il a répondu ? D'abord il a demandé depuis combien de temps son frère était parti ; quand ils ont dit quatre heures il a répondu que ce n'était pas la peine de le chercher à la maison. Pourquoi ? ont-ils demandé, étonnés. C'est simple, en quatre heures, mon frère est sûrement déjà arrivé en Turquie, et s'ils attendent encore, il peut aller encore plus loin.

- Alors son frère est comme lui ?
- Possible, mais si on le laisse tranquille, on n'a jamais d'histoire avec lui.
- Bien Madame, je vous assure que de mon côté je ferai tout pour qu'il termine bien son service militaire. Je vous dis ça parce que moi aussi, j'ai des enfants.

La discussion était finie. Ma mère repartait à la maison et moi je regagnais ma cellule d'arrêt jusqu'au 10 octobre, date à laquelle j'ai été libéré. Depuis, cette cellule reste toujours vide, contrairement aux habitudes en vigueur auparavant. Les collègues m'ont accueilli en héros et remercié pour mon exploit. Ils n'étaient plus obligés de passer des jours entiers à l'intérieur pour de simples caprices d'officiers. Moi, je n'étais plus puni tous les week-ends, quand j'étais obligé de répondre que j'étais à l'église pour justifier des quelques moments libres que nous avions à disposition.

…

Des bruits répétés me firent ouvrir les yeux.

CHAPITRE IX
Dixième jour

Non loin de là, le gardien de la paix marche de long en large. Il remarque tout de suite mon réveil :

- Alors, ça va ? Tu n'as pas froid ? Me demande-t-il en essayant de cacher ses frissons.
- Ça va. Mais je me fais du souci pour vous, vous n'êtes pas tellement couvert ! Vous devez avoir plus froid que moi. Si vous voulez, je peux vous donner une couverture.
- J'aimerais bien merci, mais le règlement me l'interdit. Je pensais qu'il faisait moins froid que ça, j'arrive de Montpellier où j'ai ma famille, et là-bas, il fait plus chaud, aussi je n'ai pas pensé à m'habiller plus ; mais j'ai encore deux heures à tirer et après je pourrai me changer.
- Et vous avez peur du règlement pour aller vous chauffer ?
- Non, ce n'est pas le règlement. Comme tu le sais, le gouvernement vient de changer et le nouveau ministre est plus exigeant. Maintenant, on ne peut plus faire d'interpellation sans que l'on nous montre les papiers, il faut qu'on parle plus poliment, on fait même des stages pour cela ! Dans les années 80-82 on pouvait rentrer dans la police sur simple demande ; maintenant, il faut passer des examens, et si tu n'as pas le niveau, tu ne réussis pas. En plus, à Paris, ce n'est pas comme à Montpellier, on ne peut pas sortir le pistolet tout de suite, il faut vraiment être en légitime défense pour utiliser son arme

Dominique se redressait, les yeux encore presque fermés :

- J'ai entendu du bruit et je ne savais pas de quoi il s'agissait.

La lumière du jour n'était pas loin.

- Tu as vu ? Il y a des habitants qui m'ont apporté une couverture, spécialement pour moi ! Ils sont très gentils d'avoir pensé à moi aussi ! Dominique était content de l'attention que les habitants lui avaient accordée.

Paulette et Isabelle arrivaient, comme tous les matins.

- Alors, on est dimanche, ce n'est pas la peine d'insister à l'ambassade, ils sont en week-end ! Ils ne répondront pas, surtout qu'hier, ils ont bien fêté le début du week-end ! Je les ai vus sortir avec leurs femmes.
- J'ai l'impression, continue Dominique, que leurs femmes n'ont pas l'air contentes qu'ils te laissent comme ça. Je les ai entendus se disputer après t'avoir regardé.

Le soleil ne se fait pas attendre. Il commence encore à chauffer lors de son court passage entre deux immeubles.

Vers neuf heures, Radu A. arrive. Il est resté le même, tel que je l'ai connu cinq ans auparavant. Après avoir fait plusieurs grèves de la faim pour dénoncer les abus du régime instauré par la force en Roumanie, il s'était déclaré défenseur de la ligue pour les Droits de l'Homme.

Je lui ai envoyé une lettre, et il vient spécialement de Lyon pour me voir, pendant son temps de liberté accordé par le Week-end.

- Alors, ils n'ont pas changé leurs habitudes ces compatriotes, ils sont toujours de glace ? Et comment cela se fait-il que la police ne t'embarque pas ? Tu te rappelles, dans les années 80-84, quand on a lutté avec la police pour essayer d'avoir une place ici.
- Ne t'en fais pas pour lui, intervint George qui vient d'arriver et qui assiste à la discussion, lui il a gagné sa place en 81 et depuis, il ne laisse pas tomber, cet endroit devrait porter son nom ! C'est le seul qui a réussi à s'imposer pour manifester juste en face de leur entrée principale !
- Ah bon ! Ils ont compris que c'était sa place !
- Tu sais Radu, si on est trois, on peut faire une manif. On peut leur crier quelque chose, nous trois si nous sommes réunis, on peut en faire des choses ! Cent personnes n'arrivent pas à faire autant de dégâts que nous !

On verrait cela plus tard, Clémentine venait d'arriver. Elle vient m'annoncer que les enfants sont tous deux tombés malades, comme par accident, ils ont tous les deux de la fièvre et ils ne peuvent pas sortir. Je présente ma femme à Isabelle. J'avais l'impression que des étincelles allaient sortir de leurs mains qui se serraient, mais non, je me trompais. Au contraire, elles s'entendirent si vite, qu'aussitôt elles se tournèrent contre moi d'un commun accord :

- il faut que tu le ramènes à la maison, ton homme.
- Je voudrais bien, mais il est si têtu qu'on ne peut rien faire !
- Ça je l'ai remarqué ! Tu as raison.

Radu essaie de changer de sujet :

- Vous savez que le roi Michel de Roumanie, pour la première fois depuis son départ en exil, vient de faire une sortie publique ? La semaine prochaine il va aller à Soultzmatt avec les princesses Anna et Margarita. Il va commémorer les prisonniers morts en Alsace pendant la première guerre mondiale. Ça, c'est sa première apparition.

Une dame, qui vient d'arriver, ajoute :

- C'est le roi qui a exterminé les Juifs ?
- Vous êtes très mal informée, Madame ! Jamais des Juifs n'ont été exterminés en Roumanie sur l'ordre du roi Michel, au contraire, c'est le roi, qui pour la première fois a essayé de faciliter le départ des Juifs vers La Palestine, avant même que l'état d'Israël fut créé, afin de les aider à fuir l'armée hitlérienne, dit un homme qui grossit le groupe autour de nous.

Il s'appelle Alexandre et a la soixantaine avec, malgré son âge, une stature d'athlète, il essaie d'expliquer la situation à cette dame.

- Moi j'ai vécu cette période et je peux répondre à plus de questions que vous ne pouvez imaginer, on trouve souvent des hommes ou des femmes comme vous, qui prennent partie contre la monarchie sans savoir apprécier leurs efforts.
- Excusez moi, je n'étais pas au courant de tout cela.
- Puisque vous êtes là, Madame, et comme vous affirmez que le roi était du côté des Allemands, je tiens à vous raconter

une histoire : pendant la guerre, j'étais pilote dans l'aviation et j'ai assisté après le départ de l'ambassade soviétique qui était à Bucarest, à une inspection. Dans leur local, une de leur cave secrète, on a découvert un stock d'armes, qui dépassait, à l'époque, le stock national de l'Etat roumain. Si l'ambassade n'avait pas été obligée de partir, ça n'aurait pas été uniquement la Bessarabie que les Soviétiques auraient pris, cela aurait été tout le territoire !
Avec ce stock d'armes, on a lutté pendant six mois pour libérer le territoire occupé par les Soviétiques. L'Allemagne nous a poussé vers cette guerre en promettant son soutien matériel, mais une fois que leur armée a eu le contrôle, ils ont montré leur vrai visage, ils ont commencé à nationaliser toutes les entreprises. Sur le front, ils ont commencé à ignorer les soldats roumains qui étaient toujours postés en première ligne, et à leur infliger des punitions.
Le roi, qui était encore mineur et qui n'avait pas encore le droit de faire valoir son autorité de régent, a tout essayé pour éviter de perdre des hommes inutilement.
Il a reçu des rapports dans lesquels il était notifié que les Allemands coupaient les mains à tous les soldats roumains qui se permettaient de s'accrocher aux chars au lieu de marcher. Comme pilote, j'ai reçu l'ordre de vérifier le rapport reçu ; j'ai été envoyé pour inspecter le front avec un avion de reconnaissance I.R.A., un petit bombardier avec une seule bombe.
Après quelques jours de vol, j'ai réussi à apercevoir un groupe de soldats roumains tenu à l'écart par une unité allemande de chars. On est descendu le plus bas possible. J'ai remarqué des traces de sang sur la neige. J'ai demandé des explications par radio. Les Allemands ont retransmis que tout était en règle ; alors on a appelé l'unité roumaine, avec hésitation, ils ont commencé à transmettre : si on se met en communication, on risque de se faire chasser par les Allemands. J'ai rappelé que je remplissais une mission d'inspection sur ordre du roi, alors ils ont repris la transmission : « Ce sont les Allemands qui nous ont

demandé un coup de main pour sortir leurs chars de la neige, une fois sortis, un des soldats était encore accroché au char, un officier allemand est sorti et s'est mis à crier à un autre soldat allemand « coupe lui la main », un de nos officiers est intervenu en leur disant que s'il y avait un problème il pouvait aussi le punir ou le faire paraître au tribunal militaire, mais ils lui ont tiré dessus, et ils ont coupé la main au pauvre soldat, il n'a aucune chance de s'en sortir avec ce froid. Je leur communiquais de s'écarter du groupe mais les Allemands ne le leur permettaient pas. Je ne pouvais plus rien lorsqu'ils m'ont communiqué le nom du soldat, c'était un de mes voisins. Alors je suis revenu en arrière, je me suis dirigé sur les chars et j'ai envoyé une rafale de mitrailleuse ce qui a provoqué la dispersion des soldats, au deuxième passage, j'ai bombardé le char. Je suis rentré pour faire mon rapport de cette fête au roi ; je m'attendais au tribunal militaire ; mais au lieu de cela, je reçus un ordre pour une mission en méditerranée. J'ai alors été débarqué en Italie par avion, le temps que les Allemands apprennent la nouvelle avec leur système administratif confus, j'étais déjà passé en Afrique du Nord où je suis resté dans la zone anglaise jusqu'à la fin de la guerre. A la fin de la guerre j'ai voulu retourner en Roumanie, j'ai appris que le roi était enfermé par les Soviétiques, et plus tard ce fut son départ en exil. Mais je pense que la mission que j'avais accomplie a joué un rôle important dans l'insurrection de l'armée organisée par le roi en 1944, une insurrection soldée par encore beaucoup de sacrifices mais bien tournée contre les Allemands ou ce serait plus juste de dire contre Hitler.

La dame avait l'air de bien comprendre cette fois et s'excusa :

- Vous savez, finalement je ne connais pas tellement l'histoire de ce pays. Je dois résoudre cette question, je vais prendre un manuel d'Histoire et me documenter. Ce sera mieux que d'accuser quelqu'un sans savoir.

La dame rentra mais elle n'avait plus l'air aussi révoltée qu'en arrivant. L'ancien pilote tenait à m'encourager avant de repartir.

UN MALAISE

La tête commençait à me tourner, je manquais d'air. George le remarqua tout de suite. Il est mal confirma-t-il une fois qu'il eut posé sa main sur ma tête.
Le policier de garde pris sa radio et commença à transmettre et la réponse arriva aussitôt : « il faut que vous l'ameniez au poste, là on a aménagé une salle spéciale pour lui. »

- Surtout pas ça ! Intervint George. Il faut te méfier d'eux, une fois que tu seras parti d'ici, ils vont essayer de t'alimenter par la force ; pas question de l'enlever de là ! affirme-t-il au policier.

A son tour le policier retransmet la nouvelle : « le gréviste ne veut pas se déplacer »

Quelques instants plus tard, une voiture de police est sur place.

- Alors ? Pourquoi ne veux-tu pas venir ? On a aménagé une salle spécialement pour toi !
- Pas question de se déplacer ! confirme George.
- Mais il va mourir ici !

Avec effort, j'essaie de parler :

- Ce ne sont ni la police, ni l'hôpital, mes ennemis, et s'il faut mourir, je préfère mourir ici.
- Mais, il est têtu celui-ci ! s'exclame l'un des commissaires, cherchant son poste radio, il va falloir qu'on trouve un médecin en plein dimanche !

Et le voilà qui commence à passer un appel. Dans les cinq minutes, un médecin arrive sur place.

- Comment as-tu trouvé ? demande son collègue étonné au commissaire.
- C'est mon médecin de famille, je lui avais déjà expliqué la situation.

Après un examen très attentif, le médecin s'adresse à eux :

- Il n'y a pas beaucoup de solutions, il faut qu'il mange et surtout qu'il boive beaucoup d'eau, il faut qu'il prenne des vitamines.

- les cinq premiers jours il a refusé de boire, ajoute Isabelle, il faut que vous lui disiez les conséquences que cela peut entraîner pour lui.
- Ça, c'est très grave, reprit le médecin, il faut faire très attention que cela ne se reproduise pas.
- En plus ce sont ses compatriotes qui lui ont dit qu'il pouvait tenir quarante jours sans boire !
- C'est mieux que vous écoutiez le médecin. Nous sommes mieux placés pour vous donner des conseils. Egalement, il faut marcher au moins un quart d'heure par jour, sinon il y a risque d'atrophie du système nerveux. Si c'est possible, un massage est indispensable.
- Je peux lui faire des massages gratuitement, s'offre Christian volontaire, je vais passer tous les jours pour cela.

Le médecin est reparti après ses derniers conseils et aussi en même temps que lui, la plupart des personnes présentes.

Une fille d'une vingtaine d'années, accompagnée de sa mère se tenait devant moi.

- Je m'appelle Monique et je reviens de visite en Roumanie. Avant de partir, on a entendu plein d'histoires concernant les pays de l'Est et on les croyait. Ici, comme on y croyait vraiment au communisme, on faisait confiance à la Gauche. Mais après nos vacances passées là-bas, on a complètement changé d'opinion. Les choses en sont à un tel niveau que cela dépasse l'imaginable ! Là-bas j'ai rencontré un professeur de sports que j'aime bien. On ne pouvait même pas sortir ensemble sinon il risquait la prison ! Il est complètement interdit de communiquer avec les touristes. En ce qui concerne la misère, notre télévision fait souvent des reportages sur la famine en Afrique mais elle ferait mieux d'en faire aussi sur les pays de l'Est qui ont aussi leurs problèmes. Je t'ai apporté une photo du bord de la mer noire que j'ai pris lors de mon séjour, on a pensé que cela te ferait plaisir de revoir cette image. Je te l'ai également dédicacée avec un petit mot.

Elle tint à m'embrasser ainsi que sa mère, avant de repartir. George partit aussi. Je restais en compagnie d'Isabelle.

Bientôt, un homme accompagné d'un gardien de la paix arriva.

- Je m'appelle Vlad G., je suis reporter à « Europe Libre », j'ai reçu des appels téléphoniques de particuliers. Comme la section d'Europe Libre ne m'a rien confirmé, j'ai décidé de me déplacer moi-même sur place. Il faudrait que tu m'expliques en quelques mots de quoi il s'agit exactement, je vais l'enregistrer. Ensuite je dois courir pour prendre l'autoroute vers l'Allemagne. Il faut que je transmette tout de suite la nouvelle, depuis dix jours, tu es toujours inconnu de notre radio. Les correspondants de notre radio, à Paris, ont carrément oublié leurs obligations, mais pour ça je vais faire des réclamations, ce n'est pas normal de te laisser tomber de cette façon... Bon merci de m'avoir parlé, maintenant je te laisse, à partir d'aujourd'hui je vais parler de ton cas tous les jours sur les ondes.

Il repartit, accompagné du même gardien de la paix.

George arrivait :

- C'est dommage, j'ai raté le reporter, je voulais lui parler aussi, c'est moi qui l'avais appelé en Allemagne. Qu'est ce qu'il t'a dit ?
- Il m'a dit qu'il allait retransmettre mon cas tous les jours à partir de ce soir, en Roumanie.
- C'est déjà bien s'ils font ça.

Un jeune couple venait d'arriver.

- Je m'appelle Toma, je suis étudiant à Paris, je suis marié avec une française et quand je t'ai vu à la télévision, j'ai voulu venir te voir. Mais pourquoi ne t'installes-tu pas au Trocadéro ? ici, il n'y a pas assez de monde.
- Occupe-toi de tes oignons, dis-je en lui coupant la parole.
- Mais si je te dis ça, c'est parce que moi aussi, je veux faire venir ma mère. En ce moment je suis trop pris par les examens, sinon je serais à tes côtés.

- Toi, tu ne seras jamais ici à côté de moi, je peux le parier.
- Oui c'est possible, parce que moi, j'irai plutôt au Trocadéro.

Et pour s'affirmer encore plus, il se dirige vers le gardien de la paix qui monte la garde devant l'ambassade pour lui demander pourquoi il ne me laisse pas aller au Trocadéro.

Je m'adresse à George :

- George, dis-lui que s'il ne rentre pas à la maison, j'ai encore assez de force pour me battre avec lui.
- Il n'est pas contre toi, tente de me persuader George, puis il s'adresse à Toma : Toma, tu sais, Sergiu a eu une journée très chargée, c'est mieux que tu n'interviennes pas.
- Mais, je veux l'aider !
- Quand tu feras ta grève de la faim, comme tu viens de le dire, tu la feras comme tu veux, mais lui a sa façon de faire, surtout qu'il a gagné cette place en prenant beaucoup de risques !

Toma laissa tomber son intervention devant le gardien de la paix, et se mit à lire les tracts affichés autour de moi. Il s'arrêta sur l'un d'eux qui lui semblait avoir plus d'intérêt :

- « Helsinki oui, Yalta non » Les deux conférences sont pareilles ! Helsinki n'a fait que confirmer le traité de Yalta. Traité qui oblige tous les pays de l'Est à tolérer la tutelle et l'occupation soviétique.
- C'est possible, lui ai-je répondu, mais il y a un petit quelque chose qui diffère et ce petit quelque chose, c'est la libre circulation des hommes, et pour moi la libre circulation, ça compte plus que beaucoup d'autres choses.
- Si j'étais à ta place, j'aurais enlevé cela.
- Malheureusement, tu n'es pas à ma place. Quand tu y seras, tu feras comme tu veux.
- S'il vient en copain, il ne faut pas lui parler comme ça, tenta de m'expliquer George
- Tu sais George, à la place de cent amis mauvais, je préfère un ami sincère.

Comme promis, Angélique était de retour. Je lui montrais l'article du New-York Times

- Mais, ils t'ont mis en première page, avec une photo ! Alors qu'ici en France, ils ne font que de petits articles perdus en plein milieu du journal, je vais leur téléphoner pour le leur dire ; les grands journaux américains ont de la place pour te mettre en première page et eux non ! Ce n'est pas normal !

Une femme, d'un âge proche de la retraite, arriva :

- Je m'appelle Victoria P., je suis dans la même situation que toi, je suis décidée à commencer une grève de la faim.

D'abord, j'ai eu l'impression qu'elle était comme Toma, l'étudiant qui venait de me donner des conseils. Mais malgré son âge, elle était plus courageuse, elle prit son marqueur et tout de suite se mit à écrire : « laissez mon fils sortir de Roumanie, sinon, je ferai la grève de la faim, ici, très bientôt. » et pour confirmer ses écrits, elle alla sonner à la porte de l'ambassade. Le consul oublia qu'il était en week-end et se précipita pour parler avec elle :

- Madame, rentrez chez vous, je vais régler votre cas.
- Tu ne me racontes pas d'histoires ? Ou bien vous voulez cacher qu'il y a encore d'autres cas similaires ou vous ignorez les Droits de L'Homme ?
- Vous pouvez entrer à l'intérieur pour discuter, je vous assure que je vais étudier votre cas très sérieusement.
- Je n'ai rien à discuter avec vous, ce n'est pas la bonne ambassade pour régler une affaire par des discussions, j'en ai assez avec quarante refus ! Où vous croyez-vous pour me dire cela ?

Et elle revint vers moi.

- Je voudrais bien commencer aujourd'hui, mais mon mari est à l'hôpital, il faut que je règle ce problème et j'arrive.

Elle se prépare à partir et ajoute à l'intention du consul : j'en ai assez de vos histoires !

Le consul la regarde sans trop comprendre, mais l'école du Parti qu'il avait suivie lui avait appris à avoir le dernier mot, aussi répondit-il :

- Si vous ne voulez pas discuter maintenant, vous n'aurez plus l'occasion de parler avec moi !

Victoria partit comme si elle n'avait rien entendu.

Un garçon à vélo venait d'arriver devant moi.

- Je vous ai vu depuis plusieurs jours, ma mère et ma sœur sont déjà passées vous voir, aujourd'hui, nous sommes allés à l'église et nous avons prié pour vous.

Avec sa voix innocente d'enfant, il me coupait la respiration. J'essayais de faire un effort afin qu'il ne le remarque pas. Je changeais de conversation, je lui demandais où il allait à l'école, il me répondait avec toujours la même innocence.

Sa mère ne tarda pas à arriver.

- Me voilà, mon fils s'est déjà présenté, il s'appelle Michael, il n'est pas timide. Nous, on vous observe depuis le premier jour, on a également vu la scène avec le barbu, celui à la barbe rousse, et on a appelé la police quand on a compris ses mauvaises intentions. Si des fois tu as besoin de quelque chose, il suffit de nous faire un signe et nous on fera de notre mieux de bon cœur.

Elle était remplie d'émotions et pour les cacher, elle s'adressa à Michael en lui conseillant de ne pas rester trop longtemps, puis elle rentra.

Eddie était de retour, avec dans les bras une parka d'hiver, elle insista pour que je la prenne. Je regarde bien ce vêtement : il avait les couleurs du drapeau roumain. Je trouvais que ce n'était pas le moment idéal pour parader avec ces couleurs, je refusais. Mais elle insista, aussi je lui dis :

- Si tu veux vraiment donner ce vêtement, donne-le à Dominique, il doit avoir froid. Comme il vient de loin pour m'encourager, il n'a pas prévu le froid qu'il ferait à Paris. En plus pour moi, ce n'est pas conseillé de me changer, la tension pourrait baisser.

Dominique n'attendit pas de se faire prier, il essaya tout de suite la parka d'Eddie, bien content de la garder pour lui.

La nuit ne tarda pas d'arriver. Antonio arriva comme d'habitude à son heure.

- J'espère que tu ne nous fais pas le coup d'hier ? lui demanda Eddie.

Mais la forme ne le quittait pas, il avait comme tous les jours un appétit de discussion.

Le jeune médecin libanais passa comme d'habitude avec ses conseils médicaux.

Plus les jours passaient, plus il y avait du monde autour de moi, et les discussions allaient bon train, elles étaient très variées : cela allait de la courte présentation à des problèmes plus complexes. Cela allait même jusqu'à la catastrophe de Tchernobyl pour laquelle les opinions étaient très différentes : l'un pensait que c'est un simple accident, l'autre que c'est une façon moderne d'affamer la population pour mieux la contrôler, comme la forme avancée de la famine imposée par Staline contre l'Ukraine, avant la deuxième guerre mondiale, famine qui facilita la tâche du gouvernement ; sans nourriture, l'homme ne peut plus penser à autre chose qu'à comment se nourrir au jour le jour ; il a une occupation et une obsession quotidienne, il n'arrive plus à penser plus loin que sa faim… et les discussions allaient dans toutes les directions.

Plus tard, un jeune, à moitié habillé comme un soldat, m'explique qu'il connaît bien ce genre de régime. Il est réfugié de Madagascar :

- Chez nous, c'est la même misère qui dure depuis bientôt treize ans, les enfants n'ont plus rien à manger, ils sont mis dans des chambres spéciales pour mourir, et cela pour cacher publiquement leurs présences. Ce pays a contracté des dettes envers l'Union Soviétique qui dépassent l'imaginable ! L'essence est dix fois plus chère, elle est livrée par Moscou. Les attentats contre le « Président –

marionnette » de Madagascar se multiplient, mais rien ne peut plus changer le système en place.

Avec émotion, le jeune continue :

- On a fait appel à tous les états, même l'Afrique du Sud, mais tout le monde répond qu'il ne peut rien faire de l'extérieur, il faut que ça vienne de l'intérieur du pays pour qu'eux aussi puissent bouger. Ici, les réfugiés malgaches espèrent que la droite arrive au pouvoir pour obtenir quelque chose, et préparent des commandos pour éliminer le gouvernement là-bas. Comme tu l'as certainement entendu, il y a eu un attentat à la bombe où la majorité des ministres a été tuée. Malheureusement, cela n'a rien changé, j'ai l'impression qu'on est abandonné par les grandes puissances mondiales simplement par simple réorganisation géographique d'un commun accord avec Moscou. Ici, on a trouvé la protection auprès de certains partis politiques, mais sans appui financier, on a l'impression que tout le monde nous oublie, à part, bien sûr, Moscou qui nous fait des mauvais coups. Si tu veux te promener un peu, je peux t'aider, s'offrit-il.

Avec sa sœur, il m'aide à me lever et je commence à marcher, après quelques mètres, il remarque mes traces de fatigue :

- Ne t'inquiètes pas, on peut te porter

Je tente de refuser, alors sa sœur intervient :

- Il arrivera facilement à te porter, chez nous, c'est une tradition, comme une coutume, en signe d'amitié, on transporte sur le dos chaque nouvel arrivé sur l'île.

Et sans que je comprenne ce qui m'arrive, il prend ma main et d'un geste sûr me met sur son dos. Une fois de retour à ma place, il ajoute :

- Ça m'a fait plaisir de te porter, chez nous, on est considéré comme un homme quand on arrive à le faire, en plus tu n'es pas si lourd.

Les deux jeunes de Madagascar, furent les derniers à partir.

Après la longue journée qui s'était déroulée, j'avais envie de dormir.

Bientôt, j'étais dans le monde des rêves.
Dans mon rêve, j'étais sur la tombe de mon grand-père, j'avais quatorze ans, j'étais accompagné de mon père. Une fois la visite sur la tombe terminée, nous nous sommes dirigés vers l'église que, des années auparavant, mon grand-père avait construite. Le soir, nous étions invités pour une fête traditionnelle dans un petit village. Chaque élément rencontré sur notre passage avait une histoire ; près de la rivière, un moulin à eau : « pendant la guerre, je venais en cachette pour moudre le blé, le moulin était gardé par l'armée d'occupation qui réquisitionnait tout pour le front. Mais on attendait, avec mon père, des fois pendant des nuits entières, pour qu'à un moment de négligence, on puisse échanger le sac de blé contre un sac de farine ». En traversant la rivière dans une barque, il me raconta comment, dans les années soixante, les paysans qui étaient de l'autre côté de la rivière avaient lutté pour garder leurs terres afin qu'elles ne soient pas collectivisées. « Ils ont bloqué le passage sur la rivière, de telle façon qu'aucun étranger ne puisse entrer dans leur village » Quand mes pieds ont touché la berge, il m'a dit « n'oublie pas, on a l'impression que cette terre est comme n'importe quelle terre, mais elle a quelque chose de spécial, c'est une terre libre, les hommes d'ici sont encore libres grâce à leur courage. » Pendant notre passage, les paysans encore présents dans les champs, nous invitèrent à casser la croûte avec eux, c'est une tradition de leurs ancêtres qu'ils n'avaient pas oubliée. Le refus était considéré comme une mauvaise intention.
Plus tard, des hommes et des femmes en habits traditionnels nous rejoignirent, nous allions tous dans la même direction. Bientôt, nous sommes arrivés devant un grand hangar, sur la place où se déroulaient les fêtes traditionnelles du village. Une musique, spécifique des villages du nord de la Transylvanie ne tarda pas à commencer.
Il n'y avait pas de restaurant, chacun avait apporté son panier avec à boire et à manger, et partageait avec les autres convives en

pensant particulièrement à ceux qui venaient de loin. Une femme habillée de noir, s'approcha de nous :

- Mais, c'est toi Vasile ! Je te reconnais ! Tu as été déporté en même temps que mon mari, on était marié depuis une semaine lorsqu'il est parti. Dis-moi si tu sais comment ça s'est passé, tu dois en savoir plus que moi. J'ai toujours cru qu'il était mort quelque part en Allemagne.

Mais comme si mon père voyait des choses terribles devant lui, il répondit :

- C'est comme tu le dis, je n'ai rien à ajouter de plus.

La femme n'insista pas. Elle nous invita à boire de l'alcool à 90 degrés, typique de la région. Mon père était repéré ; bientôt, autour de nous, plusieurs personnes commençaient à poser des questions :

- Alors, tu es le fils d'Isidore ?

Un prêtre s'adressa à mon père :

- Tu sais, ton père, il a fait beaucoup de choses, et dans plusieurs églises, on ne trouve plus d'artiste pareil aujourd'hui ! Je fais rénover les fresques murales dans l'église et je n'arrive pas à trouver quelqu'un qui le fasse comme il faut, et je suis sûr que si tu oublies un peu tout ce que la guerre t'a fait souffrir, tu arriveras à travailler comme ton père.
- Non, je ne peux pas, répondit mon père.
- Alors tu peux nous confier ton fils, on s'occupera de lui, et je suis sûr qu'il arrivera à quelque chose, comme son grand-père.
- Il ne faut pas que vous y pensiez.
- C'est comme tu veux Vasile, c'est dommage pour nos églises.

Le prêtre n'insista plus et nous laissa continuer la fête. Un nouvel arrivant commença à parler avec mon père.

- Moi, je suis prêtre, je ne sais pas si tu te rappelles de moi ? On était tous les deux à l'école primaire. Plus tard tu as été déporté en Allemagne parce que ton père ne voulait pas te laisser travailler gratuitement pour ce salaud de maire. Moi mon père, il a accepté. Il fallait travailler sa terre gratuitement et en plus, on devait apporter nous-mêmes notre casse-croûte. Il a commencé par faire fusiller l'un de nous pour montrer que c'était lui le maître. Ensuite, il nous faisait travailler jour et nuit, on ne pouvait même pas rentrer à la maison. Ton père, qui a essayé de contacter le commandant d'occupation, a été battu, ensuite, ils lui ont mis quelque chose dans l'alcool, après il a perdu la vue. Avec ses six autres enfants, c'était la misère ; deux fois je lui ai apporté de la nourriture piquée à ce maire, mais ce n'était pas grand chose et pour son enterrement, ce sont les voisins qui ont apporté le bois nécessaire pour fabriquer son cercueil.

- Bonjour, dit la voix d'un policier, c'est bien toi Vasile ? J'espère que tu vas rester calme. Ne fais pas comme la dernière fois que tu es venu, et où tu as voulu couper la gorge de l'ancien maire avec une bouteille cassée.
- Est-il encore là ? demanda mon père.
- Non, non, il n'est pas là, reste tranquille.
- Mais, que me veux-tu exactement ? mon père le coupa dans son flot de paroles
- Vasile, je suis ton copain, tu te rappelles quand tu es revenu de Sibérie en 1956 ? C'est moi qui ai fait toutes les démarches, la mairie ne voulait pas te reconnaître ; pour que tu ne reviennes plus, ils t'avaient déclaré mort administrativement, ils voulaient cacher ton existence, et c'est moi, comme je te le dis, qui ai tout fait pour que tu reviennes. Je n'ai jamais voulu te le confier car je ne savais pas comment tu allais réagir, mais maintenant que tu as de grands enfants, il faut que tu penses à eux. Même quand je t'ai arrêté la dernière fois, j'ai pensé à eux. Il ne faut pas que tu gâches ta vie pour un vieux chien galeux comme lui. Tu as assez souffert comme ça. Si tu n'avais pas voulu lui couper la tête en public, en pleine fête de mariage, je ne serais jamais intervenu.
- Est-ce que tu sais comment ils nous tuent en Allemagne ? Et après en Russie soviétique ? Si tu l'avais su, tu ne serais jamais intervenu !

- Tu as raison Vasile, mais on ne peut rien contre lui. Avant, il était avec les Allemands, maintenant il est avec le Parti en place. C'est lui qui a dénoncé tous les opposants à la collectivisation de l'autre côté de la rivière, et d'autres personnes du village sont contentes parce qu'il leur rend des services : il les protège, c'est lui qui, le premier, a cédé sa terre à la coopérative collective pour montrer l'exemple. Quand je t'ai arrêté la dernière fois, c'était contre ma volonté. Il faut me croire. Maintenant je te laisse, tu me promets que tu ne me feras pas de souci, surtout qu'il n'est pas là.

La fête continua sans incident.

Plus tard dans la nuit, on se prépara au retour. Les vingt kilomètres qu'on avait faits à l'aller, il fallait les faire au retour et toujours à pied, il n'était pas question de faire ce trajet en voiture. Ces routes de montagne, très accidentées, ne permettent pas le passage de voiture. L'éclairage électrique était inexistant car l'Etat ne voulait pas investir dans les zones de résistance, non collectivisée. La lumière de la lune nous tenait compagnie. Après quelques kilomètres, l'un des hommes, qui avait participé aussi à la fête, nous a rattrapés. Il voulait nous tenir compagnie, il allait dans la même direction. Après quelques paroles, il s'est mis à chanter, bientôt accompagné de mon père. De peur de ne pas tomber en raison de l'étroitesse du chemin, ils se tenaient l'un l'autre pour garder l'équilibre. D'un seul coup, mon père s'arrêta net de chanter, et se rapprocha de moi et murmura discrètement à mon oreille : « il a un couteau, il a essayé de le sortir de sa manche et il m'a coupé au doigt ; maintenant, on n'a aucune chance, s'ils sont plusieurs on est perdu, on ne peut se sauver, on va traverser la forêt, c'est mieux de faire comme si de rien n'était, quand je te ferai signe, prend lui vite un bras et moi l'autre, comme ça on pourra avancer jusqu'à la rivière où il y a plus de monde. »

- Vous ne venez pas chanter, commença l'invité de la nuit
- Si, bien sûr !

Et on s'approcha tous les deux en même temps.

- Maintenant ! cria mon père.

Et on se presse, chacun d'un côté et l'autre de ses bras. Le chanteur de nuit ne s'attendait pas à cette manœuvre. Avec mes quatorze ans, je n'étais pas trop fort pour me mesurer à lui, alors je lui ai attrapé le grand doigt et l'ai retourné à l'envers.

- Qu'est-ce qui vous prend ?
- Rien, rien, tente de le calmer mon père. Allez, on continue à chanter.

Mais le chanteur de la nuit n'avait plus de voix. Il avançait sans rien dire, attendant un moment propice pour se libérer.

Bientôt, on entendit des voix, on n'était pas loin de la rivière. Quelques minutes plus tard on arrivait au bord de la rivière ; on attendit que le courant ramène la barque de notre côté. Une fois celle-ci de notre côté, le chanteur de nuit voulut se séparer de nous mais on était tous deux accrochés à ses bras.

- On va passer tous ensemble, dit mon père.
- Mais non, la barque est trop petite pour nous trois.
- Ne t'en fais pas, tu as peur de mourir ?

On l'avait fait monter dans la barque presque par force, et on avançait doucement, poussé par le courant du barrage du moulin à eau. Une fois arrivés au milieu, mon père se leva :

- Aller montre-moi ton couteau si tu es un homme !
- Vasile ! je ne t'ai rien fait !
- Comment connais-tu mon nom ? Qui te l'a dit ? Tout à l'heure tu m'as dit que tu ne me connaissais pas et maintenant tu connais mon nom ?
- Ce sont des gens de la fête qui m'ont dit ton nom.
- Et le couteau ?
- Je n'ai pas de couteau ! et l'homme essaya de se lever. Quelque chose de solide tomba, et glissa dans l'eau.
- Et ça ? Qu'est-ce que tu viens de jeter ?
- Je n'en ai pas ! continua le chanteur.
- Qu'est ce que tu n'as pas ?
- Je n'ai pas de couteau !
- Et tu as des papiers ?

- Non, je n'ai pas de papiers sur moi, mais je peux te dire que j'habite à côté de ton frère et que je connais également sa femme. Mais on peut faire mieux, de l'autre côté de la rivière il y a du monde, tu pourras leur demander.
- Regarde s'il a encore un couteau sur lui, me dit mon père.

Sans réfléchir, je fouillais partout, sans rien trouver.

- Il l'a jeté dans l'eau.
- Si tu ne trouves pas quelqu'un qui te connaît, tu vas boire la moitié de cette rivière !

A l'aide d'un gros bâton en bois je faisais avancer la barque. Arrivés sur l'autre berge, nous sommes descendus.

- Je vais voir les gens là-bas, ils me connaissent, commence l'inconnu.
- D'accord, mais laisse ton pull-over ici, tu le récupéreras au retour.

Sans attendre, l'homme se pressa de retirer son pull-over et disparut dans la nuit.

Tout à coup mon père demanda à boire et s'évanouit ; je l'allongeais sur le sol, je touchais quelque chose de très chaud en lui prenant la main. C'était le sang qui coulait comme une fontaine. Je cherchais immédiatement un mouchoir et le lui serrait autour du doigt. L'inconnu ne revenait pas. La peur commençait à me gagner : et s'il revenait ? Et s'il s'attaquait à moi ? Heureusement, il ne revint plus. J'essayais de remettre mon père en état, lui seul pouvait m'assurer que tout irait bien. Toute la route, il avait été occupé, comme il fallait penser à immobiliser cet homme, il en avait complètement oublié son doigt. Je partis à la rivière chercher de l'eau, je mouillais ma chemise et essayait de lui rafraîchir le visage. Peu à peu, il revint à lui.

- Où est le chanteur ? Qu'est-ce que je fais là ?
- Il est parti.

Je lui expliquai ce qui lui était arrivé et lui suggérai que nous rentrions le plus vite possible. Il fut d'accord avec moi. Il connaissait un raccourci au bord d'un petit affluent de la rivière.

Une demi-heure plus tard, nous arrivions à la maison de ma tante où nous passions les vacances, elle nous attendait.

- Mais qu'est-ce que vous avez ? Vous êtes plein de sang, qu'avez-vous fait ?

Je commence à raconter l'histoire à ma tante en montrant le pull-over qu'on avait rapporté. Elle prit le pull-over : « ça me dit quelque chose ce modèle ! » Elle regarda attentivement et trouva une petite poche d'où elle sortit une carte d'identité. Elle la regarda sans nous la montrer et ajouta aussitôt : « ce n'est pas grave, il vaut mieux que vous alliez vous coucher, prépare le lit ». Mon père tomba presque dedans, de fatigue.

- Qui c'est ma tante ? Je veux savoir. Il faut me dire ce qui se passe.
- Je te le dis, à condition que tu ne dises rien à ton père.
- D'accord, c'est promis.
- Bon. C'est le servant de l'ancien maire qui a fait envoyer ton père en déportation.

Je sortis dehors pour chercher quelques pierres et des petits cailloux, je pensais que cela pourrait servir pour me défendre. Toute la nuit je gardais les yeux ouverts, les pierres à côté de moi. Tôt le matin, vers six heures, j'entendis frapper à la fenêtre, ma tante sortit :

- Qu'est-ce que tu fais là ?
- Je viens chercher mon pull-over.
- Moi, si j'étais à ta place, je partirais ailleurs, jusqu'à ce que Vasile ait terminé son séjour ici, s'il t'attrape, tu n'as aucune chance !
- Tu lui as dit qui je suis ?
- Pas encore,
- Il ne faut pas lui dire ! Je t'en prie !
- Bon, je ne dis rien, mais file de là, avant qu'il ne se réveille.

Le chanteur de la nuit ne se le fit pas dire deux fois.

Quand mon père fut réveillé, il demanda :

- Où est le pull-over ? Il y a quelqu'un qui est venu le chercher cette nuit ? Pourquoi ne m'as-tu pas réveillé ?

- Tu étais trop fatigué, mais il ne faut pas te créer des problèmes à cause de lui.
- Qu'est-ce que tu me racontes ? Il était en train de me couper en petits morceaux et tu me dis qu'il ne faut pas m'inquiéter ?

Ma tante ne répondit pas, comme si rien ne s'était passé.

Plus tard mon père me posa la même question, mais cette fois il s'y prit d'une autre manière :

- Tu sais, j'ai essayé de t'apprendre à ne pas mentir dans la vie. Je veux que tu me dises qui était l'homme d'hier. Je suis sûr que ta tante t'a dit qui c'était.
- Je te le dis si tu me promets de laisser tomber cette histoire.
- D'accord, je te le promets.

Une fois que je lui eus tout raconté, il s'exclama : J'étais sûr que c'était sa main ! Mais comme je te l'ai promis, je laisse tomber. Même si j'essayais de faire quelque chose, je n'arriverais pas à faire changer les choses, ils ont toujours la justice de leur côté. Pendant la guerre c'était le docteur Menguele qui tuait comme eux. Je lui ai échappé par chance, et lui était encore protégé par la loi.

Le fil de mes rêves venait de se couper brusquement…

CHAPITRE X
Onzième jour

Un jeune homme au visage nord-africain, d'une trentaine d'années, parle devant moi d'une force à réveiller les morts. Le gardien de la Paix est parti plus loin, à l'autre bout de l'ambassade.

- Moi, je t'ai vu à la télé, ce n'est pas bien ce que tu fais ! Tu dois rentrer chez toi, il ne faut pas faire ça pour les autres ! Moi je connais presque toutes les prisons de France, aussi bien celle de Fresnes que les autres, mais je n'aurais jamais pensé à faire cela, je connais bien ton pays et ce n'est pas bien ce que tu fais là. Tu dois rentrer à la maison, ta femme t'attend, ici tu risques d'avoir des surprises, il y a tellement de monde qui passe par-là, il faut se méfier.

J'essaie un : merci d'être passé, afin de changer de conversation, mais lui continue de plus belle.

- Tu dois avoir froid, tu vas tomber malade.

Je ne comprends pas pourquoi il insiste comme ça, j'essaie de le regarder ses yeux. Il a les yeux si gonflés que j'ai l'impression qu'ils lui sortent des orbites.

- Oui, je vois que tu me regardes, si tu veux savoir, moi, je ne suis pas comme mes compatriotes, je bois et je prends du haschich, je ne pense pas aux autres, je pense d'abord à moi. Après chacun pour soi.
- Merci d'être passé ; je tente encore une fois cette formule magique

Cette fois cela fonctionne, surtout que le gardien vient d'apparaître.

- Bon, je vais rentrer, il y a quelqu'un qui m'attend dans la voiture. Mais n'oublie pas que je vais repasser et que je ne veux pas te retrouver ici. Et il repart d'un pas pressé pour éviter de rencontrer le policier qui arrive à ma hauteur.

Le policier me demande si je connais l'homme qui vient de partir. Mais je lui réponds que non, je ne le connais pas.

- Et que voulait-il à une heure pareille ?

- Il voulait que je rentre chez moi.
- C'est de ma faute, s'excuse le policier, il ne fallait pas que je parte si loin.
- Ce n'est pas grave, de toute façon il serait passé, même en plein jour, ce n'est pas le genre à se gêner pour passer.

Je n'arrivais plus à retrouver mon rêve, et ce visiteur de la nuit m'avait coupé l'envie de dormir.
Deux heures plus tard, j'assistais à un nouveau lever de soleil.
Une nouvelle journée venait d'arriver.

La première à descendre, ce fut Paulette :
- Qu'est-ce qu'il te voulait, cet espèce de drogué ?
- Pourquoi, vous l'avez entendu ?
- Bien sûr, que crois-tu ? que nous arrivons à dormir avec toi sous nos fenêtres ! D'abord j'ai écouté ce qu'il disait, et quand j'ai entendu ce qu'il disait, j'ai pris une bouteille à la main, s'il s'était attaqué à toi, c'était sa fête ! On ne sait jamais avec les drogués ! C'est pour ça que j'ai cherché une bouteille.
- Et vous l'auriez frappé !
- Mais qu'est-ce que tu t'imagines ! Que je l'aurais laissé te couper la gorge sans rien faire !

Dominique se réveillait, George arrivait. Paulette et Isabelle racontent la visite nocturne.
- C'est normal, ils perdent du terrain et ils sont en train d'utiliser tous les moyens possibles. Et c'est bien leur style.

Madame P. est présente ce matin là. Elle veut savoir si je tiens le coup.
- Pourquoi demandes-tu cela ? la coupe George, c'est au Consul de le faire. En tous cas, s'il ne veut pas le demander lui-même, il est en train d'envoyer tous ses agents.

Madame P. n'attendit pas d'explications, elle évita de répondre à George et se pressa de partir.

Comme d'habitude depuis qu'il était là, Dominique alla sonner à la porte de l'ambassade, mais la même réponse muette le fit revenir vers moi :

- Ce n'est pas possible, le week-end ils sont en vacances et la semaine ils ne répondent pas ! Si demain, ils ne donnent pas de bonnes nouvelles, moi, Dominique, je vais faire grève de la faim, pour te soutenir !
- Il ne faut pas faire ça Dominique ! lui dit Eddie qui arrivait. Ça ne changera pas grand chose.
- S'il le faut, je le ferai, c'est tout !

Vers midi, deux femmes d'âge moyen, arrivèrent pour me voir :

- Nous venons de la part de Madame P. Moi, je m'appelle Ohana et je suis écrivain. Ma collègue est médecin, si tu veux, elle peut t'examiner.

J'étais d'accord.
Elle m'examina sous les yeux attentifs de George, qui ne laissait échapper aucun de ses gestes.

- Il faut qu'il boive plus d'eau, la peau est encore déshydratée.

Après m'avoir donné quelques conseils, Ohana s'est mise à me raconter comment elle aussi avait fait une grève de la faim, pendant sa détention dans le Delta du Danube, quinze jours, et elle me raconte plus de détails.

- J'ai même écrit un livre, je vais te le donner lorsque je reviendrai. Nous sommes venues spécialement à Paris pour te voir, on va rester une semaine ; bon courage.

- Elles sont envoyées par la dame qui est passée ce matin ? demande Dominique, curieux.
- Oui, c'est ça.
- Alors si elles viennent de sa part, elles ont les mêmes opinions ? Elle a dit qu'elle était écrivain, je suis curieux de lire son bouquin.
- C'est facile à lire et tu verrais facilement en lisant son livre, de quel côté elle est. Ce n'est pas elle, qui sert les intérêts du

Parti en place, qui est à plaindre. Il y en a d'autres qui ont vraiment des problèmes

Une nouvelle visite. Des commissaires de police en civil arrivent pour contrôler les papiers :

- Vous êtes trop nombreux aujourd'hui. Vous ne pouvez pas tous rester ici, il faut rentrer chez vous. Vous gênez les habitants.
- Moi, j'habite ici, dans cette rue et il ne me gêne pas, ce sont les autres, dit Isabelle en montrant l'ambassade, qui me gênent, ceux qui sont de l'autre côté de la rue, c'est à eux qu'il faut dire de partir.
- Vous savez combien de lits ils ont, et jusque dans leurs sous-sols ? Je peux vous le dire, ils ont trois cents lits ! ajouta une autre dame. Ce sont eux qui nous gênent ! Ils nous occupent notre parc d'agrément qui est jalousement fermé à la population depuis quarante ans ! Et ce sont toujours eux qui occupent les places de parking le long du trottoir de notre côté avec leurs voitures, et ce sont encore eux qui jettent des cadavres dans la rue ! C'est à eux qu'il faut s'attaquer ! Bien sûr, sauf si vous êtes de leur côté !
- Moi, je suis française, ajoute Eddie, je n'ai pas à recevoir de leçon et je peux aller et rester où je veux dans ce pays !

Comme aujourd'hui tout le monde était contre eux, ils sont partis en nous conseillant de ne pas faire trop de bruit.

Deux reporters de R.T.L. faisaient à leur tour, leur entrée :

- Nous sommes venus faire une interview. Vous devez nous expliquer la situation en quelques mots. On commence !

Je leur explique pourquoi je suis là ainsi que mes intentions de rester sur place jusqu'à ce que j'obtienne satisfaction.

- Merci, et maintenant, nous voudrions savoir comment a réagi la police, et surtout s'il y a eu violence de sa part.
- Je vais répondre en comparaison avec les années quatre-vingt deux alors que j'étais dans la même situation et que la police est intervenue en force.

- Ça ne nous intéresse pas vraiment, il faut nous parler de maintenant.
- D'accord, vous pouvez enregistrer.

La question ne tarda pas à arriver :

- Que pensez-vous des forces de l'ordre ? comment la police a-t-elle réagi ?
- Quand j'étais en infraction, ils sont rapidement intervenus. Mais on peut sentir les efforts du ministre de l'intérieur, Monsieur X pour urbaniser la police.
- Coupez ! on va recommencer.
- Désolé, mais c'est tout ce que j'ai à dire.
- Qu'est-ce qu'on fait ? disent les opérateurs entre eux, on peut le refaire ?
- N'insistez pas, vous ne voyez pas qu'il est épuisé ? intervint Isabelle.
- D'accord, on n'insiste plus, on va voir ce qu'on peut passer à l'antenne plus tard. Mais ça aurait été mieux si vous n'aviez pas donné de nom.

Après leur départ, les heures s'écoulèrent sans qu'il n'y ait rien de spécial. J'espérais qu'un représentant de l'ambassade sorte, pour me donner la bonne nouvelle, mais non, la nuit arriva sans nouvelle.

Les amis de Madagascar vinrent me tenir compagnie à partir de 17 heures, l'heure habituelle pour manifester jusque tard dans la nuit.
Encore plus qu'avant, des passants s'arrêtaient pour me soutenir. Dominique, George, Eddie, Isabelle étaient tous volontaires pour les explications supplémentaires demandées de tous côtés.
Les manifestations drainant de plus en plus de monde, des CRS pointèrent aussi leur nez pour voir s'il fallait encadrer la manifestation.

- Vous êtes combien aujourd'hui ? Serez-vous plus nombreux demain ?

Isabelle répondit que c'était une manifestation spontanée, qu'il n'y avait pas eu de débordements, et qu'elle ne voyait pas la nécessité d'une brigade de CRS en plus.

En me regardant de près le commandant s'exclama :

- Mais ! je connais ce monsieur ! c'est bien lui qui m'a fait mobiliser deux cents hommes à lui tout seul ! Il y a quelques années, il a réussit à faire passer de fausses informations parmi ses soi-disant compatriotes : on attendait au moins une centaine de manifestants ! et bien qu'on ait mis des effectifs pour patrouiller autour de l'ambassade, il a réussit à taguer les murs avec « à bas le tyran ! ». Cinq heures après, un des membres de l'ambassade nous l'a fait remarquer en nous disant que c'est un terroriste et qu'il a téléphoné avant pour prévenir qu'une bombe allait exploser. On est venu les armes à la main et on l'a arrêté. Il était en possession d'un sac en plastique dans lequel il y avait une baguette de pain et une bombe de peinture. La première question que je lui ai posée était de savoir s'il avait des complices. D'un air calme, il nous a dit qu'il y en avait encore au moins quatre-vingt. J'ai donc personnellement donné les ordres qui s'imposaient dans ce genre de situation : d'arrêter tous les suspects, et de se méfier particulièrement de ceux qui portaient une baguette dans un sac. Une demi-heure plus tard, je vis le maire en personne qui se déplaçait suite à la plainte de la boulangère : tous ses clients revenaient dans son magasin pour lui demander ce que ses baguettes avaient de spécial pour qu'ils se fassent ainsi arrêter par les C.R.S. ! J'ai dû rectifier mes ordres et j'ai précisé qu'avant d'interpeller quelqu'un, ils lui demandent s'il parlait roumain. Trouver des terroristes roumains parmi la population française, il fallait le faire ! C'était la pagaille dans tout le quartier ! à ce moment là, j'ai eu l'idée de lui demander « il y a vraiment quelqu'un avec vous ? ». devant le maire, il m'a confirmé qu'il était tout seul. J'ai regroupé mes effectifs et lui ai montré toute mon équipe : « écoute moi, mon grand, on a autre chose à faire ! on est deux cents, tu n'as pas peur de nous ? » à ce moment là, il s'est mis à nous regarder comme s'il passait en revue les troupes. Il s'est retourné vers moi et m'a demandé « vous êtes sûr qu'il y en a deux cents ? » « Oui » lui ai-je répondu. Alors il a dit « vous me dites deux cents. Si vous étiez deux cents trois, vous m'auriez vraiment fait peur, n'hésitez pas à mobiliser trois personnes de plus ». que voulez-vous que je réponde à cela ? Entre la fatigue et le stress, mes hommes, qui courraient après des chimères depuis des heures, eurent des accès de rires, des échanges, des paroles amicales. J'ai été obligé d'intervenir pour qu'ils gardent une certaine retenue vis à vis de ce manifestant solitaire. Sur le coup, j'étais en colère. Maintenant, je réalise qu'on a à faire à quelqu'un d'exceptionnel. Je lui souhaite bon courage et je suis sûr que ce n'est pas la peine de déplacer mes hommes, on a d'autres chats à fouetter. Si je viens avec mes hommes, ce sera pour le saluer avec tous les honneurs qu'il mérite.

Les discussions durèrent tard dans la nuit. La plus grande partie des participants en oublièrent le match de foot pour la coupe du Monde, des heures entières à parler les uns avec les autres sur des sujets aussi variés qu'hier.
Peu à peu, les personnes repartirent et bientôt, il n'y eut plus personne ou presque. Dominique toujours fidèle, resta avec moi toute la nuit avec le gardien de la paix.

LA NUIT

J'essayais de dormir. Mais les mêmes odeurs de viande grillée, qui sortaient de l'ambassade, toujours par la même fenêtre, m'empêchaient de trouver le sommeil. Ils servent leurs repas à minuit ? me demandais-je sans avoir de réponse. Pourquoi ces odeurs à cette heure si tardive ?
Il fallait que je dorme. J'avais besoin de dormir pour résister.

Cette odeur de viande cuite, me troublait les souvenirs. Je commençais à rêver.

C'était encore pendant le service militaire. De la cantine des officiers sortait la même odeur de viande grillée. C'était le festin des officiers, comme après chaque animal sacrifié. La musique et les rires des femmes de joie accompagnaient leurs festins. En tant que soldats, nous ne mangions que la graisse de cette viande, la viande en elle-même étant réservée aux officiers. Comme tout le monde, j'avais mon opinion sur le sujet, que je gardais pour moi afin de ne pas multiplier mes jours d'arrêt pour instigation.
Une nuit, alors que j'étais de garde, j'ai organisé la disparition des cinq cochons qui restaient en vie. Comme les pauvres bêtes se trouvaient à une centaine de mètres des appartements des officiers, il fallait passer devant eux. Mais tout était mis au point. Nous avons mis une planche peinte en blanc, devant le cochon, et celui-ci suit la planche en pleine nuit, sans bruit, sans connaître la destination finale. Chacun son tour, les cochons suivirent la planche jusqu'à la charrette. Tirée par deux chevaux, celle-ci livra son chargement, en toute discrétion, à un paysan du village. Ce paysan, travaillait au kolkhoze collectif, lui et sa famille n'avaient pas mangé de viande ni même vu sa couleur depuis deux ans au moins.

Le matin, la nouvelle de la disparition des animaux causa beaucoup de soucis aux officiers qui se voyaient déjà privés de fêtes. Toutes les sentinelles de la nuit furent appelées une par une dans le bureau du commandant. Ce fut bientôt mon tour, le commandant m'invita à m'asseoir.

- J'espère que tu sais pourquoi je t'ai fait appeler ?
- Oui, j'imagine.
- Tu sais que tu risques le tribunal militaire avec tous ceux qui étaient de garde cette nuit.
- Je peux savoir en quoi, la disparition des animaux me concerne ?

- Toi, comme les autres, tu as pour mission de monter la garde autour de l'unité militaire. Et les cochons font aussi partie de l'unité.
- Vous savez, mon commandant, j'ai juré de défendre les intérêts du peuple, et jamais il n'a été question, dans mon cas, de défendre les pauvres bêtes, surtout qu'elles n'étaient pas loin de votre appartement. A mon avis, le coup vient plutôt de quelqu'un de bien placé, qui habite tout près. Comment quelqu'un a-t-il pu prendre les cochons sans passer devant vous et sans faire de bruit ?

Le commandant se mit à réfléchir.

- C'est possible, tu as raison. Mais si tu trouves quelque chose, n'oublies pas de m'en informer. Cela te fera cinq jours de permission.

L'offre était très intéressante, surtout que les permissions n'avaient lieu qu'une fois par an. Mais il n'était pas question de vendre les autres pour ça.

L'enquête alla dans tous les sens pendant plus d'une semaine.

Une fois que tout fut calmé, ou en avait l'air, on alla voir le paysan. Il nous avait promis de nous préparer une partie de la viande ainsi que de nous offrir une partie non moins intéressante pour nous, un bon verre de vin.

Mais le paysan s'était engagé vers nous trop vite. Nous avions choisi ce paysan parce qu'il avait cinq enfants à nourrir et non pour ce qu'il avait à donner en échange. Il fallait que nous trouvions un accord. Surtout qu'il n'avait ni le vin promis, ni le bois nécessaire pour cuire la viande.

Comme notre travail consistait à changer les traverses de bois de la voie ferrée contre des traverses en béton, ce n'était pas le bois qui nous manquait. L'approvisionnement en bois n'était qu'une question d'heures. Son voisin, qui avait du vin, était lui aussi intéressé par du bois. Le vin ne tarda pas à arriver comme monnaie d'échange, tout le monde était content. Pour nous, en tant que soldat, le vin était la meilleure satisfaction ; les enfants du paysan nous appelaient « oncle » et ne comprenaient pas d'où venait ce miracle : d'un seul coup, ils avaient à manger à leur

faim. L'homme nous raconta sa situation : « je travaille sans arrêt, toute la journée, ainsi que ma femme, à la ferme collective, et les cinq lei, (à peine un euro aujourd'hui) que nous sommes payés par jour, ne suffisent même pas à payer les chaussures que nous usons dans les champs. Avec cette viande, nous sommes assurés de manger pendant un bon bout de temps. ». Nous, les soldats, on comptait manger le cochon en plusieurs visites.
Au moment de notre départ, il s'inquiétait : je ne trouverais jamais personne comme vous, vous m'avez assuré à manger et du bois pour au moins deux ans. Et il nous accompagna jusqu'à la gare pour un dernier au revoir.

J'avais encore dans la tête, le pauvre paysan et sa famille lors de mon réveil matinal. C'était comme une image qui ne me quittait pas.

Les yeux ouverts, je me demandais comment je réussissais à me remémorer ces moments de ma vie et je ne tardais pas à répondre à cette question : c'était la monnaie de cette odeur de viande cuite que les officiers mangeaient lors de leurs petites fêtes et de cette même odeur qui s'échappait toutes les nuits de la cantine de l'ambassade.

CHAPÎTRE XI
Douzième jour

Comme jamais encore auparavant, je dormis bien cette nuit là. Pour la première fois depuis que j'étais là je me réveillais par moi-même, sans que personne n'intervienne.
Dominique se réveilla aussi et une fois sorti de ses couvertures, il afficha son premier jour de grève de la faim sur la pancarte.

Isabelle, George, Paulette étaient les premiers arrivés, comme d'habitude.
Bientôt, une représentante de France Inter arriva pour prendre des nouvelles sur le terrain. Dominique tenait à intervenir pour sublimer cette grève de la faim et soutenir ma cause.
- Ce n'est pas la peine d'intervenir, dit la reporter, personne ne prendra en considération ton soutien.
- Mais moi, je tiens à le soutenir, même si personne ne s'intéresse à mon cas, je veux l'encourager.

Lorsque la journaliste fut partie, le gardien de l'ambassade ouvrit la porte et d'un air innocent se dirigea vers moi.
- Monsieur Serghei, Monsieur le Consul veut vous parler, si vous voulez bien vous avancer vers le guichet.
- Pourquoi ? il y a encore la télévision qui vient ?
- Moi je ne sais pas, mais si le Consul vous appelle, c'est qu'il a quelque chose d'important à vous communiquer. Il veut vous voir tout seul.
- Pas question, je viens avec toi, et on va également prévenir la police, pour avoir des témoins à l'entretien, intervint Dominique.

Le gardien partit sans rien dire, soutenu par Dominique, j'arrivais devant la même porte condamnée. Le Consul ne tarda pas à arriver.
- Monsieur Pop, vous devriez rentrer chez vous, je vous assure, votre cas serait vite résolu.

- Pourquoi ne me donnez-vous pas un écrit ? vous voyez bien que nos discussions ne donnent rien, j'ai l'impression de tourner en rond. C'est sûrement parce que la télévision va passer et vous ne tenez pas à ce qu'elle me trouve sur place.
- Non, pour la télévision ça ne nous pose pas de problème, surtout que notre Etat est un Etat libre, souverain et indépendant.
- Vous parlez bien ; si c'était vrai, je ne serai pas à Paris comme réfugié. Vous parlez même très bien, mais qui va croire en vos belles paroles ?

Dominique arrivait avec deux policiers prévenus par radio pour assister à notre discussion, mais, comme la dernière fois, la fenêtre du guichet se referma et personne ne réapparut.

Ce n'était pas la peine d'attendre, je connaissais la suite. Aidé par Dominique et Eddie, je réussis à regagner ma place.

- Je suis allée chercher un médecin, dit Eddie, il ne va pas tarder à passer. Maintenant, tu dois voir un spécialiste tous les jours.

Le médecin ne tarda pas à arriver.

- Je viens de la part de Médecins du Monde, Eddie m'a expliqué la situation et je vais essayer de passer tous les jours si je trouve le temps suffisant.

Antenne 2 venait d'arriver par surprise. C'était la même équipe que la première fois. Le même reporter s'adressa à moi :

- Aujourd'hui, je suis passé pour ne te poser qu'une seule question : tu n'as pas peur de mourir ? c'est la question que tous les collègues et les téléspectateurs nous ont posée. Allez, on enregistre tout de suite pour gagner du temps.

Il me reposa donc la question devant la caméra :

- Vous êtes là depuis douze jours, vous n'avez pas peur que la mort vous surprenne ?
- Ce n'est pas la mort qui nous fait peur. Ce sont plutôt le non-respect de nos Droits : des Droits pour lesquels on est prêt à mourir.

- Ca y est, c'est bon, coupez ! pour nous c'est assez pour aujourd'hui, c'est exactement ce que les téléspectateurs veulent savoir.

Le reportage terminé, le médecin continue son travail. Il me prend la tension.

- Ça va. Combien de temps comptes-tu rester encore ?
- Il fallait filmer ça aussi, intervint le reporter, mais maintenant on n'a plus le temps, on va revenir la semaine prochaine si tu es encore là, on te préviendra d'avance, comme ça tu pourras inviter ta femme aussi, afin qu'elle puisse mieux expliquer la tension de la famille, ses sentiments en ce moment particulier et on voudrait que vous soyez là aussi, Docteur, pour nous informer de son état. On peut compter sur vous ?
- Bien sûr, confirma le médecin.

Une fois l'équipe d'Antenne 2 repartie, le médecin se mit à me parler :

- Je tiens à te faire part d'une réaction plutôt juridique : je n'arrive pas à comprendre comment ils t'ont laissé faire ta grève de la faim, ici, devant leur ambassade. Dans toute ma carrière, j'ai observé que la police laisse en général les grévistes quatre ou cinq jours, puis ils les embarquent et après leur arrestation, ils sont nourris de force.
- Ça ne va pas ! intervint George où avez-vous passé votre carrière ? à Moscou ?
- Moi, personnellement, je n'ai rien contre vous, mais je dis ce que j'ai vu à l'ambassade russe à Paris. Le plus long temps qu'a pu rester un gréviste était dix jours, ensuite, il a été, comme les autres, nourri par la force.
- Même s'ils arrivaient à l'embarquer, on reviendrait et on continuerait.
- D'accord, d'accord, reprit le médecin, je ne dis pas le contraire, mais on peut faire mieux. Je peux te faire un papier dans lequel je mentionne que tu es en bonne santé mentale et que tu refuses d'être alimenté de force, il me

faudrait le nom d'un avocat qui te soutient dans cette action et qui pourrait intervenir.

Je me demandais ce qu'il cherchait exactement. Il voulait un avocat, après il voudrait un juge, et il lui faudrait bientôt un tribunal entier. Il fallait que je lui trouve un nom d'avocat, surtout qu'il insistait, me disant que c'est très important d'avoir un avocat. Alors je lui donnais le nom du collaborateur d'un député que je connaissais. Il le nota sur un papier et ajouta : je vais repasser demain pour vous apporter les papiers nécessaires.

...

Au télé-journal de vingt heures le reportage fut présenté. Tout de suite après, les habitants sont descendus dans la rue et m'ont assailli de questions. Ils étaient de plus en plus nombreux.
Isabelle, Paulette, George, Eddie, Dominique, essayaient d'être explicite et ce n'était pas facile.
Après cette interview de cinq heures, la manifestation pacifique quotidienne, prit une ampleur inattendue et eut lieu après vingt heures. Tout le monde voulait me témoigner sa gentillesse. Chacun faisait une suggestion pour me rendre le séjour plus agréable dans leur quartier. Eddie venait de voir le reportage à son tour et tremblait d'émotions.

- Tu sais, me dit-elle, quand je te voyais avec ton sourire qui ne te quitte jamais, je ne réfléchissais pas beaucoup, mais maintenant que j'ai t'ai vu à la télévision, cela me fait réfléchir qu'il y a des choses graves, qu'on ne remarque pas si quelqu'un ne les met pas en évidence comme cela a été fait dans le reportage. Il faut faire quelque chose, il ne faut pas laisser les choses exactement comme tu veux. Moi, je vais chercher du chocolat chaud et je vais te donner à boire et tu ne devras pas refuser.

Et elle partit aussitôt chercher du chocolat chaud et était de retour quelques instants plus tard.

- Je suis entrée dans le restaurant à côté de la fontaine, commence-t-elle à raconter, je demande un chocolat à emporter, la femme du restaurant a refusé ; mais lorsque j'ai expliqué que c'était pour toi, elle a rempli cette cafetière. Et elle nous montre une cafetière de trois litres. Et tu sais ce que la dame du restaurant m'a dit ? que si c'était pour toi, elle donnait tout ça, et que depuis le premier jour elle t'a offert ses services et que toi, tu as refusé, elle m'a dit aussi que tu devais boire tout, pour rattraper ce que tu n'as pas voulu boire depuis le début. Lorsque j'ai voulu payer, elle n'a pas voulu. Si c'est pour toi, a-t-elle dit, l'argent n'a pas d'importance.

- Tu ne dois pas changer d'adresse, ajoute Paulette, si tu vas ailleurs, tu ne trouveras pas de voisins pareils.

Je n'étais pas encore décidé à boire.

- Si tu ne bois pas tout cela, on va te faire boire de force, dit une voix près de moi.

Je regardais dans la direction d'où venait la voix, c'était bien la dame du restaurant.

- Je suis venue exprès pour te voir boire le chocolat.

Sans attendre Eddie me donne une tasse de chocolat. J'avais l'impression que j'avalais des charbons rouges.

Paulette intervint à son tour.

- Tu fais déranger la dame du restaurant alors que je pouvais te faire du chocolat moi-même ! et bien, comme tu as refusé, tu vas boire tout ça maintenant !

J'avais besoin d'un moment pour m'habituer et c'était difficile de me faire comprendre en ce moment où tout le monde voulait être utile.

- Un moment s'il vous plait ! réussis-je à dire. J'ai besoin d'un petit moment !
- Pas question !

Les voix parlaient toutes en même temps, les trois femmes réunies ne cédaient pas et attendaient.

- J'ai des émotions dis-je en essayant de me forcer
- Qu'est-ce que tu as comme émotion ?
- Je n'ai jamais eu trois mères autour de moi comme ça.
- Ça, ça va, mais j'ai 'l'impression que tu essaies de t'échapper par des paroles.

- Pas du tout, je ne me sens pas trop bien, le chocolat me brûle à l'intérieur.
- Tu parles ! trois mères ! répéta Paulette, Moi j'aimerais bien avoir un fils comme toi.
- Pas moi, dit Eddie, avec des enfants pareils on ne peut pas vivre sereinement !
- Si on n'a pas d'attaque cardiaque ! ajoute la femme du restaurant.

Les propos continuaient, mais je ne leur prêtais plus attention, j'avais chaud partout. Isabelle fut la première à le remarquer.

- Je crois qu'il faut le laisser, il a assez bu, surtout qu'il n'a rien mangé ni bu de chaud depuis plusieurs jours.

Les trois femmes arrêtèrent leur opération, la main de Paulette toucha ma tête,

- Il a de la fièvre, il faut arrêter.
- A mon avis, il faut se laisser se reposer, ajouta Angélique.

Puis elle essaya de me faire comprendre que ce serait mieux que je dorme un peu pour récupérer. Sans plus se poser de question, chacun comprenait la situation.

LA NUIT

Ce fut la route vers un sommeil profond. Bientôt, j'étais dans le monde des rêves.

Dans mon rêve, c'était mon père qui essayait de manifester en criant en pleine nuit. Ses nerfs commençaient à craquer après 24 heures de détention dans les caves du service de sécurité d'Etat, ma mère faisait tout pour le calmer. Petit à petit, il se mit à tout raconter :

Il était de garde dans l'entreprise. Des gardes, tout le monde était obligé d'en faire pendant la nuit après les heures de travail et aussi tous les week-ends et surtout pendant les jours fériés. Tout cela se faisait sans aucun avantage, ni en argent ni en nature et était très contrôlé par la milice.

Pendant sa ronde, la milice a remarqué la disparition du drapeau rouge de l'entrée principale. C'était le 31 décembre, fête de la

Journée de la République. Elle tenait place de fête de Noël depuis 1948 quand le nouveau Parti l'avait retirée des traditions et même du vocabulaire. En ce jour, le drapeau national et du Parti devait flotter devant la plupart des entreprises et des maisons. Donc, en ce jour particulier, l'alerte fut rapidement donnée, tous les gardes furent rassemblés par la milice pour leur annoncer la disparition de l'un des drapeaux.

- Si vous ne le trouvez pas tout de suite, tout le monde aura une amende : son salaire lui sera retiré pour un mois.

Tout le monde s'est mis à chercher. Finalement, le drapeau fut retrouvé par l'un des miliciens, il l'avait trouvé dans un W.C., bien sali.

Une enquête fut rapidement mise en place. Les miliciens ont pensé que cela dépassait leurs attributions et ils ont fait appel à leurs collègues du Service Spécial de Sécurité qui n'ont pas tardé à arriver.

Comme le drapeau volé se trouvait dans le secteur de garde de mon père et de l'un de ses compagnons, tous les deux furent dirigés vers les caves les plus terribles de la ville, celles de la Securitate.

Mon père parla d'abord comme si rien ne c'était passé pendant son tour de garde, il n'a rien remarqué et n'a pas fait attention aux drapeaux. Son compagnon dit que c'est lui-même qui a fait cela, qu'il ne regrette rien et qu'au contraire cela lui a fait plaisir.

- Vous êtes un provocateur impérialiste ! s'attaqua à lui l'enquêteur, aidé des quatre autres qui assistaient à l'interrogatoire.

Il fut mis à terre, frappé fortement puis isolé dans une cellule dans la cave.

- Et toi, tu es son complice ! continua-t-il avec mon père.
- Si vous croyez que vous me faites peur, vous vous trompez !vous êtes encore trop jeune pour savoir comment j'ai passé par les camps allemands et soviétiques, j'ai tellement vu et subi de tortures que je préfèrerais que vous me parliez un peu plus poliment.

- Tu n'en as pas assez vu ! ont-ils répondu, et aussitôt ils lui mirent, un par un les doigts de la main dans la porte, tous les doigts subirent le même traitement.

Les enquêteurs s'attendaient à des cris et des confidences, mais comme rien de cela ne se produisait, ils ne savaient pas comment réagir.

- Mais laisse-le tranquille, intervint le plus âgé et aussi le plus gradé.

Et comme si rien ne c'était passé, il apporta de l'eau et des cigarettes pour les offrir à mon père.

- Tu vas pouvoir rentrer chez toi, c'était un simple malentendu, tu vas voir ce qu'on va lui faire à l'autre, c'est à cause de lui que tu as eu ce traitement. J'espère que tu sais ce qu'ils ont fait à Budapest cette année, continua-t-il, ils sont sortis dans la rue et ils ont tiré sur l'armée, maintenant, ils veulent faire pareil ici.
- Je ne sais pas exactement ce qu'ils ont fait à Budapest cette année, mais ce que je sais c'est ceci : est-ce que je n'en ai pas assez vu en déportation ? et vos manières ici, dépassent mes souvenirs.
- Mais il est d'origine hongroise, c'est pour ça qu'il a fait ça, c'est facile à comprendre, essaya d'expliquer l'enquêteur.
- Pendant la guerre c'était contre les juifs, vous avez changé les noms mais vos méthodes ne sont pas tellement différentes.
- Si tu veux revoir ta famille, tu dois t'arrêter de répondre, et pour que tu en tires une leçon, on va te montrer comment nous savons punir les traîtres réactionnaires.

Dans la pièce, son collègue était ramené ainsi que sa femme à moitié habillée, que l'on était allé arrêter à trois heurs du matin.

- On va commencer par sa femme, ordonna le supérieur.

Sans hésitation, un de l'armée d'élite commença son traitement. Il commença à frapper avec les mains. Une fois la femme à terre, il continua avec les pieds.

- Assassins ! tenta de crier le pauvre mari.
- Il s'attaque à nous ! Le champ de bataille s'était tourné vers lui.

- Il se permet de s'attaquer aux défenseurs de la loi ! le criminel !

Et chaque coup était accompagné d'un mot de leur vocabulaire très riche :

- Contre-révolutionnaire ! monarchiste ! bandit ! nazi ! criminel !

Les mots de son vocabulaire épuisé, le bourreau restait sans souffle.

- Il m'a tout sali avec son sang de traître ! termina celui qui avait la charge principale de leur activité quotidienne.
- Et toi ! s'adressa-t-il à mon père, tu vas rentrer chez toi ! tu auras un congé médical de trois jours et tu ne devras pas sortir de la maison. Si on entend quelque chose, ce sera toi à sa place !
- Mais pourquoi sa femme ? essaya de savoir mon père.
- Ce sont tous des traîtres ! c'est simple ! tomba aussitôt la réponse.

Une fois rentré à la maison, tout c'était bien passé, jusqu'à la tombée de la nuit où il avait craqué. En entendant ses cris, des voisins proches de la famille, sont venus aux côtés de ma mère pour calmer mon père. Un des voisins lui expliqua que son frère était enfermé depuis trois ans à cause d'une simple dénonciation qu'un voisin jaloux avait faite de façon anonyme. Il était accusé d'avoir aidé les partisans des montagnes Carpates.

- Il faut faire quelque chose ! répétait mon père.
- On ne peut rien faire, c'est pire que pendant la guerre ! il n'y a plus d'hommes courageux. Ils sont tous morts sur le front.
- Mais si, il y en a, mais ils sont tous dans les camps de travaux forcés. Ils sont si nombreux qu'on n'ose plus parler.
- On peut toujours faire quelque chose, tenta le voisin, mais on doit aussi penser à élever nos enfants.

Avec mon frère et ma sœur, de notre lit, on a écouté toute la conversation. Réveillés par les cris, on avait peur de se lever pour demander ce qui se passait. Les évènements de Budapest se faisaient encore sentir.

CHAPITRE XII

Un peu choqué par mon rêve, j'ouvris brusquement les yeux, mais je n'avais pas de souci à me faire. Le gardien de la paix restait sans bouger devant moi, pour m'assurer un bon sommeil.
Le jour pointait.
Dominique se réveilla un peu plus tard.
Il inscrivit son deuxième jour de grève. Il voulait aussi inscrire mon décompte, je lui suggérai de ne pas écrire le chiffre treize pour que la chance soit avec nous. Sans commentaire, il inscrivit : 12 bis.

Eddie, Isabelle, Paulette arrivèrent et bientôt toute l'équipe fut au complet.
Madame P. arriva aussi, avec la même question :

- Tu tiens encore le coup ? mais elle n'attendit pas de réponse et repartit.

- Qui est cette femme ? demanda un jeune qui venait d'arriver.
- C'est une dame qui travaille dans un service qui s'occupe des réfugiés.
- Je la connais, continua-t-il, il y a six ans, j'ai réussi à entrer en France en passant par l'Italie. Une fois arrivé à Paris, la police m'a conseillé d'aller voir ce service. Et vous savez ce que cette dame, qui était alors en poste, m'a conseillé ?
- Non.
- Elle m'a conseillé de retourner à Bucarest, parce que les Français n'aiment pas ceux qui viennent des pays de l'Est et qu'ils préfèrent ceux qui viennent de leurs anciennes colonies.
- Je me demande si elle a changé.
- Il vaut mieux ne pas rechercher ses services, affirma Ionel, sauf si tu as du temps à perdre. Ce service est unique en région parisienne.

- Moi je connais quelqu'un qui a été très satisfait de ses services, ajouta une autre personne.

Il nous expliqua qu'en Roumanie, il était secrétaire général de la jeunesse communiste. Pour arriver à ce poste important, il a mis ses parents hors de chez eux : il les a obligés à signer un contrat de vente de leur maison et ensuite il les a logés dans un HLM. Il fallait apporter des preuves de bonne volonté, la famille du parti est plus importante que sa propre famille. Avec l'argent de la vente, il a payé des festins afin d'accéder à des postes plus importants. Il a été envoyé à l'école spéciale du Parti, où l'on peut aller même sans études, il suffit d'affirmer ta dévotion devant le Parti, cette école s'appelle « l'Académie Stefan Gheorghiu-Dej ». Bien sûr, il n'était plus question pour lui de revoir son village natal car tout le monde était contre lui.

Une fois cette académie passée, il a accompagné en France l'équipe nationale de foot pour la soutenir. Le peu de supporters qui sont sortis pour cette manifestation font partie de l'élite du Parti.

Arrivé à Paris, il a finalement demandé asile. En un temps record il a obtenu le droit d'asile. Dans sa demande, il a spécifié que ses parents avaient eu des problèmes pendant la résistance armée des partisans des Montagnes Carpates avec lesquels ils étaient sympathisants et qu'ils avaient résisté pour ne pas signer la cessation de leurs terres pour la collectivisation et que lui faisait sa demande de réfugié à cause de l'injustice contre les paysans. Cette même organisation qui donne aux autres le conseil de retourner chez eux, l'a envoyé avec ses propres fonds dans une école en Suisse puis, par la suite, lui a facilité le passage au Canada avec les meilleures recommandations.

À midi, une Opel rouge fit son apparition, c'était Victoria P. accompagnée de son mari qui venait de sortir de l'hôpital. Elle venait prendre place à côté de moi ; avec des tracts qu'elle avait apportés de chez elle, elle alla sonner à l'ambassade.

- Je suis arrivée, assassins ! vous n'avez pas honte avec votre Système ? vous me laissez mourir ici ! je peux le faire s'il le faut. Cela ne me fait pas peur !

Avec Victoria, la tranquillité apparente de la rue disparut. Des passants plus âgés, s'arrêtaient pour lui demander comment une femme de son âge en arrivait là. Ils ne pouvaient en croire leurs yeux. Le consul essaya encore une fois de calmer le jeu, sans succès devant cette femme énergique, qui, comme moi, avait perdu confiance en ses belles paroles.

- Je n'ai pas assez attendu ? tu n'as pas l'impression que tu es un petit menteur ! tu ne réalises pas que tu pourrais être mon fils ? ta mère t'a-t-elle appris à raconter des mensonges ?

Le consul partit sans rien dire.

Quelques moments plus tard, une voiture de Police s'arrêta, une fois que les policiers eurent vérifié les papiers de Victoria, ils ajoutèrent :

- Vous devez venir avec nous pour une vérification de routine.
- Ça ne va pas la tête ! qu'est-ce que tu es en train de me raconter ! ça ne te suffit pas d'avoir vu mes papiers ! maintenant il faut que je te suive ! pour quoi faire ? tu ne vois pas que tu demandes n'importe quoi ! moi, je suis dans ma voiture, et ma voiture c'est mon domicile. Si tu veux violer mon domicile, il faut le dire, je vais appeler mon avocat pour t'apprendre les lois de la République.
- Mais Madame ! il ne faut pas le prendre comme ça ! nous avons reçu un appel téléphonique de l'ambassade et nous sommes obligés de vérifier l'identité de tout le monde.
- Mais ça y est c'est fait ! ou tu penses qu'un policier me fera changer d'avis ?
- Mais pourquoi ne voulez-vous pas parler avec le Consul ? il peut faire quelque chose.
- Cela ne sert à rien de parler avec lui, j'en ai marre de l'écouter dire qu'il est un représentant d'un Etat libre et indépendant, c'est tout !

Les policiers s'en allèrent. Eddie commença à prendre en charge Victoria :

- Ce n'est pas humain, ce n'est pas de ton âge de faire une grève de la faim.

Mais Victoria était très décidée : occupe-toi de tes affaires ! lui dit-elle. Eddie n'insista pas.

Bientôt une nouvelle voiture s'arrêta, de nouveaux policiers étaient sur le terrain.

- On a entendu dire que vous ne voulez pas venir au commissariat ?
- Et alors ?
- Si la police vous demande quelque chose, il faut écouter Madame, c'est dans votre intérêt, sinon on sera obligé de vous embarquer tous les deux.
- De toute façon je n'ai pas rendez-vous avec vous, je ne veux pas venir avec vous sauf si vous utilisez la force contre moi.
- Non Madame, vous êtes trop âgée pour qu'on en arrive là.
- Alors que me voulez-vous exactement ?
- Nous voulions simplement vous inviter au commissariat pour savoir si vous comptez passer la nuit ici.
- Bien sûr que je reste ici !
- C'est tout, Madame.

Victoria parlait très fort, les habitants de la rue commençaient à tourner autour des policiers, intrigués.

- Il n'y a rien de grave continuèrent-ils pour calmer les passants arrêtés, elle peut rester là.

Et ils repartirent dans leur voiture.

Le médecin sans frontière repassa comme il l'avait promis et me montra les papiers qu'il avait faits :

- J'ai fait tout le nécessaire. J'ai téléphoné à ton avocat qui m'a dit que toute ton action, cela ne servait à rien.

J'avais l'impression de rêver. Je lui avais donné un faux renseignement, l'adresse de quelqu'un au chômage et lui venait me dire qu'il l'avait appelé au bureau ! Mais je le laissais parler pour voir jusqu'où il irait.

Une fois qu'il en eut fini avec moi, il se dirigea vers Victoria.

- Vous savez Madame, que vous ne lui facilitez pas la tâche avec votre présence, au contraire, si vous êtes trop nombreux, vous aurez des difficultés à résoudre vos problèmes.
- Mais ! qui es-tu : médecin ou préfet ? dit Victoria en lui coupant la chique. Si tu es médecin tu peux passer tous les jours pour m'ausculter, si tu viens pour lui, tu peux me voir aussi, c'est le même chemin !
- Si je viens c'est par plaisir.
- Cela veut dire que pour moi, tu ne viendras pas ? ce n'est pas grave, je peux payer n'importe quel médecin avec mon argent, un médecin qui travaille pour l'argent et non pour le plaisir.

Elle sortit de l'argent de son portefeuille. Si tu veux travailler pour de l'argent, je peux te payer dès aujourd'hui pour me prendre la tension.

Le médecin oublia son plaisir et commença à ausculter Victoria après s'être fait payé d'avance.

Une fois le médecin parti, je racontais à George l'histoire de l'avocat.

- Il est bizarre ce médecin ! comme disait Coluche : diplôme sans frontière.

Un homme d'une quarantaine d'années venait d'arriver avec sa femme.

- Je suis du Brésil, commença-t-il avec son accent caractéristique, ma femme ne parle pas français ; nous sommes en vacances à Paris. Cela fait plusieurs jours qu'on te voit ici, on ne sait pas pourquoi tu es là. On a posé la question à l'hôtelière et elle nous a bien expliqué. Nous sommes très touchés par ton courage. Dans mon pays, les Roumains ont beaucoup investi, il n'y a pas mal d'ingénieurs, ils ne donnent jamais leur opinion, ils ont peur de parler, je ne comprenais pas pourquoi, maintenant avec toi, les choses sont plus claires, je comprends mieux leur silence. Moi je te souhaite bon courage, je ne pouvais pas imaginer que ce genre de problèmes pouvait encore exister.

Et il repartit avec sa femme.

Leur place fut aussitôt prise par une femme, son mari et leur fille, une jolie adolescente.

- We are from Canada, commença la dame, the lady from the hotel talk to me about you, she told me too, about your language knowledge. I've never seen before one hunger strike because of a tourist visa. I want to know if you believe in God.
- Yes I do
- Why the French News don't talk about you ?
- They do.
- May be they do, but if you were in Canada, I am sure all News would take guest about you. Do you know what I will do? I'll call the New York Times to tell him about you. I'm sure they will do something for you.

Après m'avoir présenté toute la famille, la femme prit mes coordonnées.

- Now I'll try calling. God bless you. [1]

Et ils repartirent, pressés, à la recherche d'un téléphone.

Peu à peu, Victoria commença à connaître tous les habitants du quartier.

---

1 *Nous venons du Canada, la femme de l'hôtel nous a parlé de vous, elle m'a dit aussi que vous connaissiez notre langue. Je n'ai encore jamais vu quelqu'un faire grève de la faim pour un visa touristique. Je voudrais savoir si vous croyez en Dieu ? - Oui - Pourquoi ne parle-t-on pas de vous dans les Nouvelles, en France ? - Ils en parlent - Peut-être, si vous étiez au Canada, je suis sûre que tous les médias s'inquiéteraient à votre sujet. Savez-vous ce que je vais faire ? Je vais appeler le New York Times pour leur parler de vous. Je suis sûre qu'ils feront quelque chose pour vous. - Maintenant je vais essayer de les appeler, que Dieu vous bénisse.*

Lorsque cinq heures du soir arrivait, la petite manifestation quotidienne commençait. Ce soir, elle prit une ampleur inattendue ; des commissaires en civil tentaient d'intervenir :

- Vous ne pouvez pas rester là.
- Nous habitons là et nous restons. D'autant plus que notre manifestation est très pacifique.

Les policiers ne pouvaient rien y faire, c'est difficile de convaincre tout ce monde venu pour nous soutenir.
Toute cette compagnie resta avec nous jusqu'à sept heures, puis peu à peu, chacun commença à se disperser.

Une fois la nuit tombée, Victoria eut l'occasion de faire connaissance avec Antonio qui venait comme tous les jours, avec la même forme.
Victoria, comme Paulette, avait le même air autoritaire. Elle n'aime pas trop se laisser faire. En quelques mots elle réussit à faire changer de ton, Antonio. Aujourd'hui, il était plus lucide, mais il n'oublia pas de mentionner la nécessité d'une révolution.

LA NUIT

…. Bientôt je pus m'endormir … comme la tête me tournait de plus en plus, je commençais à voir des avions.

Mon rêve se fixa sur les avions, des avions, beaucoup d'avions, qui tournaient autour de moi. Je me trouvais quelque part dans les années 1968, quand les mêmes avions volaient à 500 mètres au-dessus de la ville où j'habitais, Brasov.

C'était l'époque du Printemps de Prague. De lourds bombardiers faisaient trembler les vitres de la maison, comme si quelqu'un tapait dedans avec des coups de poing.
A trois heures du matin, le bruit infernal nous avait tous réveillés. Tout le quartier et sans doute aussi la ville, regardait le ciel noir à cause de leur nombre gigantesque : des avions, des avions et des avions…

- Les Bolcheviques sont en train de nous envahir ! criait mon père.
- Rentre ! essayait de le persuader ma mère. Il n'y a rien de grave, ce doit être une simple manœuvre militaire.
- Non, ce n'est pas une manœuvre militaire, je te dis que ce sont les Bolcheviques. Ce sont eux !
- C'était pareil en 1956, pour nous intimider, ils ont envoyé leurs avions.
- Ils descendent chez nous et on ne peut même pas se défendre ! Avec ce Régime, on ne trouve même plus un fusil dans le commerce. D'où je suis, je suis sûr que je pourrais en descendre au moins trois, à la hauteur à laquelle ils volent ! Si le Président dit un simple oui, nous sommes tous vendus sans même opposer de résistance, comme ils l'ont fait à Budapest.
- Et en plus ce sont tes Russes ! s'attaqua mon père à ma mère.
- Tu ne va pas me tuer pour ça ! vas-y, tu peux t'attaquer à tes enfants aussi !
- Ce sont les Russes ! continua mon père.
- Les Russes ne sont pas comme ça, ce sont plutôt les Bolcheviques, comme tu l'as dit tout à l'heure !

L'électricité était coupée dans toute la ville. Des voitures avec des haut-parleurs circulaient pour rétablir l'ordre :

- Rentrez à la maison, cachez toutes les sources de lumière ! Il s'agit d'une manœuvre de routine.

Mon père alluma le poste de radio, sans succès, « radio Bucarest » était muette. Avec le petit poste à pile on réussit à capter « l'Europe libre », une station de l'Allemagne Fédérale. La nouvelle ne tarda pas à tomber, la radio la répétait sans arrêt : « les troupes soviétiques ont envahi la Tchécoslovaquie, l'armée tchèque n'oppose aucune résistance, tous les pays du Bloc Communiste participent directement à cette opération »

Le matin, quand les avions ont commencé à disparaître, la même station qui nous avait donné des nouvelles, rectifia le premier communiqué : « le seul pays qui a refusé l'intervention directe en Tchécoslovaquie, c'est la Roumanie. Des bombardiers lourds ont survolé le territoire roumain pendant toute la période de l'invasion russe en Tchécoslovaquie. »

- Je te disais bien que ce sont les Bolcheviques ! commença mon père comme s'il avait l'armée rouge devant lui.

Mon frère, ma sœur et moi, nous nous tenions autour de ma mère, nous ne comprenions pas les grands mots. Pour nous, notre mère était plus importante que les évènements qui nous entouraient, nous ne comprenions pas l'agitation de notre père. Pour nous, c'était un simple vol d'avions qui nous avait réveillés et qui étaient partis sans laisser de trace.

La colère de mon père a coupé le fil de mon rêve.

En ouvrant les yeux, je me réveillais dans un monde sans avions. Il n'y avait que le moteur de l'Opel qui tournait doucement. Victoria, l'avait mis en route pour se chauffer un peu dans la voiture, la nuit étant plus fraîche que prévu.

- J'espère que ce n'est pas moi, qui t'ai réveillé avec ma voiture ?
- Non, pas du tout, ce sont mes rêves.

Il faisait déjà presque jour.

- J'ai assez dormi ! dit Dominique en se réveillant.

Il n'arrivait pas à dormir, la faim ne le laissait pas tranquille. J'essayais de lui expliquer que ce n'était pas la peine de continuer sa grève, mais la vie avait mis quelqu'un d'aussi têtu que moi, devant moi ; comme je n'aime pas que l'on me donne des conseils, je n'insistais plus avec Dominique.

CHAPITRE XIII
Quatorzième jour

Je me prépare pour une nouvelle journée.
Avec ma prière du matin, je me remonte le moral. Je sais que la seule force avec laquelle je peux encore lutter, c'est le moral.
Je commence à connaître toute la vie de la rue, tous les mouvements des habitants.
Je sais d'avance quand Isabelle va descendre pour m'apporter à boire, quand George, Eddie et sa fille Brigitte doivent arriver, l'heure à laquelle le même groupe de fonctionnaires de l'ambassade va sortir, pour revenir quelques moments plus tard avec leurs baguettes à la main. Presque les mêmes personnages tous les jours.

Mais chaque jour amène aussi ses nouveaux personnages qui apportent avec eux des évènements différents, des idées et des opinions très variées.

Victoria était rentrée chez elle, chercher des habits pour la nuit prochaine.

- Elle est partie chercher des habits pour la nuit ? demande un commissaire qui passait.
- J'ai l'impression que vous dépassez certaines limites, mais si vous êtes un homme, pourquoi ne lui demandez-vous pas vous-mêmes ?
- Je demandais ça comme ça, s'excuse le commissaire. Je disais cela pour rigoler.
- Et vous croyez qu'on peut rigoler avec la vie d'une femme de son âge ?

Le commissaire évita de continuer cette conversation.

La tenancière de l'hôtel tenait à me présenter son gendre.

- Hello ! commença-t-il
- Où l'avez-vous trouvé ?

Il ne parlait pas français. Il continua :

- I come from Australia but I am French. I married her daughter. I've seen you here since a long time. Fourteen days ! my God ! I can't believe that ! you know, If I was in your situation, I could not stay 14 days! I need to drink beer, if I can drink beer there is no problem, I don't need to eat. May be it is a solution, but I don't think it is the best.

A mon tour, j'essaie d'expliquer

- I know it is not the best thing to be in your situation, I just tell you: I hope you won't stay here a long time. Good luck! [2]

Le jeune marié repartit avec sa belle-mère.

Simone sortit de son bureau ;

- J'ai téléphoné à Radio Solidarité. Après avoir entendu mes explications ils m'ont répondu qu'ils ne peuvent rien faire. Ceux qui financent la radio ne sont pas d'accord pour que tu passes sur l'antenne. Ils m'ont également dit que si tu croyais en Dieu, plus que jamais tu dois faire appel à lui. C'est comme ça parce qu'il n'y a pas beaucoup de monde en politique qui s'intéresse à ton cas. Surtout pour un visa touristique.
- C'est déjà ça, s'il n'y a plus que Dieu, je ne vais pas abandonner mon seul espoir.
- Tu as le moral, m'encourage Simone.

- Il ne faut pas désespérer ! interviennent deux jeunes mariés qui arrivaient. Ils venaient d'assister à la conversation entre Simone et moi.
- Nous avons un enfant d'un an, il a été gravement malade, tous les médecins que nous avons contactés partout en

---

[2] *Je viens d'Australie, mais je suis Français, je suis marié avec sa fille. Cela fait longtemps que je vous ai remarqué, quatorze jours ! Mon Dieu ! Je ne peux le croire ! Vous savez, si j'étais dans votre situation, je ne pourrais pas tenir quatorze jours ! Il faut que je boive ma bière, si je peux boire ma bière, il n'y a pas de problème, je n'ai pas besoin de manger. C'est peut-être une solution mais je ne pense pas que ce soit la meilleure.*
Je sais que ce n'est pas ce qu'il y a de mieux que d'être dans ta situation, je te dis juste « j'espère que tu ne resteras pas ici trop longtemps » Bonne chance .

France nous ont dit qu'il n'y avait rien à faire. Le dernier nous a dit que si on croyait aux miracles, il n'y avait plus qu'à prier, c'était la seule chose qui restait à faire. A aucun moment nous n'avons perdu espoir. Comme nous sommes croyants, nous avons prié tous les jours, nous avons prié pour notre enfant et aussi pour qu'il y ait plus de moments où l'on pouvait profiter de la vie. Un mois plus tard, lorsque nous avons passé le test médical mensuel, le médecin ne comprenait plus rien. Il nous a demandé ce que nous avions fait. Nous lui avons répondu que nous avions prié. Il nous a confirmé que pour un miracle, c'était vraiment un miracle. On n'habite pas très loin d'ici et nous allons revenir pour te présenter notre petit miracle.

Un moment plus tard, ils étaient de retour avec leur enfant bien serré dans les bras de sa maman, comme si elle gardait un objet précieux contre son corps.
- Tu peux le toucher, je suis sûr qu'il va te porter bonheur.
Je touchais la pauvre créature innocente qui ouvrait ses yeux curieux alors que sa mère me le tendait. Il me regardait comme s'il était assuré qu'un nouveau miracle allait avoir lieu.

Alors George leur raconta le cas du père Calciu : étudiant en médecine dans les années 1948, il s'opposait contre la dictature politique installée dans le pays par des manifestations. Enfermé pendant plus de vingt ans dans de terribles prisons, il n'a jamais perdu espoir. Ses prières répétées et les offices religieux qu'il célébrait en prison pour les autres détenus l'ont entraîné vers d'autres destinations. Il était devenu prêtre malgré toutes les manœuvres d'intimidation diaboliques du régime. Tout le monde a commencé à l'appeler « père » ; il était le dernier refuge avant la condamnation capitale, le prophète de ceux qui perdaient confiance. Par ses qualités, sa réputation le fit connaître jusqu'en occident. L'opinion internationale l'a fait sortir de prison et cette même opinion internationale l'a fait partir aux U.S.A.

George s'arrêta de parler et regarda quelque part au-delà de nous ; sans que personne ne comprenne pourquoi. Tout le monde attendait que George continue cette histoire qu'il venait de commencer. Mais il regardait toujours dans la même direction :

- Ah ! Si je ne rêve pas, c'est vraiment un miracle !

Sans trop comprendre, nous tournons la tête dans la même direction que George.

- Mais c'est bien le père Calciu ! Je ne rêve pas !
- Oui, c'est bien moi, répondit le prêtre qui arrivait. Je venais d'arriver de l'aéroport lorsque j'ai entendu que quelqu'un faisait la grève de la faim depuis deux semaines. Comme je suis toujours du côté de ceux qui souffrent et que je sais ce que c'est qu'une grève de la faim, je me suis dit sans hésiter que je devais y aller.
- On était justement en train de parler de vous ! et George reprit toute l'histoire.

Lorsque George eut terminé, le père Calciu lui dit :

- Tu as oublié de dire que ce n'était pas moi qui ai choisi, c'est Dieu qui m'a choisi.

La porte de l'ambassade s'ouvrit et le gardien le regarda comme s'il voyait un fantôme. Quelques secondes plus tard, à toutes les fenêtres, des têtes curieuses commençaient à sortir. Le Consul était arrivé dans le hall et essayait de se faire entendre tout en faisant des gestes de la main.

Comme personne ne l'écoutait, tiré presque par derrière, le curieux disparu.

- Ils ont l'air agités, affirma le jeune couple, leur enfant toujours précieusement tenu dans les bras de sa mère. On dirait qu'ils ont vu un fantôme.
- C'est possible dit le père Calciu, pour eux, je suis mort depuis longtemps. Je vais faire une prière pour toi, pour Victoria et pour tous ceux qui souffrent en ce moment et depuis plus de quarante ans.

Habillé de noir, il commença la cérémonie religieuse. La présence d'un prêtre faisait s'arrêter la plupart des passants qui restaient et assistaient en silence. Seule la voix du père Calciu se faisait entendre. Il me tenait la main. J'avais l'impression que des forces surnaturelles me pénétraient. La prière dura dix minutes. Puis le père Calciu s'excusa auprès des passants qui s'étaient arrêtés pour écouter cette prière en langue roumaine.

- Moi, j'ai presque tout compris, s'exclama la jeune maman qui tenait toujours l'enfant bien serré contre elle. Nous faisons nos prières en latin, et à aucun moment je n'ai pensé que c'était une autre langue.

Les fenêtres des étages supérieurs ne cachaient pas les fonctionnaires curieux d'assister à l'office en pleine rue.

La voix du Consul ne tarda pas à se faire entendre : « si je vois encore des fenêtres ouvertes, je vous renvoie à Bucarest ! »

Le père Calciu commença à parler doucement avec moi :

- J'espère que tu es au courant que pour la première fois après son départ en exil forcé, le roi Michel va sortir en public pour commémorer les soldats morts lors de la première guerre mondiale, au cimetière d'Alsace ; l'ambassadeur américain l'a invité également pour rediscuter de certains problèmes. Il paraît que ton cas et plusieurs cas similaires ont décidé l'ambassadeur américain à contacter le roi Michel. Je n'ai pas beaucoup de temps, mais je vais essayer de repasser. Que Dieu te protège !
- Père Calciu, il faut que vous racontiez un peu aux jeunes qui sont autour de nous, de quoi ils sont capables, dit George, qui voulait encore mieux convaincre les personnes présentes sur place. Il faut que quelqu'un leur parle, pour leur dire comment ils ont massacré tous les intellectuels ; comment, sous les fondations des grands hôtels du bord de mer, étaient enterrés, après être morts de faim dans les travaux forcés, ceux qui ont essayé de démasquer leur vraie face.
- Je n'ai pas assez de temps aujourd'hui, George, mais je vais repasser.

Et Père Calciu repartit avec son air toujours calme.

- Tu vas voir maintenant, les chacals qui vont arriver ! dit George. En ce moment même, je suis sûr que le Consul est en train de téléphoner à tous les collaborateurs. Comme le Père Calciu est venu sans qu'ils ne soient au courant, ils vont envoyer leur élite pour nous demander pourquoi il est venu ! Qui l'a appelé ? Combien de temps il reste, ce qu'il t'a dit et tout ce qu'ils voudront savoir.

George n'eut pas le temps de finir que déjà nous avions des invités : Madame P., accompagnée de Madame L. suivies de près par Antonia C. et Christian qui avait pris mon massage quotidien en charge, volontairement.

- Alors ? Il est reparti le Père Calciu ? commença Madame L.
- Va-t-il revenir pour organiser une manifestation ? continua Madame P.
- S'il revient, prévient moi, ajouta Christian. Si je te demande cela, c'est plutôt pour ma mère elle aimerait bien voir le Père Calciu.
- Mais ! Qui vous a dit que le Père Calciu était là ? demanda George intrigué.
- Mais tout le monde est au courant !
- Et qui est ce « tout le monde » ? Ceux qui vous achètent des fourrures et des bijoux ?

Les nouveaux arrivés se regardaient l'un et l'autre.

- Vous avez tord de parler comme ça.
- Pourquoi ne demandez-vous pas au Père Calciu vous-mêmes ? Avez-vous peur qu'il vous reconnaisse comme l'un de leurs agents ? Il a déjà eu l'occasion de voir ceux de votre espèce !
- Pourquoi parles-tu comme ça George ? lui demande Madame L.
- C'est à toi de te le demander, toi qui étais chargée d'informer de la sortie vers l'Occident du Père Calciu pour lui faire, avec toute la communauté réfugiée en Allemagne, une chaleureuse fête de bienvenue. Et toujours toi qui as annoncé son arrivée douze heures plus tard que l'heure réelle.

- Je ne pouvais pas savoir qu'il arriverait plus tôt essaya-t-elle de s'excuser, cachant une partie de ses bijoux avec la manchette de sa fourrure.
- Bien sûr, tu ne pouvais pas le savoir ! C'est parce que, toi, avec la même troupe qu'aujourd'hui, pour lui souhaiter la bienvenue, tu lui as expliqué qu'en Occident c'était chacun pour soi et que c'était difficile d'y vivre, que ceux qui viennent des pays de l'Est ne sont pas facilement accueillis, et que finalement ce serait mieux s'il pouvait retourner d'où il venait. C'est à cause de cela que tu n'as pas le courage de te montrer devant lui, avoues le.

La femme regardait autour d'elle sans rien dire. Ohana venait aussi d'arriver. Elle voulait savoir si Antenne 2 allait repasser. Simone, qui avait reçu un coup de fil, affirma qu'ils allaient passer demain.

- Si tu restes encore ici, s'adressa George à la même représentante de la ligue des Droits de L'Homme, et si tu demandes encore des nouvelles du Père Calciu, tu auras ton compte.
- Venez, je vous paye un coup, proposa la femme à tout le monde, comme si elle n'entendait pas les paroles de George.

Eddie accepta d'aller boire un coup. Tous les nouveaux arrivants partirent dans la même direction.

- Tu sais Sergiu, j'essaie d'être gentil avec tout le monde, mais là, j'ai craqué, s'excusa George auprès de moi. Quand j'ai appris que le Père Calciu avait obtenu un visa pour sortir en occident et qu'il allait arriver, je suis parti tout de suite en Allemagne. A minuit, on était plus de trois cents à l'attendre, la majorité était venue comme moi, en taxi. On a attendu des heures et des heures, sans réussir à voir le Père Calciu. Plusieurs d'entre nous avons attendu jusqu'au matin. Finalement on a demandé aux renseignements de regarder dans leur ordinateur s'ils avaient bien une réservation au nom et à l'heure prévue. Nous pensions qu'il ne pouvait pas sortir et que de nouvelles démarches étaient nécessaires. Et quand j'ai su qu'il était déjà arrivé, j'ai compris que nous nous étions fait rouler par des agents !

Une demi-heure plus tard, Eddie était de retour. Elle avait l'air un peu agitée. Accompagnée de Dominique, ils parlaient comme s'ils avaient des secrets.

- Pourquoi parlez-vous comme ça ? J'espère que ce n'est pas à cause de moi ? Pour avoir envoyé promener cette femme et toute la compagnie ?
- Non, ce n'est pas ça. Il y a quelque chose de plus grave. Je vous le dis mais à condition que vous ne répétiez pas que c'est moi qui vous l'ai dit.
- Mais qu'est-ce qui peut être si grave ?
- Bon. Comme vous le savez, je suis donc allée avec eux boire un café. Là-bas, ils ont commencé à parler dans leur langue. J'ai réussi à comprendre qu'ils parlaient du prêtre qui est passé. Je leur ai demandé de m'expliquer de quoi ils parlaient. Après une petite hésitation, ils m'ont dit que le Père Calciu était un imposteur, en prison, c'était lui qui réalisait les exécutions capitales, ils ont dans leur dossier des déclarations comme quoi il a également torturé des détenus.

George ne voulait pas écouter jusqu'à la fin.

- Dans quel restaurant sont-ils ?
- Je ne sais pas s'ils y sont encore. Mais quand j'ai entendu cela, je me suis levée, j'ai payé mon café et je suis partie. Quand j'ai réglé ma consommation, ils avaient l'air pressés de partir.

C'était la stupéfaction totale.

- Il ne faut pas vous en faire, c'est leur système, ils sont toujours en train de créer une histoire parallèle à la vérité, de telle façon que la confusion prend la place de la vérité ;

Un nouvel arrivé allait nous apporter de nouvelles émotions.
Cet homme de la quarantaine avait écouté toute l'histoire, une fois que tout le monde eut terminé de donner son opinion, il se mit à parler.

- Je suis médecin, et j'ai été très touché de voir le prêtre faire son office en pleine rue, c'est la première fois de ma vie que je vois cela. Je suis croyant, et je suis convaincu que toutes les histoires sorties d'un bistro, ne sont que des racontars. Ici, ça existe aussi les accusations contre ceux qui ont sacrifié leur vie en priant pour les autres, comme toujours, il y'a de mauvaises paroles qui viennent de ceux qui critiquent même la Création divine. Comme tu es croyant, je t'ai apporté un petit livre. C'est un Nouveau Testament. Je suis sûr que cela peut t'aider. Il suffit de ne pas perdre confiance en toi et de lire un paragraphe chaque jour. Je t'assure que tu n'y trouveras pas de mauvaises choses.
- Vous êtes très gentil.
- Non, je suis croyant et si je fais quelque chose, je le fais par plaisir, surtout quand il s'agit également d'un autre croyant, même si tu parles aussi une autre langue, pour moi tu es tout simplement un croyant. Je te fais ce don pour faciliter ta prière. Je vous ai aussi apporté quelques vitamines. Elles sont fabriquées en Suisse. Je vous donne également mon téléphone et mon adresse, si des fois, il y avait quelque chose d'urgent, je reste à votre disposition à n'importe quelle heure.

Il examina aussi Victoria et lui prodigua ses conseils.

- Ça me gène Madame, de vous voir, à votre âge, dans cette situation. Si j'avais le pouvoir de vous stopper, je le ferais, surtout que je sais ce que cela peut donner à votre âge. Je connais bien votre pays d'origine, mais pas comme touriste. Je l'ai connu par les organismes humanitaires qui nous font des demandes de médicaments. Ils envoient plus de médicaments là-bas que dans les pays africains. Il y a des enfants qui ne vivent que grâce aux vitamines envoyées. Je me demande pourquoi personne ne s'occupe de publier les chiffres exacts des médicaments envoyés. Je me demande comment cela peut être possible dans un pays européen de pratiquer des opérations sans anesthésie. Il y'a aussi des lettres de particuliers qui demandent de la vitamine C. Je me demande comment ils sont parvenus à cette perfection. Tu peux m'expliquer, toi ? demanda-t-il en s'adressant à moi.

- Je ne sais pas comment vous l'expliquer ; ce que je sais, c'est ce que j'ai vécu là-bas. Je me rappelle que jusqu'à quatorze ans les médicaments sont gratuits. Si gratuits qu'on n'en trouve pas du tout. On guérit beaucoup de maladies à l'aide de prières et avec la médecine des plantes que l'on trouve dans les champs.
- Tu as oublié d'appeler ta femme pour demain, intervient Isabelle. Tu as promis au reporter qu'elle serait là, je vais téléphoner pour voir si elle peut passer.

Isabelle partit téléphoner. Quelques moments plus tard elle était de retour.

- Elle ne veut pas venir, c'est tout. Apparemment, il n'y a rien à faire. Elle m'a dit qu'elle risquait de perdre son travail si elle venait, et dans la situation dans laquelle tu es, elle ne peut pas se le permettre.
- Il faut lui dire de venir, je peux lui trouver un travail tout de suite sur Paris, intervint Madame P. qui était de retour.
- Si tu veux, Christian peut aller la chercher chez elle, il est en voiture, il en a pour un quart d'heure.

J'étais d'accord avec eux, Christian partit et la dame aussi.

George voulait me parler :

- Tu sais, dans cette histoire, c'est ta femme qui a raison. Imagines que tu ne puisses pas recommencer à travailler tout de suite et que ta femme soit mise à la porte, je ne vois pas qui va donner à manger à tes enfants. Si tu attends que cette dame s'occupe de toi ou de ta femme tu te rendras vite compte qu'elle aide les gens, mais toujours avec la confirmation écrite de l'ambassade. Tu peux comprendre ça.

Finalement, je donnais raison à George.

Une heure plus tard, Christian était de retour.

- Il n'y a rien à faire, elle ne veut pas venir.
- On va se débrouiller sans elle.
- Si tu veux, je peux repasser demain.

- Non merci, ce n'est pas la peine.

A cinq heures de l'après-midi, il y eut la même manifestation pacifiste, avec ses nouveaux visages. Tout se déroula sans incident.
A dix heures du soir les discussions continuaient toujours, Isabelle, l'ange protecteur, voulait s'assurer que personne ne dérangerait mon sommeil.
Comme j'étais le premier sur place, tout le monde essayait de me protéger.

LA NUIT

… Maintenant, mes rêves se mélangeaient avec la vérité et souvent je me demandais quand cela était rêve ou quand c'était réalité. Devant moi, comme si cela se passait au même moment, les rêves commençaient à arriver…
Un prêtre tenait à me parler après avoir enterré mon premier enfant, une petite fille innocente.
Je revoyais mon premier enfant : son petit sourire innocent du premier jour, et trois jours plus tard, brusquement, tout disparaît. Elle avait un foulard autour de sa tête pour tenir fermée sa bouche, qui voulait rester ouverte comme si elle demandait de l'air, elle était dans un débarras de l'hôpital, c'est là que j'avais réussi à la trouver. D'après le diagnostic établi avant l'autopsie du médecin légiste, cela était dû aux mauvaises conditions de travail de la mère, aucune allusion n'était faite à l'absence de réactivité du personnel ni à l'absence d'oxygène. Le prêtre me tenait la main, pour m'encourager, comme s'il était un membre de la famille :

- Je comprends bien la situation mais tu dois continuer à vivre, regardes autour de toi dans ce cimetière. Il y a cinq ans il y avait une trentaine de tombes. Maintenant, il y en a plusieurs centaines. Avant, il n'était rempli que de morts décédés de manière naturelle ou tués lors d'interrogatoires de police comme celui de Timofte, dit-il en me montrant une tombe. Mais depuis ce temps, tout a changé, la plate forme chimique apporte toutes les semaines de nouvelles croix. Brûlés vivants ! Des femmes en sang, la mort ne choisit plus, ils sacrifient leur vie pour avoir un travail et finalement, ils n'ont rien mangé. J'ai aussi vu ta fille à l'hôpital, avec la bouche ouverte comme si elle demandait de l'air. C'est à toi d'être le plus fort, tu dois soutenir ta femme qui est encore à l'hôpital, tu dois recommencer à vivre. Il faut que tu recommences à manger, ton refus de manger ne sert à rien.

Une fois qu'il eut réussi à me convaincre, le prêtre m'accompagna jusqu'à l'entrée de la ville, et je regagnais l'hôpital. Je passais toutes les portes sans tenir comptes de leurs restrictions. Ma femme était complètement perdue. Elle ne voulait plus rester à l'hôpital :

- S'il faut mourir, je préfère mourir à la maison, au moins, si je meurs, mon corps ne risque pas de servir pour leurs leçons d'anatomie.
- On ne peut pas la laisser sortir.
- Je vous suggère d'aller chercher ses habits.

L'assistante médicale n'en croyait pas ses oreilles.

- Même si vous sortez, la milice va la ramener.
- Viens, ils n'ont pas l'air de te donner tes habits, dis-je en insistant.

Nous avons descendu lentement l'escalier, puis nous sommes passés devant le bureau de la milice. Les policiers de garde étaient dehors et nous regardaient sans rien dire.

- Et s'ils viennent me chercher ? demanda Clémentine.
- Il faudra d'abord qu'ils passent sur mon cadavre, lui répondis-je pour tenter de la rassurer.

Malgré nos craintes, notre retour se passa dans de bonnes conditions.

Le lendemain matin, je suis passé à l'hôpital pour régler les formalités administratives. Je revois encore tous les papiers devant moi. Il fallait que je signe que j'étais tenu responsable de tous les risques dus aux conséquences de la sortie en force de l'hôpital. Cela ne me faisait pas peur. J'étais conscient que cela aurait été pire si j'avais laissé les choses traîner.

Comme si j'étais encore dans mes rêves, j'ouvrais les yeux. Des heures entières je restais à regarder la rue avec ses quelques lumières créant des ombres qui la rendaient encore plus mystérieuse.
Je me mis à prier, c'était une de ces prières que je faisais souvent sur la tombe de ma propre enfant. J'attendais en silence, les yeux ouverts, l'arrivée du soleil pour illuminer la rue et par la même occasion faire disparaître les ombres de mes souvenirs.

CHAPITRE XIV

Eddie arriva la première.

- J'avais pris une chambre à l'hôtel, mais je n'ai pas réussi à dormir. Je me suis imaginé qu'ils étaient prêts à t'enlever la nuit pour que tu ne passes pas à Antenne 2.

Vers neuf heures, on attendait la télévision comme ils l'avaient annoncé un jour auparavant.
Dominique avait inscrit un jour de plus pour sa grève de la faim.
George arrivait, ainsi que les commerçants et les habitants de la rue qui venaient aussi au rendez-vous.
Simone venait d'arriver pour entrer dans son bureau :

- Mais, ce n'est pas possible ! s'exclama-t-elle en voyant les deux femmes de la ligue des Droits de l'Homme accompagnées d'Antonia C. Pourquoi viennent-elles là ?

Chacune d'entre-elles avait une affiche avec le symbole de la ligue, accrochée au cou. Les affiches demandaient la sortie de Roumanie d'une personne inconnue de ceux qui étaient autour de moi.

- Elles viennent encore demander pour sortir un de leurs agents, renchérit George.
- Mais vous n'avez pas honte de venir comme ça ! Après avoir essayé de diminuer son action maintenant vous venez pour profiter de la situation !
- Tu viens danser sur la tombe de ton père ? lui demanda George et il continua en s'adressant à la ronde : son père est mort en prison pour que la Roumanie reste libre et elle est complice de ceux qui ont assassiné son père ! puis se tournant vers elles : si vous ne rentrez pas à la maison, je vous fais une belle coiffure !

Les trois femmes reculèrent mais non à cause des paroles de George, Simone, Paulette ou Victoria. Elles reculaient devant l'arrivée du nouveau venu : le Père Calciu.

- Mon Père, ces trois femmes ont reculé lorsqu'elles vous ont vu, on dirait qu'elles ont vu le diable.

- C'est possible mon fils. Pour certains, tous les prêtres sont de Satan.
- Il est là devant vous ! Répétez devant tout le monde ce que vous avez dit de lui !

Les femmes ne disaient rien et ne pouvaient plus partir non plus car la télévision venait d'arriver.

- Je vais parler pour tout le monde, que tout le monde sache à quoi servent ces agents qui sont derrière cette organisation. Ils ont affirmé devant témoin, que le Père Calciu était un criminel, que c'était lui qui exécutait les détenus et également qui torturait. Allez-y, répétez cela devant tout le monde, dit-il s'adressant aux trois femmes.

Mais les femmes toujours muettes, essayaient de trouver un coin tranquille.

- J'ai pensé à toi toute la nuit. Le Père Calciu s'adressait à moi, je me suis dit que tu devais sûrement avoir des problèmes et que je devais te voir. Comme tu vois, il y'a des créatures qui ont de mauvaises habitudes, mais tu ne dois pas céder. Tu dois prendre tes décisions tout seul. Je suis sûr que Dieu te protège et qu'il te protégera aussi dans l'avenir.

Les opérateurs d'Antenne 2 étaient en train d'installer leur caméra.

Comme les trois femmes croyaient qu'ils commençaient à filmer, elles se dirigèrent directement devant la caméra. Tout le monde se mit à leur envoyer des mots dépassant le seuil de la politesse et repoussées, elles se retrouvèrent presque devant l'ambassade.

- Là, vous êtes bien ici, là où vous rendez des services.
- Mais ! On a le droit de passer à l'antenne ! dit sur un ton désespéré la femme à la fourrure.
- Pour quoi ? Pour montrer tes bijoux ?

La reporter ne tarda pas à poser la question :

- Que veut cette dame ?
- Elle veut passer à l'antenne, vous n'avez pas entendu ?
- Je ne suis pas passée pour vous, c'est mieux que vous restiez comme tout le monde de ce côté, sinon, vous allez nous gêner.

Mais les surprises ne s'arrêtèrent pas là. Ohana venait m'apporter son livre. Voilà, je t'ai fait une dédicace. Puis elle gagna une place à côté des trois femmes toujours mécontentes.
Simone attira mon attention :

- J'espère que tu ne vas pas faire de publicité à ce livre ? Elle t'a promis ce livre depuis une semaine et l'apporte, comme par hasard, juste au moment où la télévision arrive. Méfie-toi.
- Qu'est-ce que c'est comme livre ? demanda Monique après avoir jeté un coup d'œil sur la couverture. Puis elle continua : oui, j'ai lu ce livre. Après ma visite en Roumanie, j'étais si touchée de ce que j'ai vu là-bas, que je me suis dit qu'il fallait que je lise un livre écrit par un réfugié, afin de connaître son opinion. Et j'ai été très étonnée lorsque je l'ai lu. On a l'impression que l'écrivain, une femme, est toujours en compagnie du Président, elle est présente dans beaucoup de ses visites et déplacements, comme une personne privilégiée. Elle raconte même une aventure sexuelle, dans un autobus plein comme on ne peut trouver que là-bas. Il y avait une histoire de culotte avec un passager et elle n'était pas contente qu'il n'ait pas continué. A mon avis, il faut que tu caches ce livre avant qu'ils ne commencent à filmer.

Je pris le livre et le cacha dans un plastique. Ohana me regarda sans comprendre mon geste.
La reporter nous fit signe qu'elle avait fini ses préparatifs.

- Je me présente, je suis député. Je suis là pour la rose, dit soudain un homme qui arrivait.

Il essaya de me donner la main, mais quelque chose de plus fort me faisait préférer la main sincère de Père Calciu. Mon geste ne lui coupa pas son envie de paroles.

- Je me suis occupé de Madame Victoria P.
- C'est pour cela qu'elle réclame ses droits sur un trottoir ! s'exclama George.
- Ce n'était pas facile, continua le député.

- Moi, je connais quelqu'un qui préfère aussi la même fleur que vous, qui s'est occupé de mon cas et j'ai une place privilégiée sur le même trottoir.
- Mais pourquoi êtes-vous devant la caméra et non à côté de Madame Victoria ? lui demanda Dominique, pour moi, ce cas est un cas humanitaire.
- Vous faites erreur, intervint avec beaucoup de tact Père Calciu. C'est possible que pour vous cela représente un cas humanitaire isolé, mais pour nous, ce n'est pas pareil. Pour nous c'est une question de droit fondamental et indispensable pour l'existence d'une Nation et d'un peuple entier.
- Vous voulez qu'on vous filme avec ce député ? me demanda la reporter.
- Non ! cria tout le monde autour de moi. Ce n'est pas juste, il vient se jeter devant la caméra au bout de quinze jours de grève ! Pourquoi n'est-il pas venu auparavant ? Il faut qu'il aille à côté de Victoria ou encore mieux à côté de ces trois femmes qui ne sont pas contentes et réclament leur droit de passer à l'antenne, ce sera mieux.

Je m'adresse au père Calciu.

- Je ne tiens pas à parler devant la caméra, je ne suis pas là pour l'amour des fleurs, je ne veux pas que mon sacrifice soit mal interprété.
- Tu as raison mon fils, des fois c'est mieux qu'on attende la voix du Seigneur. C'est pour cela que je suis là pour te protéger.

La journaliste voulait que je me lève pour parler. Isabelle tenait à rappeler que je n'avais pas la forme pour cela.

- Mais il faut faire un effort pour parler !
- Je préfère garder mes forces pour la fin.

Elle me regarda sans comprendre. Elle avait du mal à faire son reportage.

- Je peux parler pour lui ! intervint le député.
- Et que pouvez-vous me dire ?

Me serrant la main, Père Calciu intervint auprès du député :

- Vous êtes si jeune. Vous avez encore l'excuse que vous êtes jeune, et que vous vous êtes trompé de camp. Il faut que vous réfléchissiez bien à quoi peut servir votre cause pour le peuple entier. Moi je suis sûr que Dieu peut encore vous pardonner, vous avez encore le temps de changer de camp. Pour l'instant vous êtes content d'avoir un travail bien rémunéré dans l'opposition, mais vous verrez que l'histoire va se répéter, et que vous serez même obligé de tuer des hommes innocents pour garder votre poste. La moitié de ma vie, je l'ai passée dans des prisons, je donnais des conseils même au commandant de prison, je lui disais qu'il était pris au piège du système et que personne ne peut s'en échapper. Finalement, il a fini comme plusieurs autres qui croyaient en leur idéal, en prison, mais non comme commandant. Il y a été placé comme infracteur.

La caméra filmait, la journaliste n'intervint pas pour qu'il parle plus fort comme la dernière fois, elle ne cherchait que des images.

- J'aimerais bien avoir l'opinion des jeunes.
- Vous avez un exemple ici, il suffit de me regarder, dit Dominique, cela fait trois jours que je fais la grève de la faim pour soutenir sa cause.
- Bon, on va filmer

Un moment plus tard, les opérateurs enregistraient la déclaration de Dominique.

- Est-ce qu'on peut encore avoir quelqu'un qui habite dans le quartier ?
- Ce serait bien que vous preniez Isabelle, c'est elle qui lui apporte à boire chaque jour, dit Paulette.
- D'accord. Qui est Isabelle ?

Isabelle ne tarda pas à apparaître.

- Il faut que vous m'expliquiez en deux mots, comment vous lui apportez à boire et ce qui vous a déterminé à faire cela.

Timide, Isabelle commença à parler.

- Stop ! Il nous faut quelqu'un de plus convaincant, dit la voix de la journaliste.

La timidité d'Isabelle n'arrivait pas assez à convaincre la reporter, Isabelle venait de passer un examen difficile, les sentiments étaient plus forts qu'elle.

- On va voir avec Madame, dit la reporter en se tournant vers Paulette.
- Pourquoi pas ? répondit Paulette.
- Vous devez parler pus fort, lui conseillèrent les opérateurs.
- Pour cela, ne vous faites pas de souci.
- On va commencer.
- Madame, vous habitez dans le quartier, vous voulez bien nous dire pourquoi vous êtes solidaire de son action ?
- D'abord, commença Paulette, je suis solidaire parce que c'est inhumain de laisser quelqu'un de son âge mourir sur un trottoir pour un simple visa touristique. Mais je tiens à faire ressortir autre chose en relief : c'est l'attitude du médecin qui habite dans ce quartier, il est passé sans même lui jeter un coup d'œil lorsque ce jeune home a eu un malaise. Je lui avais pourtant expliqué la situation, mais lui s'est contenté de regarder les tracts et il est parti. Je me demande comment c'est possible d'être médecin et de passer comme ça quand la vie de quelqu'un est en danger. S'il n'a pas la même opinion est-ce une raison pour le laisser mourir ?

Et Paulette commençait à oublier que les caméras étaient tournées vers elle,

- Qu'est-ce que vous croyez ? que j'ai peur de parler ? si vous voulez, je peux vous donner son nom, en plus tout le monde le connaît dans le quartier,
- Stop ! Coupez !

La voix de la reporter intervint une fois de plus.

- J'ai l'impression que tout va de travers aujourd'hui, dit-elle en s'adressant à ses collègues. Et ta femme ? Tu es sûr qu'elle ne va pas venir ?
- Oui, elle ne peut pas à cause de son travail.
- Qu'est-ce que vous faites ? demanda-t-elle à ses collègues.
- On va voir le coiffeur.

Toute l'équipe était en train de chercher Marc, qui avec son flegme anglais, était en train d'arroser les fleurs sorties au soleil pour la journée.

- Monsieur, que pensez-vous de cet homme qui est là, pas très loin de votre boutique, depuis deux semaines ?
- Cela me fait de la peine, surtout qu'il a mon âge et des enfants qui ont le même âge que les miens. Je m'imagine dans sa situation et ce n'est pas facile.
- C'est bon, coupez ! Le reportage va passer au télé-journal du midi. Il faut qu'on se dépêche pour tout mettre au point.

Après le départ des opérateurs d'Antenne 2, la plus grande partie des participants s'en alla. D'abord le député et les trois femmes, ils n'avaient pas l'air très content ; puis, peu à peu, la grande masse des spectateurs se dispersa.

Ma main dans la main du Père Calciu, je l'écoutais dire une dernière prière pour moi.

- Tu as vu, mon fils, je n'avais pas prévu ce rendez-vous avec toi, mais mes rêves ou plutôt Dieu, m'ont dirigé vers toi. Dieu savait que tu aurais besoin de protection. Pour le reportage, c'est très bien que tu n'aies pas parlé, je suis sûr que le Bienfaiteur va parler à ta place. Mais je me demande qui a envoyé le jeune député !
- C'est moi, intervint le jeune stagiaire de Libération, je le connaissais et je pensais que ce serait bien s'il venait sur place.
- Et toi ? Tu viens de la part de qui ? Et c'est pour tirer les ficelles ? lui demande Dominique.
- C'est Eddie qui m'a appelé, je connais sa fille.
- Et parce-que tu connais sa fille, alors tous les coups sont permis ?
- Je pensais qu'il pouvait vous aider.
- S'il avait voulu nous aider, il serait venu avant ou au moins il serait resté un peu plus longtemps après la télévision, pour nous demander qui on est. Il a des méthodes spéciales pour aider quelqu'un.

Le stagiaire ne répondait plus. Mais Dominique continua sans attendre sa réponse qui ne venait pas :

- Moi, je connais ce genre d'homme, comme par hasard, ils sont toujours là pour la même fleur, bien habillés et prêts à aider tout le monde, surtout s'ils sont devant la caméra. Quant à toi, il vaut mieux que tu rentres, combien t'ont-ils payé pour que tu l'appelles ?
- Il ne m'a rien payé, répondit le stagiaire qui ne s'attendait pas à ce que quelqu'un l'interroge sur ses actes et qu'il ait à en répondre.
- A mon avis, comme Dominique vient de te le dire, c'est mieux pour tout le monde que tu nous laisse tranquilles, on a assez de problèmes sans en plus en avoir avec des invités non invités.
- Il peut nous être utile dit Eddie en prenant sa défense. Il peut écrire un article pour Libération.
- Et que va-t-il écrire ? Que grâce à l'intervention du député tout a été résolu ?

…

Comme Antenne 2 était passé, je commençais à expliquer à Dominique que ce n'était pas la peine qu'il continue sa grève de la faim. Cette fois, j'arrivais à le convaincre, mais pas pour longtemps, le soir même il était encore à nos côtés.

Tout le monde attendait l'heure du journal télévisé. Elle arriva enfin.
Tout le monde voulait voir le journal, mais tous n'habitaient pas sur place ; la solution ne tarda pas à arriver : les habitants de la rue invitèrent les personnes présentes à venir voir la télévision chez eux. Comme d'habitude, je refusais de regarder le journal. Je restais dans la rue.

Quinze minutes plus tard, tous ceux qui s'étaient absentés étaient de retour. Ils étaient tous un peu étonnés.

- Tu sais ce qu'ils ont passé à la télévision ? dit Paulette qui tenait à être la première à me mettre au courant. Ils ont dit que tu étais toujours là et ils t'ont montré entouré de tout le monde. Et c'est tout. Moi, je ne m'en fais pas pour moi, c'est possible que je sois un peu trop âgée et pas très jolie à voir à la télé, mais que peuvent-ils avoir contre le Père Calciu, ils ont montré les trois femmes avec leurs tracts, mais pas le Prêtre. Je me demande comment ils ont réussi à le sortir de l'image surtout qu'il t'a toujours tenu la main droite.
- Elle a raison, accentua Simone, qu'est-ce qu'ils ont contre le Père Calciu ?
- C'est sans doute la censure, essaya de nous convaincre un homme âgé. Il ne faut surtout pas vous attaquer à moi, ce n'est pas moi qui aie fait cela ! Mais si vous voulez, je peux vous dire comment ça se passe. J'ai travaillé comme journaliste et maintenant je suis à la retraite. Sans doute ne savez-vous pas que pour travailler dans une des rédactions, il faut faire partie du syndicat et pour toute la presse, ce syndicat est unique. Je ne sais pas si vous vous rappelez la grève des quotidiens de Paris, elle a duré un peu plus de six mois, les grévistes étaient toujours payés la même somme, comme s'ils travaillaient, pour cela, ils ont diminué le salaire des salariés des autres rédactions. C'était le Syndicat qui faisait cela. Je vous dis cela pour que vous puissiez comprendre la suite. S'il arrive qu'un journaliste veuille vous aider parce qu'il croit à votre cause, il prend des risques, aussi fait-il passer votre cause en la mixant dans un autre reportage, cela passe mieux.

Un groupe de femmes arrive. Ce sont les collègues de travail de Victoria. Comme c'est la première fois qu'un groupe aussi nombreux s'approche, il ne passe pas inaperçu. Le gardien de l'ambassade n'arrive pas à réaliser de quoi il s'agit, une fois de plus, il essaie d'écouter de près la discussion.

- Si tu te fais du souci, demain on sera plus nombreuses, dit une femme en s'adressant à lui pour couper court à sa curiosité.

La mère de Michael passe me voir accompagnée de son fils. Elle nous raconte comment, une fois, elle a assisté à une messe en plein air.

- C'était à Chartres, comme tous les ans, nous sommes partis avec plusieurs personnes, plus de dix mille. C'était le groupe des traditionalistes. On était parti à pied, de Versailles jusqu'à Chartres. Une fois arrivés sur pace, la porte de la cathédrale s'est fermée devant nous, le Cardinal de Chartres avait appelé la police pour nous en barrer l'entrée. Alors nous avons célébré l'office devant la porte, fermée.

Lorsque le groupe de femmes repart, la mère de Michael s'en va aussi.

Le match de foot mettait de l'ambiance dans le quartier. Un match important venait d'être joué. Des cris sortaient par les fenêtres.

Le médecin barbu du quartier, passa comme tous les jours, il tint à me raconter qu'il avait vu le reportage à la télévision et qu'il avait été très touché.

- Il n'était pas long, me dit-il, mais il était très significatif. Tu étais avec le poing serré et le reporter disait que tu poursuivais ton action. Ils ont montré toutes les personnes présentes autour de toi pour t'encourager ; à mon avis, il n'y en avait pas besoin de plus pour donner un sentiment sur la situation.
- Savez-vous qu'ils ont filmé plus de choses et plus de personnes ?
- Non, je ne le savais pas. Mais je maintiens toujours que j'ai été plus touché comme cela que si le reportage avait été plus long. Je l'ai trouvé court et efficace.

Bientôt, ce fut l'heure de partir pour Simone. Avant de rentrer chez elle, elle attira notre attention sur le fait qu'une grève de transports avait encore commencé :

- Je paye ma carte orange au début du mois, ils peuvent faire leur grève, en plus ils sont payés, et ils font tout ça avec mon argent, ils ne sont pas bêtes. Mais moi, si je ne trouve pas de solution pour venir à mon travail, je n'aurai pas de salaire. Je me demande qui a pu les embaucher ! à mon boulot, si je fais une chose pareille, je perds mon emploi.

Simone partit en me souhaitant un bon week-end, puis ce fut le tour de Marc.

Eddie, restée sur place, essaie de sensibiliser les passants de la rue. Elle parle avec trois habitants de la rue, leur expliquant ma présence sur place. A leur tour, les passants expliquent qu'ils sont originaires de l'île Maurice, qu'ils m'ont remarqué depuis plusieurs jours mais comme ils ne savaient pas lire, ils ont hésité à demander. En plus, ils ont vu la serpe et le marteau et ils croyaient qu'on faisait partie d'un syndicat.

- Vous avez peur des syndicats ? demande Eddie
- Ce n'est pas une question de peur, mais c'est quelque chose que nous avons vécu, qui nous fait rester sur nos gardes.

Et l'une de ces personnes commence à nous raconter comment ils ont cherché un appartement.

- Nous avons essayé partout, un jour, dans le Nord de Paris, nous avions rendez-vous, comme d'habitude avec le maire, pour lui exposer notre cas. Après nous avoir écoutés, il nous a demandé de prendre la carte du parti. On lui a demandé à quoi cela nous servirait : « Si vous n'êtes pas membre du parti, vous ne pourrez pas avoir d'appartement ». J'étais d'accord de prendre la carte, mais quand il m'a dit qu'il fallait payer 200 francs par mois, cela m'a arrêté dans mon élan : il nous met en H.L.M, je lui paye mon loyer tous les mois, et en plus, toujours avec mon argent, il faut financer je ne sais encore quel syndicat ! Je lui ai dit non et j'ai tout laissé tomber. J'ai cherché dans ce quartier, chez un particulier. Il ne m'a jamais demandé si je faisais partie d'un syndicat et les 200 francs, je les utilise pour acheter du chocolat ou des bonbons à mes enfants. Je paye mon loyer et personne ne me demande si je fais parie d'un syndicat.

Ces voisins, qui, jusqu'à aujourd'hui passaient sans s'arrêter, commencent à prendre leur temps. Ils nous ont tenu compagnie assez tard, jusqu'à ce que leurs enfants descendent pour réclamer à manger.

L'heure de la manifestation était arrivée. Il y eut encore plus de personnes, et elles me tinrent compagnie jusque tard dans la nuit. J'étais plus que jamais protégé avec encore des nouveaux qui venaient d'arriver. Les histoires allèrent bon train jusque vers minuit. Malgré leur nombre, ils n'essayaient pas de me parler, au contraire, ils essayaient de respecter une aire de silence autour de moi, parlant un peu plus loin.

J'écoutais leurs paroles qui devenaient des bourdonnements d'abeilles. C'était comme le bruit de la chaîne de montage où je travaillais comme apprentis…

LA NUIT

Bientôt, j'étais dans le monde des rêves… la même bande qui tourne sans arrêt.

Les collègues de classe venaient m'avertir qu'ils ne voulaient plus continuer leur apprentissage. Ilie, le plus costaud de notre génération, raconta sa visite à l'hôpital :

- Je suis allé avec l'ambulance pour accompagner notre collègue de classe qui avait un malaise. Finalement, tu sais ce qu'il avait ? Il n'avait rien mangé[3] et cela depuis une semaine. Avant de mourir, il m'a expliqué qu'il ne voulait pas demander aux autres de l'argent parce que d'abord il savait qu'ils n'en avaient pas et qu'ensuite il avait peur qu'ils le

---

3 *Les apprentis devaient apporter leur propre nourriture, le repas n'étant pas compris dans le contrat.*

traitent de paysan. Aussi, une fois qu'il a touché ses 175 lei, il a dépensé tout son argent en nourriture et, affamé, il a tout mangé d'un coup. Les médecins n'ont rien pu faire. On est arrivé trop tard. Moi, je ne reste plus ici. Je ne veux pas faire comme lui. Tu sais, dans ma campagne, ils nous paient deux lei par jour, ce n'est pas beaucoup, c'est pour ça que je suis parti. Mais ici, on meurt plus facilement qu'à la campagne. Toi, tu habites la ville, pour toi, sans doute, ce n'est pas pareil, tu es avec tes parents.

- Tu penses que je suis plus favorisé que toi ? Au contraire, je croyais que ceux qui venaient de la campagne étaient plus favorisés.
- Ce n'est pas vrai. En plus, tu as vu Stefan ? Il a demandé à travailler comme ouvrier pour changer sa situation. Ils l'ont embauché sur la presse pour travailler la nuit. Il a résisté deux semaines, après sa main est resté dans cette presse. Les ouvriers ne veulent plus travailler sur cette presse. Mais ce n'est pas ça qui peut lui donner à manger toute sa vie. Je me demande comment, à l'avenir, il va faire pour gagner sa vie.
- Ilic, moi aussi j'aimerais bien partir, mais si on part, où peut-on aller ? à mon avis, ce serait mieux d'en discuter avec tout le monde.
- Je suis sûr que tout le monde pense comme nous, on peut toujours leur demander, mais je ne vois pas en quoi cela peut me retenir sur place.

Une heure plus tard on était un peu plus nombreux et encore une heure plus tard, tous les apprentis arrêtaient leur activité.

Tous les métiers étaient concernés. On était tous réunis dans une allée de la grande entreprise. On était trois cents apprentis.

Tout le monde avait le même sentiment.

On essayait de mettre au point notre action pour ne pas avoir de surprises.

- On va aller au service du personnel et, si on n'a pas de changement efficace, on va déposer tous en même temps notre démission.
- Et si on nous demande qui est notre chef, qu'est-ce qu'on répond ?

La question était importante, surtout qu'un chef, dans ce genre de situation pouvait avoir des ennuis toute sa vie.

- Dans ce cas, chacun est son propre chef ou encore, on n'a qu'à dire que notre chef, c'est le Président de la République.

La plus grande partie du groupe se mit à rire.

- C'est facile de rire, mais j'aimerais vous voir devant le chef de la police secrète quand il va vous demander qui est votre chef.
- Moi, je lui dirai : « nem tudo rumano » ce qui en hongrois veut dire : je ne comprends pas le roumain.
- Et quand ils commenceront à t'apprendre l'alphabet à leur manière, qu'est-ce que tu leur diras ? Tu ne te rappelles pas quand il y a eu la grève de la section montage des moteurs ? Ils ont accusé les ouvriers de collaboration impérialiste à cause de quelqu'un qui a dit comme toi qu'il ne connaissait pas le roumain. Il faut qu'on trouve tous une même formule, sinon, ce n'est pas la peine de se déplacer et chacun peut partir de son côté.
- C'est pas mal cette solution : ils ne peuvent pas arrêter le Président parce qu'on affirme que c'est lui notre chef. En plus, même si on ne le voulait pas, de toute façon, il est quand même notre chef.
- Il faut qu'on tombe tous d'accord, vous levez le bras si vous êtes d'accord.

D'un seul mouvement, une forêt de bras se lève au-dessus des têtes.

- Alors, on est tous d'accord.
- Et qu'est-ce qu'on va demander lorsqu'on sera devant eux ?
- S'ils ne nous donnent pas 900 lei par mois, pour arriver au moins à nous payer la nourriture, on arrête, intervient Florin.
- Qu'est-ce qu'ils croient, que nous sommes leurs cobayes ? D'abord, ils ont fabriqué des écoles professionnelles pour arriver à convaincre la population de leurs bonnes intentions. Puis, chaque année qui passe, ils s'occupent un peu plus de leurs intérêts personnels, maintenant, ils nous font travailler directement dans l'usine sur la bande de

montage, et pour la paye, ils nous donnent la misère. Nous sommes les enfants de l'école réformée et il n'y a plus d'argent dans les caisses ! Il faut qu'on leur dise tout ça.

Nous sommes partis, tous unis, en une masse compacte comme un iceberg, les pieds mouillés comme l'eau agitée d'un océan, un océan d'émotions qui nous faisait, plus que jamais, être unis l'un avec l'autre.

Bientôt, on se trouvait devant la porte du service du personnel.

Ce service était tout près de l'entrée de l'usine. Les gardiens qui avaient le rôle de fouiller tout le monde à sa sortie de l'usine, regardaient sans comprendre toute cette armée qui arrivait à une heure inhabituelle.

Le chef du personnel sortit du bureau :

- Ah bon ! Vous êtes arrivés ? J'étais au courant de votre venue. Les chefs d'ateliers nous ont informés que vous étiez partis sans leur accord. Qu'est-ce que vous voulez maintenant ? Si vous voulez parler avec moi, je suis là pour ça. Où sont vos chefs pour que je discute avec eux ?
- Nous n'avons pas de chef.
- Comment ça ? Qui vous a dit de venir ici ?
- Ne vous fatiguez pas à trouver un chef. Si vous voulez savoir qui est notre chef, on peut vous le dire, c'est le Président de la République.
- Je n'ai jamais vu ça dans ma carrière ! Attention à vous ! J'en ai vu, des situations ! J'ai assisté à la nationalisation de cette entreprise, à la collectivisation des terres agricoles, j'ai eu l'occasion de voir des hommes armés qui essayaient de nous empêcher de faire notre travail. Ce n'est pas vous qui nous faites peur.
- Vous nous avez mal compris, on n'est pas là pour faire peur, on est simplement venu pour vous dire au revoir.
- Vous ne pouvez pas faire ça ! Je vais appeler la milice !
- Vous pouvez les appeler et ce sont eux qui vont travailler pour notre salaire.
- Si c'est une question d'argent, on peut régler ça tout de suite.
- Oui, c'est une question d'argent, accompagné d'un contrat écrit de votre part.

- Vous rêvez ou quoi ? Je vous donne ma parole, et si je vous la donne, il faut que vous me fassiez confiance.
- On a assez travaillé par confiance, si vous ne trouvez pas une solution pour nous, il faut que vous cherchiez quelqu'un d'autre à ma place.
- A la mienne aussi,
- Et moi aussi
- Moi aussi !

Et cette parole se prolongeait de bouche en bouche…

Tout le monde se dirigea vers la porte. Après dix secondes de réflexion, le chef du service du personnel intervint :

- Si vous retournez à votre travail, je peux faire quelque chose pour vous.

Comme la réponse ne venait pas, il ordonna au gardien de fermer la porte de l'usine.

- Ce n'est pas une solution, on peut sauter les murs.
- D'accord, venez dans mon bureau. Il faut que vous m'envoyiez vos représentants.
- Nous n'avons ni chef, ni représentant. On va tous rentrer.
- D'accord, mais vous ne pouvez pas tous rentrer en même temps.
- Si c'est pour les contrats, ce n'est pas la peine que nous rentrions tous, vous pouvez nous les donner et nous les compléterons dehors.
- Je ne peux pas faire de contrat, mais je vais faire mieux, je vais faire pour vous un formulaire de déclaration. Une déclaration par la quelle vous êtes en bonne santé mentale, que vous demandez telle somme d'argent et que votre chef est le Président de la République. Une fois que vous aurez fini cette déclaration, vous passerez me voir dans mon bureau.

Un quart d'heure plus tard, tout le monde avait fini sa déclaration, chacune ayant le même texte.

- Si c'est un piège, que va-t-on faire ? demanda le plus âgé d'entre nous

- Même si c'est un piège, on ne va pas revenir travailler avant mardi, pour voir la réponse du ministre. Et s'il n'y a rien, on recommencera comme aujourd'hui.

Tout le monde était d'accord pour cette proposition sauf le chef du personnel.

Il nous appela par groupe de cinq dans son bureau. Mon tour ne tarda pas à arriver. Dans son bureau, il y avait cinq personnes pour nous accueillir.

Je donnais ma déclaration. Le fonctionnaire la regardait comme s'il ne connaissait pas son contenu.

- Alors, Pop, ce nom me dit quelque chose, il n'y en a pas beaucoup qui ont ce nom dans l'usine, je pense que je connais ton père. Qu'est-ce qu'il va penser de toi quand je vais lui dire ce que tu fais ? En plus tu pousses les autres à faire pareil. Si tu ne retourne pas travailler, je vais en parler à ton père.

Je le laissais parler. Je savais bien que ce genre de discussion n'apporte pas grand chose. Dehors, tous attendaient pour voir comment cela s'était passé. Pour chaque groupe, ils avaient essayé la même tactique.

Quand tous les groupes furent passés, le chef du service du personnel sortit pour nous inviter à retourner à notre poste habituel de travail.

Malgré sa proposition, tout le monde se dirigea vers la porte :

- On attend la réponse du ministère. Si on ne peut pas sortir par la porte, on trouvera une autre sortie.
- Gardien ! Laisses les sortir !

Le gardien ouvrit la porte et commença la fouille habituelle.

- Laisse tomber ! Ils n'ont rien volé, intervint encore une fois le chef.

Le gardien nous regarda, étonné, c'est la première fois qu'il n'avait pas à fouiller les poches.

Chacun est parti de son côté pour éviter tout incident ou provocation.

A mon arrivée à la maison, je me faisais du souci. La première arrivée du travail, ma mère me passa un bon savon et les critiques à mon sujet ne se firent pas attendre. Mon père ne tarda pas à arriver.

- Regarde moi ça, qui on a élevé à la maison ! l'apostropha ma mère. Il est en train d'organiser des grèves. Nous on travaille depuis vingt ans et jamais on n'a osé faire cela et lui, il n'a même pas commencé à travailler et il n'hésite pas !
- Laisse-le, on va discuter plus tard, répondit mon père pour calmer le jeu.
- Demain tu viens avec moi voir ton chef d'atelier, continua ma mère, dans la famille on n'a jamais eu de vagabond, ce n'est pas toi qui va changer la tradition.

J'avais peur que tout cela se retourne contre moi. Tard dans la nuit, j'entendais mes parents se disputer. Ma mère voulait que je retourne tout de suite à l'usine et que je fasse des excuses à mon chef d'atelier, mon père n'était pas du même avis :

- Finalement, il a raison, je me demande où ils vont avec leur progrès. Avec la paye qu'ils leur donnent, je me demande comment ils n'ont pas réagi plus tôt. Moi j'y croyais, à mon retour de déportation, à leur histoire de génération du sacrifice. D'abord c'était ma génération, et maintenant ça continue avec mes propres enfants. Je me demande quel futur peuvent attendre nos enfants s'ils sont en train de les habituer à travailler dans ces conditions. S'il veut faire bouger les choses avec ses collègues, ce n'est pas moi qui vais l'en empêcher. J'ai entendu que la direction de l'usine n'a jamais vu une manifestation d'une telle ampleur. Il paraît qu'ils ont contacté tout de suite le Ministère de l'Education pour leur faire part de la situation.
- Mais, tu ne penses pas, intervint ma mère, que si la milice secrète s'occupe de ce cas, il aura des problèmes toute sa vie ?
- Je ne crois pas qu'ils vont mêler la milice à cela. Je te dis cela parce que plusieurs collègues de mon secteur ont déjà téléphoné de façon anonyme à la Direction. Ils ont affirmé

que si l'un des apprentis était arrêté, l'usine serait touchée par une grève générale. Et il paraît qu'ils ont reçu beaucoup de coups de téléphone du même genre.

Le matin, ma mère essaya de me convaincre d'aller à l'usine avec elle ; mon père intervint :
« Laisses le, il va y aller comme d'habitude, tout à l'heure. »
Je ne sais pas s'ils m'avaient laissé écouter leur conversation intentionnellement, mais je compris que mon père me laissait une petite chance. Je les regardais en train de partir : « d'accord, j'irais plus tard ».
Mais je ne partis pas.
Le soir et le lendemain, la même histoire se répéta. Ma mère n'était pas très contente. Elle pensait, par expérience, que les chances étaient inexistantes dans ce genre de situation.
Le dimanche, ce fut la même chose, je ne sortis pas pour le travail volontaire, travail que, presque tous les dimanches, on était obligé de faire dans la même entreprise.

Jusqu'au mardi, j'essayais de garder le contact direct avec mes parents.
Le mardi, c'était la journée décisive. Je m'attendais à tout.
Une fois arrivé dans l'atelier où je travaillais, je retrouvais mon calme. Les ouvriers avaient reçu la consigne formelle de ne pas parler avec nous. Le chef d'atelier était dans son bureau, comme si rien ne s'était passé. J'attendais comme tous mes collègues, en silence, l'arrivée de dix heures, l'heure du rendez-vous établie d'avance, mais notre rendez-vous fut inutile.

Le chef du Service du Personnel passa nous voir. Il nous réunit en cercle, il venait pour nous donner des nouvelles :

- On a contacté le Ministère et on a de bonnes nouvelles à vous annoncer. D'abord, tous ceux qui n'ont pas quinze ans ne travailleront que 6 heures par jour. Ensuite, vous avez droit à trois mois par an d'école dans une salle de classe. Et pour l'argent, vous aurez 100 lei de plus. Je sais que ce n'est pas assez, mais à partir de ce mois-ci, vous aurez tous les mois 20 lei de plus, et cela progressera dans le temps. C'est tout ce qu'on a réussi à faire pour vous, il faut me croire, ce n'est pas facile. Le ministère m'a proposé une intervention de la milice, mais ce n'est pas cela dont nous avons besoin. Votre réussite est une première, à mon avis, il faut que vous recommenciez à travailler tout de suite pour éviter tout malentendu. J'apporte également les contrats écrits qui confirment ce que je viens de vous dire, vous signez et vous gardez un exemplaire.

Tout le monde avait l'air content lorsque nous avons discuté avec les autres collègues, afin de vérifier si tout le monde était satisfait des promesses. On se remit tous au travail.

De nouvelles dispositions ne tardèrent pas à être mises en place. Chaque secteur d'usine avait une couleur différente. Chacun fut obligé de porter un insigne de la couleur du secteur. Désormais, on ne pouvait plus passer d'un secteur à l'autre sans se faire repérer.

Mais finalement, nous avions obtenu une victoire inespérée…

J'avais les yeux ouverts. J'étais déjà réveillé. Je perdis le fil de mon rêve, mais je gardais un sentiment de victoire inespérée.

Cette victoire, sortie de mes rêves, me donnait encore du courage et me remontait le moral qui était affaibli, tout comme mon corps.

CHAPITRE XV

Victoria s'était réveillée avant moi, ses pieds qui commençaient à gonfler la gênaient dans son sommeil. Son énergie caractéristique commençait à céder.

Un jeune habitant de la rue s'arrêta devant Victoria :

- Je vous ai vue aussi, hier, vous devez avoir l'âge de ma mère ; je ne supporte pas de vous voir faire une grève de la faim, il faut me dire si je peux faire quelque chose pour vous.

Et sans attendre, le jeune partit et revint quelques moments plus tard avec un café chaud.

Après son départ, une jeune femme, presque du même âge que le jeune qui venait de passer, s'approcha de moi. Le quartier était déjà bien réveillé.

- Je travaille pour la presse, plus précisément pour TF1. Nous avons longuement parlé de ton cas entre collègues et aujourd'hui, une équipe va passer. Avec mes collègues, on a fait une petite quête pour t'acheter quelques fleurs, comme on aime bien la couleur bleue de la France, on a pensé t'offrir ces fleurs. J'aimerais que tu ne les refuses pas, surtout qu'on te les offre de tout notre cœur.
- Non. Il ne faut pas lui donner de fleurs, intervint une femme accompagnée d'un chien aussi sale qu'elle. Ce n'est pas bien de lui donner des fleurs, il faut lui donner de l'argent.

Et elle se mit entre la jeune femme qui portait les fleurs et moi.

- Tiens, je t'ai vu à la télé, dit-elle en préparant de l'argent.
- A quelle télé ? demanda Dominique. Ce n'est pas la télé de l'ambassade que tu regardes par hasard.
- Tiens, ça c'est pour toi, dit-elle en me tendant une pièce.

Comme je tardais à la prendre, elle la posa sur moi, mais j'eus assez de force pour la rejeter vers elle.

- Tu n'es pas poli.

- Est-ce que tu as tes papiers sur toi ? continua Dominique, sinon, la police qui passe en voiture va t'embarquer.

La vieille femme ne laissa pas son chien traîner plus longtemps sur place et disparut le plus vite possible.

- Voilà, j'ai trouvé la solution, il suffit de demander les papiers pour qu'on te fiche la paix.
- Connais-tu cette femme ? me demanda la jeune femme, les fleurs toujours à la main.
- Non, pas du tout.
- Pourquoi dit-elle qu'il ne faut pas que je te donne les fleurs ?
- La couleur des fleurs commence à déranger.
- Ah bon ! C'est ça ? Il ne faut pas bouger de là, je vais reparler avec mes collègues de TF1. Ce n'est pas possible ! Ici on est encore en France, et s'ils ne sont pas contents, ils peuvent aller là où les fleurs sont pouvoir d'Etat. Mais tes compatriotes sont prêts à utiliser tous les miséreux pour te faire céder ou plutôt ils essaient que tu fasses leur jeu.

Elle sortit un crayon et nota un numéro de téléphone.

- S'ils essaient de t'embarquer avant que la télévision n'arrive, tu m'appelles à ce numéro.

Elle n'avait pas fini de parler qu'une autre femme s'approchait de nous et s'adressait à Victoria :

- Il faut que tu rentres Victoria, il ne faut pas que tu restes là. Penses à toi, à ta santé.
- Fiche moi la paix ! coupa Victoria.
- Il faut que tu rentres.
- Mais tu n'as pas fini ?

La femme se dirigea vers moi. Je la reconnus. C'était Emilia B.

- Et toi, tu dois t'arrêter après tout ce temps, continua-t-elle en s'adressant à moi.
- Mais je vous reconnais ! s'exclama la jeune femme aux fleurs. C'est bien vous, qui avez couru après moi, il y a quelques années, pour me faire signer une pétition dans votre cahier, la cigarette à la main, en me disant que vous faisiez la grève de la faim depuis trente jours pour sortir votre fils ? Longtemps je me suis demandée comment vous

aviez pu réussir à tenir trente jours. Et là, j'ai devant moi quelqu'un qui a fait seize jours et qui est devenu la moitié de ce qu'il était avant ! Vous avez tort de passer ici, surtout pour essayer d'arrêter les autres.

Mais Emilia B. n'avait pas l'air d'entendre, elle recommença avec moi :

- Il faut que tu rentres aussi à la maison.
- Occupe-toi de tes oignons, essayais-je de me faire entendre.

Elle n'en croyait pas ses oreilles. Mais Paulette qui était sortie pour assister au spectacle prit en charge Emilia :

- Mais ! Je te connais déjà ! C'est bien toi qui, grâce à ce jeune homme, as fait sortir ton fils. Quand il avait presque fini sa grève de la faim, tu t'es collée à lui en disant que tu fais grève de la faim, la nuit tu rentrais à la maison et le lendemain tu recommençais. Tu es restée pas mal de jours, mais sans maigrir. Au contraire, chaque jour qui passait, tu allais de mieux en mieux. Et maintenant, tu viens donner des conseils aux autres ! Tu n'as pas honte de toi ? Ou tu attends que je te passe un savon ?

Emilia B. n'attendit pas la fin de l'histoire, elle partit sans répondre.

- Mais qu'est-ce qu'ils ont tous aujourd'hui ? demanda Isabelle étonnée.
- S'il arrive à passer sur TF1, il commence à incommoder, répondit Dominique.
- Ah bon ! C'est pour ça ? Alors il ne faut plus le laisser tout seul !
- La journaliste me laissa les fleurs et repartit, pressée, à son bureau.

La mère de Michael vint m'annoncer que son fils voulait m'acheter des fleurs avec ses économies.

Une demi-heure plus tard, Michael arrivait. Il tenait quelque chose caché derrière son dos. Une fois arrivé près de moi, il n'y avait plus personne autour, il hésitait à parler.

- Alors, qu'est-ce que tu caches derrière toi ? des fleurs ?
- Oui, ce sont des fleurs, mais comment le sais-tu ?

- Je viens juste de les voir.
- Et moi qui croyais que j'allais te faire la surprise.
- Pour une surprise, c'est vraiment une surprise.

Il venait juste de me donner ses petites fleurs bleues, lorsque les reporters télé arrivèrent.

L'équipe commença à s'installer et Michael recula, un peu effrayé par ces nouveaux arrivés. J'insistais pour qu'il reste à côté de moi, mais il ne fut pas facile à convaincre.

Après une courte présentation, la dame qui dirigeait l'équipe et que je ne connaissais pas, se mit au travail.

- J'aimerais bien voir les roses, où les as-tu mises ?
- Désolé Madame, mais aujourd'hui, les roses sont bleues.
- Tu sais, je veux simplement voir les roses que les habitants t'ont données, comme je l'ai vu sur Antenne 2.
- Si vous êtes passée pour filmer les roses, il vaudrait mieux que vous alliez chez un fleuriste. Moi, je ne suis pas là pour l'amour des roses. De plus je ne suis pas là pour une question politique.
- Tu veux bien répéter cela devant la caméra ?
- Bien sûr.
- Il faut simplement dire qu'il ne s'agit en aucun cas de politique. On va filmer.

La caméra commença à tourner.

- Il ne s'agit pas de politique, il s'agit de nos droits, des droits pour lesquels nous sommes prêts à mourir.
- Stop. C'est assez. Maintenant, on voudrait voir quelqu'un du quartier, quelqu'un qui vous apporte à boire, des fleurs.
- Vous avez devant vous Michael, c'est le dernier à m'avoir apporté des fleurs, il les a achetées avec ses économies.

L'un des opérateurs partit chercher Michael qui n'avait pas l'air d'être très à l'aise devant la caméra.

- Je veux aller voir ma mère, dit Michael en essayant de s'échapper.

- On ne te fera pas de mal, intervint la reporter. Donne lui juste les fleurs et après tu pourras rentrer chez toi.
- Il faut que je demande la permission à mon père.
- Si tu fais ça, c'est pour moi, dis-je pour tenter de le convaincre.
- Si c'est pour toi, je veux bien le faire.

Il prit les fleurs pour me les donner. Toute l'équipe se mit à filmer et essaya de réussir dès la première prise. Ils savaient que cela ne serait pas facile de prendre une autre prise avec Michael. Une fois que Michael m'eut donné les fleurs, il se dirigea directement vers son domicile, sans attendre.

Qu'est-ce qu'on peut encore filmer ? se demandaient les reporters entre eux.

- A l'ambassade, ils ont ouvert la porte et il y a quelqu'un qui sort, fit remarquer un opérateur.

Sans attendre, la caméra se dirigea vers l'homme qui venait de sortir.

- Non, non, non. Pas moi. Je ne fais partie de cette ambassade, je suis juste venu pour un contrat commercial. Je suis là pour acheter des meubles pour mon commerce, je vous prie d'arrêter, je ne veux pas que mes salariés me voient dans cette ambassade.

Et l'homme s'éloigna du caméraman.

Dominique arrivait avec Brigitte, la fille d'Eddie, tous deux étaient essoufflés.

- Ah, on croyait qu'on n'arriverait plus.
- Tu connais les nouveaux arrivés ? me demanda la journaliste.
- Oui, je les connais, ils m'ont longtemps tenu compagnie.
- Bon, alors on va filmer avec vous, dit-elle en s'adressant à eux.
- Pourquoi soutenez-vous sa cause ? Comment soutenez-vous son action ?

- Il a une cause juste, c'est pour ça que nous l'aidons, commença Brigitte, je lui ai apporté mon soutien moral et de l'eau à boire.
- Et de plus, il ne se sent pas bien si ses proches ne sont pas à ses côtés.
- Coupez ! Mais, je ne t'ai pas demandé cela !
- Mais il fallait que quelqu'un le dise.
- Maintenant, je m'adresse à toi. Je voudrais savoir si la police t'embête.
- Si on fait la comparaison avec les années passées, on constate un certain progrès.
- Je ne veux pas les années passées, je veux en ce moment, insista la journaliste.
- Pour le moment, comme vous le constatez vous-même, il y a une femme policier qui a pour mission de me garder. Je ne sais pas ce que vous voudriez de plus pacifiste comme gardien de la paix.
- Pour nous c'est bon. Je ne sais pas si nous aurons l'occasion de repasser. Bon courage.

Dominique et Brigitte étaient restés un peu plus loin, ils étaient en train de discuter tous les deux. Au bout d'un moment, Dominique vint vers moi, très agité.

- J'ai vu le barbu entrer dans l'escalier. C'est le même qui m'a frappé, je le reconnais !
- Il habite probablement là, lui répondis-je.
- Non, je ne crois pas. Il vaudrait mieux que l'on demande à Paulette.

Dominique partit demander à Paulette. Il fut bientôt de retour avec elle. Une fois dans la rue, Paulette confirma qu'elle ne l'avait jamais vu dans l'immeuble, surtout un homme avec une barbe rousse. Elle me demanda si je l'avais déjà vu entrer dans l'immeuble. Malheureusement je n'avais rien remarqué. Dominique ne vouait pas laisser tomber, il n'oubliait pas la claque qu'il avait reçue.

- Je vais appeler la police.

Et il se dirigea vers la jeune gardienne de la paix. En deux mots il lui expliqua toute l'histoire. Elle voulait rentrer seule dans l'immeuble pour vérifier ses papiers.

- Si j'étais vous, j'hésiterai à pénétrer aussi vite dans l'immeuble, la dernière fois, il m'a filé une claque. Regardez, j'ai encore des traces.

La jeune policière regarda bien les traces de la gifle sur Dominique, puis elle passa un appel radio. Des renforts arrivèrent, et même plus qu'elle n'espérait. Une équipe de cinq policiers monta l'escalier. Un quart d'heure plus tard ils étaient redescendus.

- Il était au sixième, avec cette femme, on a trouvé ça sur lui ; dit l'un des policiers en montrant discrètement un rasoir.
- Je suis sûr que ce n'était pas pour se couper la barbe, intervint Dominique.
- Surtout qu'il ne s'est pas rasé depuis au moins cinq ans sinon plus. Justement, pour cela, on va l'embarquer.

Le barbu était aussi rouge que ses cheveux. Il ne s'attendait pas à un tel coup.

L'homme qui m'avait descendu son fauteuil la première nuit, descendit aussi. Il expliqua qu'ils étaient trois personnes à habiter au sixième étage, et que lorsque la police était intervenue, la troisième personne était rentrée dans son appartement.

- Le troisième, il n'a jamais travaillé de sa vie. A plusieurs reprises, il a forcé les portes de ses voisins pour les voler quand ils étaient partis au travail. Malgré les plaintes, la police n'a pu intervenir, par manque de preuves. Une fois, il s'est jeté du sixième, s'il n'y avait pas eu un toit de voiture, il était mort. Une fois remis debout, il a commencé à vendre un journal révolutionnaire à l'entrée du métro.

George venait d'arriver ; malgré ses examens, il n'oubliait pas de passer.

- Alors, qu'est-ce qui se passe aujourd'hui ?
- Il y a TF1 qui est passé.
- Et qu'est-ce qu'ils t'ont demandé ?
- Où j'avais mis les roses !

- Non ! Ce n'est pas vrai !
- Si, c'est bien vrai, mais je leur ai répondu qu'aujourd'hui, les roses étaient bleues.
- Et après ?
- C'est le barbu qui vient d'être arrêté, répondit Dominique.
- Quel barbu ?
- Celui qui a déchiré tous les tracts et qui m'a filé une claque. Ils l'ont trouvé avec un drôle de rasoir sur lui, il était au sixième, mais tous les voisins ont affirmé que c'est la première fois qu'ils le voient dans cet immeuble.
- Bonjour ! une voix autoritaire s'adressait à nous.
- Je travaille à TF1, et je ne suis pas n'importe qui, là-bas. Je viens à cause de l'un de vos tracts. Ce sont les reporters qui m'ont informé, ceux qui sont venus ce matin. Si vous n'enlevez pas celui-là on ne passera plus jamais devant cette ambassade. Je suis d'accord avec tout ce que vous avez marqué sur celui-ci : « Roumanie du XXè siècle = prison» et tout ça, mais sur celui-là, avec « système nationalisé, système irresponsable », je ne suis pas d'accord, surtout avec toutes les rumeurs qui courent sur la privatisation de notre chaîne.
- Vous savez Monsieur, quand quelqu'un risque sa vie pour affirmer ses opinions, je pense au moins qu'il a raison, affirma Isabelle.
- Je vais repasser, et si vous ne retirez pas ça, vous ne passerez plus à l'antenne.
- Vous n'avez qu'à vous installer à côté de moi, marquez ce que vous voulez, et si vous résistez aussi bien que moi, je vous donnerai raison et j'enlèverai mon tract.
- Non, je n'ai pas le temps de rester, mais je vous conseille d'enlever ça tout de suite ou si non, c'est moi qui vais le faire.
- Vous pouvez le prendre, on vous en fait cadeau pour afficher dans votre bureau. Mais on trouvera un nouveau carton s'il le faut, pour écrire une fois de plus.
- Je vous laisse réfléchir !

Et l'homme repartit, accompagné de la personne qui était venue avec lui, un homme barbu, un peu chauve.

Madame Fourrure regardait l'action sans succès de ces deux visiteurs.

- Vous avez compris, il faut enlever ça de là.

Et sans hésiter, elle se dirige vers le tract.

- Il ne faut pas croire que je suis déjà mort. Je le dis comme tu me vois. J'ai encore assez de force pour te donner une claque que tu n'oublieras pas de ta vie.

Elle s'arrête et regarde vers moi pour voir si je me lève.

- Il ne faut pas que tu interviennes, lui dit George.
- S'il n'arrive pas à se lever, c'est moi qui vais lui rendre service.

Isabelle, intervient aussi, d'ordinaire toujours calme ; elle lui conseille d'arrêter son cirque et de rentrer chez elle avant d'avoir des surprises.

- Regardez-vous, vous êtes un cas isolé, je ne reviendrai plus jamais ici.
- Voilà un mot intelligent ! ajouta Dominique.
- Votre cas, avec ce tract, est très marginal, personne ne peut vous aider à cause de vous-même.
- Mais ma parole ! dit George qui tenait à mettre son grain de sel. Mais regardez ses dents ! On a l'impression qu'elle sort ses dents ! Ce sont bien les dents de la mer ? Pourquoi es-tu là ? Pour nous aider avec tes dents ?
- N'oubliez pas que vous êtes des étrangers dans ce pays, vous devez faire ce qu'ils vous demandent, si vous restez encore ici.
- Mon œil ! la voix d'Eddie se faisait entendre. Ça ne va pas ? J'ai l'impression que tu es française, et je ne sais pas grâce à qui ? Mais moi, je trouve qu'ils sont plus français que toi, et c'est moi qui le dis, qui suis française et pas grâce à mes services pour une ambassade. Si tu gardes ta fourrure même en plein été, tu prends le caractère de la pauvre victime qui était avant dans cette fourrure ! Tu as toujours raison ! Il vaut mieux que tu rentres avant que je te passe un savon.

Elle partit d'un pas pressé, plus pressé que d'habitude. Elle suivit la même route que les deux personnes de TF1 partis quelques instants auparavant.

Ionel s'approchait de moi.

- Tu sais, je suis rentré tout à l'heure, et quand j'ai vu l'homme qui a retiré les affiches puis la dame à la fourrure, je pensais qu'ils allaient s'attaquer à toi, aussi j'ai attendu un peu plus loin. S'il s'était passé quelque chose, je serais intervenu. Je n'ai jamais vu de femme aussi montée contre quelqu'un, avec des yeux aussi rouges, je me demande si elle n'est pas malade. D'ailleurs, c'est possible qu'elle soit malade, surtout que le tract est écrit en bleu, il faut que tu l'écrives aussi en rouge.

Et sans attendre, Ionel commence à doubler chaque mot avec du rouge. Puis il montre le tract pour que tout le monde puisse le voir.

- C'est possible qu'ils soient fâchés parce que ton tract n'est pas assez en vue, il est trop caché !

Bientôt, le mari d'Antonia arriva :

- J'ai une bonne nouvelle à t'annoncer. Tu vas passer sur TF1, on a fixé une conférence de presse.

Puis il repartit, tout content de m'avoir apporté une bonne nouvelle.

George le laissa partir et s'adressa à moi :

- Tu sais ce que cela veut dire si c'est lui qui te donne la nouvelle ?
- Non.
- Cela veut dire que tu n'auras jamais cette conférence de presse, c'est leur façon d'arranger les choses. Et si jamais tu l'as, cette conférence, je te donne dix mille francs.

Mais jamais, je n'ai eu à réclamer l'argent à George. Non pas parce qu'il ne voulait pas payer, au contraire, mais la conférence n'eut pas lieu, comme il l'avait prédit.

- Je suis sûr, continua George, que tu ne changerais pas d'opinion même pour l'amour d'un débat piégé sur l'antenne.

Il parla encore avec moi, mais pour moi, la journée était presque finie. Tout commençait à tourner autour de moi.

Isabelle, fut comme toujours, la première à remarquer mon changement. J'entendais sa voix, comme si elle était quelque part très loin.

- Il faut le laisser seul.

Quelques moments plus tard, elle essaya de voir si je dormais, comme si elle voulait me dire quelque chose.

- Il est huit heures, je vais aller voir le télé-journal et je te raconterai comment cela s'est passé pour ton reportage.

Angélique repassa pour mettre en évidence la petite affiche qu'elle avait réalisée un jour avant.

- Je crois qu'elle n'est pas assez visible, et c'est pour ça que tout le monde te pose des questions.

Et elle commence à accentuer les mots : « ne me dérangez pas, je suis trop faible»

Un quart d'heure plus tard, plus que jamais, de nouvelles personnes arrivaient. Le télé-journal, en parlant de moi une fois de plus, les faisait sortir dans la rue. Toutes les fenêtres de l'ambassade étaient aussi remplies de curieux qui avaient oublié pour un moment les consignes.

Un homme passa le mur qui s'était formé autour de moi, afin de me préserver de trop parler. Il commença à me parler, mais tout de suite il remarqua la petite annonce :

- Excuse-moi de te déranger, je t'ai vu à la télévision et je me suis dit que je devais te voir. J'ai admiré ton courage dès ta première apparition à la télé, et aujourd'hui quand tu as affirmé qu'il ne s'agissait pas de politique, j'ai été touché. Et quand tu as continué en disant qu'il ne s'agissait que de droits que l'on avait perdus, je n'en pouvais plus. J'ai mis l'insigne de la légion d'honneur, pour moi c'est vraiment un grand jour que d'entendre cela. Je tiens à te serrer la main.

J'essayais de me lever mais sans succès, ma main à son tour essaya de se lever mais l'homme compris rapidement que je n'étais plus en grande forme, et se pencha pour me donner la main. J'avais auprès de moi un homme devant qui, même le Président resterait debout pour le saluer, et moi je n'y arrivais pas. Mais cet homme avec la médaille de la légion d'honneur, comme s'il comprenait mes pensées, ajouta discrètement :

- Il ne faut pas te lever, après tous ces jours, c'est facile de le comprendre.

A côté de lui, Abdel, un de mes collègues de travail, était en train de me regarder. Il voulait s'approcher, mais il n'y arrivait pas à cause d'Isabelle qui tenait à ce que je reste tranquille.

- Mais, je travaille avec lui ! Je suis passé pour lui montrer quelque chose.

Après que j'eus confirmé que je le connaissais, on le laissa s'approcher.

- On a fait une pétition pour donner à l'ambassade, tout le monde a signé, de la femme de ménage au P.D.G. ; le seul qui n'a pas signé, c'est Fabien, tu sais, c'est le gars qui s'occupe du syndicat. Quand on lui a montré la pétition proposée par Jean- Pierre, il a pris un exemplaire en disant qu'on ne devait rien faire, qu'il allait s'occuper de tout. Cela fait cinq jours déjà. Comme tu sais, il vient travailler quand il veut en nous disant qu'il est absent parce qu'il défend nos droits. On ne savait pas s'il était passé, comme il nous l'a assuré, accompagné des personnes du syndicat. Est-ce qu'il est passé ? Non ! Je me demande ce qu'il fabrique, il a dit que c'était son devoir de te défendre et il est parti. Comme nous avons la pétition en plusieurs exemplaires, on va en porter une à l'ambassade.

Et Abdel se dirigea vers l'ambassade. Il sonna mais n'arriva pas à changer les habitudes de la maison.

- Ce n'est pas possible ! Pourquoi ne répondent-ils pas ? Jamais on n'a vu une ambassade pareille !

Comme il n'y avait même pas de boîte à lettres pour déposer sa pétition, il essaya de l'accrocher au grillage.

Le médecin sans frontière venait d'arriver. Sans aucune formalité, il commença à m'ausculter.

- Vous n'êtes pas à l'heure au rendez-vous ! tint à lui dire Paulette.
- Oui, j'étais pris. Je n'ai pas pu venir quand Antenne 2 est passée.
- Mais pourtant tu l'avais promis !
- Tu ne sais pas que tout le monde t'a attendu ! renchérit Isabelle.
- Je viens quand je veux ! Et si son frère et sa sœur restent en France après leur visite ?
- Mais qu'est-ce que cela peut te faire si sa famille reste ou non ! C'est à cause de ça que tu n'es pas passé l'ausculter ?
- Et vous, qu'est-ce que vous en pensez, Madame ? dit Isabelle en s'adressant à la jeune policière qui assistait à la discussion. Le médecin n'est pas content que des Roumains viennent chez nous.
- Oh ! Vous savez, je ne suis pas là pour donner mon opinion. Mais si vous voulez que je vous dise ce que l'on constate à cette ambassade, je peux vous le dire. Chaque fois qu'il y a eu des manifestations ici, on a eu l'ordre d'intervenir et d'arrêter tous les suspects. Je ne vous raconte pas comment on était obligé de demander à tout le monde ses papiers pour pouvoir arrêter ceux considérés comme suspects ! La seule différence entre les suspects et les autres, se voyait uniquement sur les papiers !
- C'est possible dit le médecin. Mais regarde en Amérique du Sud, je connais des cas de demande de venue en France, et ils attendent depuis plusieurs années.
- Et pourquoi ne font-ils pas leur demande pour l'Union Soviétique ?
- Il ne faut pas exagérer ! répondit le médecin.
- Ce n'est pas exagéré ! ils veulent trouver le régime idéal où il n'y a pas d'exploiteurs ! pourquoi ne vont-ils pas là-bas ?

continua Isabelle. Je suis sûre qu'ils y trouveront exactement ce qu'ils cherchent.

- Moi, ce que je remarque, tenta George pour essayer de calmer les esprits, c'est que jamais un homme des pays de l'Est n'est entré sans que toute la presse soit informée, alors qu'il y a des quartiers entiers avec des communautés étrangères si importantes, qu'elles sont en train d'entraîner de profonds changements, ethniques et culturels et que de cela, on n'en parle jamais dans la presse.
- Et toi, dit le médecin en s'adressant à moi, qu'est-ce que tu en penses ?
- Si vous voulez savoir ce que je pense, je peux vous le dire, même si vous ne venez plus m'ausculter ensuite. Je vous dis qu'on n'a jamais fait la guerre contre la France comme certains qui viennent demander leurs droits sur le territoire national français. Et que la Roumanie a accordé asile à tous les Protestants sous Louis XIV, et pas seulement à deux ou trois personnes mais à des milliers à la fois. Ils ont obtenu protection ainsi que des terres à cultiver et ils ont pu garder leurs traditions. Des traditions qui ont laissé de profondes traces dans la culture et la langue.
- Oh, mais je n'ai rien dit ! le médecin essayait de cacher sa gêne, je ne fait que transmettre le message que je viens d'entendre.
- Ce ne sont pas vos collègues par hasard ?
- Bon, on va arrêter là, je repasserai demain. Pour le moment tu es toujours dans le même état, la tension est la même que la dernière fois ; il faut aussi que tu te pèses tous les jours, pour pouvoir avoir une comparaison.
- Moi je rentre, me dit Abdel.

La discussion était si chaude, qu'il n'arrivait plus à parler avec moi, il partit en même temps que le médecin.

Malgré l'heure avancée, les passants étaient plus nombreux que d'habitude. Deux filles accompagnées d'un musicien portant un violoncelle me regardaient comme si quelque chose d'horrible se passait.

- Je te dis que c'est lui, il est tout maigre, mais je le reconnais. Et s'adressant à moi : tu nous reconnais j'espère ?

La multitude des personnes passées devant moi ces derniers jours ne me permettait pas de savoir où je devais les chercher dans ma mémoire.

- Mais ce sont les deux mariés qui ont visité ta famille pendant leurs vacances !

Je m'en souvenais bien maintenant. C'était bien les filles qui avaient réussi à me faire parvenir mes diplômes.

- Pouvons-nous faire quelque chose pour toi ? Tu sais, quand tu nous as demandé de te procurer un certificat d'hébergement par notre mairie, on ne pouvait pas le faire. On est allé à notre mairie, et quand ils nous ont dit qu'ils allaient envoyer un représentant de l'ambassade chez nous, j'ai tellement eu peur à cause de l'homme que la police venait de trouver mort, jeté par la fenêtre de l'ambassade, que j'ai tout laissé tomber. Et pendant plusieurs nuits j'ai rêvé que quelqu'un voulait me pousser par la fenêtre. Mais aujourd'hui, je pense que je peux faire quelque chose pour toi. Je suis sûre que le parti communiste ne viendra pas ici, même si je fais partie de leur organisation. Mais je peux te faire un article dans le Nouvel Observateur, je connais quelqu'un qui peut me faciliter la parution d'un article. Je vais écrire ma visite en Roumanie, comment grâce à ta mère, j'ai pu manger ; car même avec de l'argent en poche on n'arrive pas à manger, car il n'y a rien à manger, même dans les restaurants. Et encore on ne parle pas des médicaments, du savon ou même du papier hygiénique ! Tout le monde travaille sans arrêt, je me demande où vont toutes les richesses ? On voit du blé dans les champs, du maïs et toutes sortes de cultures mais il n'y a rien dans les magasins ! C'est comme en Ethiopie, on peut mourir tranquillement de faim ! Et même si tu arrives parfois à trouver quelque chose, tu ne peux pas les acheter à cause des tickets. C'est comme chez nous pendant la guerre. Dis-moi, si je peux faire quelque chose tout de suite.

- Oui, Marie, tu peux. Justement, j'ai vu la ligue des Droits de L'Homme, la section roumaine qui m'a dit qu'elle avait fait beaucoup de démarches pour moi, ils ont envoyé Monsieur Korne comme représentant. Il est directeur d'un journal d'exil. Comme par hasard, ils ont envoyé hier des télex à plusieurs journaux alors que cela fait quinze jours qu'ils m'avaient dit qu'ils le feraient. Mais bon, ce n'est pas ça le problème, surtout que dès le départ ils ont tous essayé de me boycotter. Le plus curieux pour moi, c'est que tous les télex ont le même contenu. Ils font l'amalgame avec Khrouchtchev en disant que je soutiens sa politique. Mais à aucun moment je n'ai affirmé cela ! Et je n'ai pas assez de force pour leur téléphoner.
    - Passe-moi un exemplaire pour voir de quoi il s'agit, exactement.

Une fois qu'elle a lu le télex, elle commence à parler comme si elle explosait !

- Mais ce n'est pas possible ! Qui a pu écrire des choses pareilles ! Ça ne peut être qu'un de tes compatriotes ! Mais ça ne se passera pas comme ça ! Donne-moi son numéro, je vais l'appeler, et je vais aussi appeler les rédactions où cela a été envoyé, pour confirmer que je viens de parler avec toi et que tu n'as jamais mentionné cela et que tu es très formel ! Bon, maintenant on t'embrasse et demain je t'apporterai des nouvelles.

- Encore leurs odeurs de viande grillée ! s'exclama Isabelle. Ce sont vraiment des salauds ! Ce n'est pas possible, la fenêtre d'où vient l'odeur est éteinte !
- Ils doivent manger dans le noir ! essaya de la convaincre Victoria.

Après avoir été oubliée par TF1 qui lui avait dit qu'elle n'était pas assez connue pour passer à l'antenne, Victoria venait de recevoir un deuxième coup avec les télex, elle était mise à la retraite forcée ! D'après le télex elle avait soixante dix-huit ans ! Sans doute pour qu'elle passe comme ne travaillant pas.

LA NUIT

Vers minuit, il n'y avait plus de sympathisants. Je n'arrivais pas à dormir à cause de cette viande grillée qui envoyait ses odeurs sur la rue. Une voix connue me disait de ne pas me déranger. Je levais les yeux. C'était la même personne qui était passée quelques jours auparavant en me disant qu'il était français et qu'il avait trouvé refuge dans l'église vietnamienne et que, depuis, il n'avait que des satisfactions dans la vie.

- Je suis accompagné par la maîtresse d'église. Une fois que j'ai eu expliqué ton cas, alors que je ne trouvais toujours pas d'explication logique, surtout quand quelqu'un est prêt à se sacrifier pour les autres, elle fut d'accord pour que l'on vienne faire une prière ensemble. Si tu veux, tu peux répéter les mots que je vais te donner, ça peut t'aider dans ta souffrance.

Et ils commencent la prière comme une longue chanson, comme si elle sortait de leur cœur : « Nam myo ho rengue kyo… Nam myo ho rengue kyo… Nam myo ho rengue kyo… » et la chanson prière continue.

La policière qui était de garde, regardait en essayant de comprendre. Comme les mots étaient étranges pour elle, elle assistait stupéfiée au spectacle, et me demanda si les nouveaux arrivés ne me dérangeaient pas.

- Non, au contraire, leur passage me fait plaisir.

Pendant un moment, leur prière s'était arrêtée, mais une fois la petite conversation avec la gardienne de la paix terminée, ils recommencèrent leur prière avec plus d'enthousiasme. Le gardien de l'ambassade qui ne cachait plus sa présence derrière la fenêtre, écoutait attentivement pour bien noter dans son rapport.

La femme s'arrêta un moment, elle tenait à m'expliquer le fonctionnement de leur église, qui, à la différence de certaines églises, utilisait aussi certains mots avec un pouvoir magique, des mots simples qui les aidaient à réaliser des choses très importantes dans la vie quotidienne.

Ils avaient repris leur prière en accélérant les mots. A un certain moment je n'arrivais plus à les suivre, j'avais l'impression que je volais quelque part au-dessus de la mer, profonde et aussi claire que leurs voix, et un ciel clair accompagnait mon vol. C'était comme un rêve où les soucis m'ont quitté…

…Je suis dans un sommeil profond …
Des souvenirs d'enfance envahissent mes rêves, des souvenirs qui pourraient s'intituler : Madame la Colonel et l'adoption dans une famille d'accueil.
Lorsque j'avais six ans, ma mère fut convoquée à plusieurs reprises par « l'assistante sociale » du parti, qui œuvrait pour « le bien des enfants ». Elle voulait la convaincre de la nécessité de lui abandonner l'un de ses trois enfants afin qu'il reçoive une meilleure éducation en langue unique, dans une famille digne, dans le but de créer l'homme de la future société moderne, la meilleure éducation, bien sûre.
Un jour, Madame la Colonel se présenta à notre domicile. Un coup fort frappé à la porte suivi d'une entrée brusque sans attendre de réponse : une dame plus grande que la porte se trouvait dans l'appartement. Elle s'adressa à ma mère :

- Madame, maintenant, laissez moi parler à votre fils, et s'adressant à moi : Tu sais mon petit, je t'ai trouvé quelque chose d'intéressant, je vais te présenter à une famille très bien, tu auras l'occasion de manger à ta faim, ce sont de jeunes parents que je connais personnellement. Tu auras de beaux jouets, de beaux habits, et une chambre pour toi tout seul. Tu recevras une très bonne éducation. Viens avec moi, viens dans mes bras, tu verras, tout va changer dans ta vie.

De mon côté, c'était la première fois que je voyais quelqu'un d'aussi grand avec une voix aussi imposante ! En moins de temps qu'il ne fallut pour le dire, je me retrouvais accroché à ma mère.

- J'aime bien ma petite Maman, j'adore les frites et j'aime bien coucher dans la même chambre que mon frère et ma sœur.

Ma mère réussit à lui faire comprendre que nous aussi, dans la famille, on avait des généraux, et elle lui a ouvert la porte en lui souhaitant de trouver son bonheur ailleurs.

A partir de ce moment là, dans la famille, on n'a jamais trouvé la cuisine de notre mère aussi bonne, les pâtes, la tarte aux choux et on a même trouvé un autre arôme au maïs.

…

CHAPITRE XVI
Dix-huitième jour

Je constatais l'arrivée de l'aube avec étonnement, et un peu de temps passa avant que je ne décide quelle serait la première chose que j'allais faire. Ce fut de demander à Victoria ce qui s'était passé hier soir.

- Comment, tu ne te rappelles plus ? Les deux personnes qui ont dit la prière pour toi ?
- Si, je me souviens de cela, mais de ce qui s'est passé ensuite, je ne m'en souviens pas.
- Après, quand les deux personnes sont parties, je suis passé te voir pour te demander qui c'était. Mais toi, plus rien, on aurait pu couper du bois sur toi !

Victoria se déplaçait plus difficilement qu'hier, ses pieds gonflés la gênaient. Les surprises ne se firent pas attendre.

Isabelle arrive. Elle vient m'annoncer que Clémentine a téléphoné et qu'elle allait passer aujourd'hui avec les enfants. Elle me rappelle qu'on est dimanche.

- George m'a annoncé le retour de Père Calciu à Paris.
- Je suis sûr que s'il est de retour, il ne dormira pas comme le font les autres prêtres qui sont en exil.

Bientôt Clémentine est là avec mes deux fils et un chaleureux soleil qui apparaît avec l'air souriant de me revoir. Le petit, me regarde couché par terre, et sans réfléchir, il s'allonge à côté de moi, pensant sans doute : « si Papa le fait, moi aussi je peux le faire». Clémentine essaie de lui expliquer, mais ce n'est pas facile de lui expliquer que ce n'est pas bien de se coucher sur le trottoir. Avec son air innocent, il continue de poser des questions :

- Pourquoi Papa reste comme ça ? Il est malade ?
- Pourquoi tu ne rentres pas à la maison, pourquoi tu ne viens pas coucher dans le lit avec Maman ? Tu sais qu'elle pleure toute la journée ?

- Il faut que tu reviennes avec nous à la maison.

Autour de moi, tout le monde s'écarte discrètement, pour me laisser parler avec ma famille.
Une fois qu'il en a terminé avec ses questions, il suit son frère, quelque part, un peu plus loin dans la rue.
George profite de l'éloignement des enfants pour s'approcher de moi avec Isabelle :
- Tu sais où sont tes enfants ?
- Non, je ne peux pas les voir.
- A tel père, tel fils, ce n'est pas nécessaire de regarder très loin pour les apercevoir, ils sont juste devant, si Clémentine s'écarte un peu tu les verras. Ils sont accrochés aux grilles de l'ambassade ! On dirait qu'ils ressemblent à quelqu'un ! Ce n'est pas la peine de leur dire quelque chose, tout ça, c'est héréditaire !
- Mais regarde donc ! poursuit George. Je t'ai dit que s'il était à Paris, le père Calciu ne dormirait pas.

C'était bien le père Calciu. Après être allé célébrer un office à l'église orthodoxe roumaine Saint Jean de Beauvais, il arrivait, accompagné du prêtre Vasile, habillé comme le père Calciu, avec ses vêtements de prêtre et derrière eux, suivaient tous ceux qui étaient à l'office du dimanche. C'était la première fois que tout le monde s'était mobilisé. Les paroles de Père Calciu avaient touché ceux qui étaient présents à l'office et sans hésitation, ils l'avaient accompagné.
- Je m'appelle Ion P ; dit le premier arrivé derrière les deux prêtres.
- Et moi je suis directeur d'un journal en Allemagne, qui s'appelle Stindarul Romanilor (le Drapeau Roumain). Je suis passé spécialement te voir, voici à côté de moi, un collaborateur de Londres et aussi un collaborateur de Suisse. Nous sommes tous touchés par ton courage. Et je me demande comment tu as pu échapper à leurs agents qui ne manquent pas de scrupule ?
- C'est grâce à ces habitants de la rue, ce sont eux qui ont fait l'impossible pour me soutenir.

- Vous reconnaissez les enfants de Sergiu ? demanda George au père Calciu.
- Non, je ne les ai jamais vus.
- Alors regarde cette ambassade et dis moi à qui peuvent bien être ces enfants !
- Ah! Ce sont ses enfants !

Il les appelle :

- Alors, vous aussi vous êtes tout près de l'ambassade.

Les deux prêtres se préparent à dire une prière avec tout le cérémonial nécessaire. Ils se mettent autour de moi et tous deux, d'une seule voix, commencent la prière.

La musique ne tarde pas à arriver par l'une des fenêtres de l'ambassade.

- Regardez mon père, ce qu'ils sont en train de faire !
- Ce n'est pas grave, George. Ce sera bientôt terminé et on pourra s'occuper d'eux.

Une fois la prière terminée, George ne tarde pas à leur crier « assassins ! » et tout le monde se met à crier comme lui. La musique commence à disparaître et les fenêtres à se fermer une par une.

- Il ne faut pas crier sans autorisation, intervient la voix du même étudiant, Toma, qui essayait quelques jours auparavant de me convaincre d'aller au Trocadéro.

Monsieur Cîmpeanu veut faire taire l'étudiant.

- Tu peux parler ! explosa George en s'adressant à Monsieur Cîmpeanu, d'autant plus que tu es directeur de toutes les publications d'Exilés et que c'est toi avec tes rédacteurs qui cachez la grève de la faim ! Et c'est encore toi, avec tes articles tardifs et contradictoires, qui essaie de cacher toute manifestation des opposants au régime !

Mais Monsieur Cîmpeanu connaît son travail. Sans réagir aux provocations de George, il se contente de signer dans le cahier de Victoria.

Moi de mon côté, je suis satisfait de voir, que malgré les divergences d'opinion et les manières différentes d'agir, tout le monde se mobilise et en fait, est d'accord sur le fond.

Nous arrivions dans une période où toutes les opinions politiques étaient dépassées par les manifestations des gens simples de la rue, qui se sentaient tous concernés par la cause que je défendais.

René, le sous-directeur d'un des journaux dirigés directement par Monsieur Cîmpeanu, arrivait avec son même air malade qu'il avait déjà dix-sept jours plus tôt quand je l'avais eu au téléphone et avec lequel il m'expliquait que ce n'était pas la peine de faire la grève de la faim, surtout pour un visa touristique parce que jamais je n'aurais gain de cause :

- Je suis content de toi. D'abord comme je te l'ai dit par téléphone, je n'avais aucune assurance que tu arriverais à quelque chose, mais maintenant, chaque jour qui passe est à ton avantage. Je suis trop malade maintenant, mais je pense qu'il aurait mieux valu que je n'attende pas toutes ces années et que dès le début je fasse comme toi. Ce n'est pas la peine de lutter des années dans l'anonymat.

Toma, l'étudiant essaie de ne rien perdre de la discussion et ses suggestions ne tardent pas à arriver.

- Moi, je pense qu'il y aura toujours des hommes courageux, qui n'auront jamais peur d'aucun régime politique. Il suffit de regarder un peu l'histoire, pour s'apercevoir, que plus la machine arrive à la perfection en ignorant les droits humains, plus la résistance est forte.
- Cela arrivera toujours, renchérit Monsieur Cîmpeanu, l'histoire change les noms et les places, mais ainsi qu'on arrive à le constater, la liberté n'a pas de métier précis, elle touche les professions les plus variées, on ne peut faire de pronostics à l'avance pour dire que telle ou telle catégorie sociale ne se révoltera jamais.

Mes compagnons restèrent jusque quatorze heures. Puis, une partie s'en alla pour un déjeuner tardif, Clémentine partit avec les enfants dans un restaurant. Le Père Vasile restait seul auprès de moi. Longtemps il me regarda sans rien dire. Puis il brisa le mur du silence.

- Que ressens-tu en ce moment ? Ça ne doit pas être facile de rester tous ces jours sans manger. Tu sais, personne n'est gracié par ce régime, même moi, je suis dans la même situation. Maintenant, je vais te laisser faire ta grève de la faim, mais une fois que tu auras fini, c'est moi qui prendrais la relève. Il faut m'expliquer quelle est la période la plus critique dans une grève de la faim.
- La période la plus critique, c'est le début. L'accommodation de l'organisme au refus alors qu'il réclame son nécessaire vital. Une fois l'organisme habitué, c'est le moral qu'il faut garder, d'autant plus que des espèces de compatriote ne tardent pas à te donner les pires conseils.
- Je vais encore essayer, avec une lettre à l'ambassade, dit le père en réfléchissant.

Il me tint compagnie jusqu'au retour de Clémentine puis il partit pour son déjeuner qu'il avait presque oublié.

Clémentine me regardait fixement :

- Je veux parler de quelque chose avec toi. Il faut que tu manges. Je ne supporte pas cette situation. Je t'ai acheté quelque chose que tu aimes bien, ce sont des spécialités de viande. Ne me le refuse pas.

Une fois de plus, j'essaie de lui expliquer où j'en suis à ce moment de ma grève, et que, peut-être lundi, j'aurais une réponse. Elle n'en pouvait plus, les larmes dans les yeux, elle évita de continuer à parler avec moi.

- Qu'est-ce qui passe ? intervint Isabelle. Pourquoi la fais-tu pleurer ? Elle n'en a pas assez avec toi, il faut encore que tu la fasses pleurer ? Calme toi Clémentine, viens par-là, raconte moi ce qu'il t'a fait ce monstre.

Elle se calma et lui raconta mon refus.

- Il ne faut pas insister, lui dit Isabelle, d'abord, tu ne peux pas l'aider, tu ne peux rien faire pour son cas. Ça c'est un premier problème. Le deuxième, c'est que, jamais dans la vie, je n'ai encore vu un homme aussi têtu. Je suis auprès de lui depuis le début. J'ai bien essayé comme toi de le faire manger, mais je n'ai jamais réussi. Après, j'ai compris que si je voulais vraiment l'aider, je ne devais pas insister. Je sais que ce n'est pas facile pour toi avec les enfants de penser comme moi, mais si tu as choisi un tel mari, il faut l'accepter comme il est. Je suis sûr qu'il n'est pas méchant avec toi, et s'il arrive à faire cela, tu dois plutôt l'encourager. Il faut que tu lui assures que les enfants vont bien et que, plus que jamais, tu fais attention à eux. Moi, je suis sûre que têtue comme il est, il obtiendra bientôt ce qu'il demande. Et vous serez à nouveau réuni comme auparavant. Et même s'il voulait manger, si tu lui donnes de la viande cuite, cela lui causerait des problèmes de santé dans son état actuel.

Clémentine écouta jusqu'au bout sans rien dire. Tout de suite après, elle appela les enfants. Ils m'embrassèrent chacun leur tour. Clémentine ne reparlait plus de la discussion.

- N'oublie pas, Clémentine, ce n'est pas à lui de céder, c'est aux autres de faire le pas, l'encouragea Isabelle. Tu es trop émue, il vaut mieux que je t'accompagne un peu. Ça me fait plaisir.

Et Clémentine repartit avec les enfants, tous trois accompagnés d'Isabelle.

Une demi-heure plus tard, Isabelle était de retour.

- Alors, tu es aussi têtu avec ta femme ?
- Tu dois avoir raison. Je suis mal tombé avec le syndicat des femmes ! Heureusement pour moi, il n'y a pas d'ambassadeur ni de consul de sexe féminin !
- Je ne sais pas comment tu fais pour avoir réponse à tout ! Après avoir parlé avec ta femme, je commence à mieux comprendre les risques. Je l'admire. Je ne sais pas, si j'étais dans sa peau, si je serais aussi courageuse. Toi, tu vas nous faire mourir avec tes émotions. Je me demande maintenant quel genre de nerfs tu as pour rester toujours aussi calme. Comment peux-tu résister à tout cela ? Je m'excuse de te parler comme ça, mais je suis encore sous le choc. Le rendez-vous d'aujourd'hui m'a complètement bouleversée.

Je voudrais parler, je voudrais répondre, mais je n'ai plus de force. Elle remarqua tout de suite mon changement.

A côté de moi, Monsieur Stefan K. était pressé de me parler. Son visage ne cachait pas une certaine agitation.

- Je veux lui parler ! disait-il à Isabelle.

Tout de suite, je pensais à Marie qui m'avait promis de l'appeler pour lui poser des questions sur ses télex un peu curieux.

- Je veux te dire quelque chose en privé, insistait-il.
- Je n'ai de secrets pour personne.

Victoria ne le laissa pas continuer.

- Alors ! Tu es passé lui demander qui a envoyé la femme pour te téléphoner ? Moi, je peux te le dire si tu veux.
- Non, ce n'est pas ça, essayait-il pour s'expliquer.
- Alors tu peux me confirmer que j'ai soixante-dix-huit ans ! Ça ne va pas, non ! En plus tu es rédacteur ! Toute la presse française arrive bien à comprendre de quoi il s'agit et toi, de ton côté, tu nous mélange avec Staline et Khrouchtchev pour avoir une salade parfaite !
- Je veux vous aider, recommença Stefan.
- Tu as dit : aider ? Mais tu n'as pas honte de toi !
- Si vous voulez, je peux refaire le texte, il suffit que vous me redonniez tous les renseignements nécessaires.
- Finalement, pourquoi êtes-vous passé ? demanda Isabelle. Pour vous attaquer à cet homme là, à moitié mort en lui demandant quelle est la personne qu'il a envoyée pour attirer votre attention sur vos bêtises expédiées exprès dans toutes les rédactions de presse ?
- Non ! Non ! Mademoiselle, je suis passé pour prendre plus d'informations pour notre journal. Je peux vous demander quelque chose pour écrire ?
- Mon œil ! ponctua Victoria en réaction à sa demande. Il est passé pour nous demander des renseignements et comme par hasard, il a oublié son carnet et son crayon ! Tu ne l'aurais pas oublié à l'ambassade ? Avec quelques petits détails dedans ?

Coincé par son propre piège, le journaliste de fortune se mit à écrire.

- Commençons par ton père, commença-t-il en s'adressant à moi.

J'avais mal partout, et malgré que ce ne soit pas la première fois qu'il pose ses questions, je fis comme si c'était la première fois.

- D'abord, ton père, il a été déporté en Allemagne jusqu'en 1945, n'est-ce pas ?
- Oui, et à sa libération, il est reparti pour rentrer chez lui, et lorsqu'il a passé l'Elbe pour passer du côté contrôlé par l'armée soviétique, il a été enrôlé de force et envoyé dans les mines de charbon de Donbass et ensuite en Sibérie.

Sa main n'avait pas envie d'écrire, par contre il avait bon appétit à parler.

- Pour la déportation en Allemagne, il ne faut pas en parler, surtout si ton père n'était pas d'origine juive, je te dis ça : entre nous. Ce n'est pas vrai ?
- Où veux-tu en venir exactement ?
- N'oublie pas qu'en Israël, 30% de la population est d'origine roumaine, et que s'ils lisent ça, tu auras des problèmes.
- Qu'est-ce que tu me racontes comme salade ? Ton journal de quartier, avec des soutiens financiers un peu bizarres ne peut pas écrire ça ? Alors que le New York Times peut le faire ! Ou bien ton journal de quartier est-il mieux informé que les journaux qui ont le plus grand tirage du monde ?
- Bon, si tu me donnes le journal, je pourrais écrire mon article, sinon, ce n'est pas possible.

Heureusement, j'avais avec moi l'article du New York Times. Je le lui montrais.

- Ah bon ! Ils t'ont mis en première page !
- Oui, et en plus avec une photo. Tu veux que je te fasse la traduction ?
- Oui.

J'essayais de le satisfaire, mais mes yeux ne m'aidaient plus, les mots se promenaient dans toute la page. Je lui dis que je n'arrivais plus à lire.

- Ce n'est pas grave, je vais prendre le journal et je repasserai pour te le rendre.

Heureusement je l'avais en plusieurs exemplaires, sinon, je n'aurais plus eu l'article car c'était la dernière fois que je voyais ce monsieur, je ne l'ai plus revu ensuite.

- Bon, je prends le journal, et j'enverrais ma secrétaire pour prendre plus de renseignements afin d'écrire l'article. On va faire tout notre possible pour le mettre en première page.

Il partit. Avant son départ Victoria n'oublia pas de lui redemander son stylo.

- Drôle de compatriote ! intervint Isabelle quand il fut parti. Pour lui, dix ans de Sibérie et quatre ans de déportation ce n'est qu'un simple fait dont il peut facilement se débarrasser.
- Je me demande ce qu'il t'aurait fait si tu avais été seul ?
- Il m'aurait tiré les oreilles.
- Tu parles ! Avec l'air avec lequel il est reparti, je me demande s'il ne te prépare pas un mauvais coup. Si tu étais en boîte de conserve, il n'aurait pas hésité à te déguster !

Une demi-heure après le départ de ce journaliste du dimanche, alors que George venait d'arriver, une voiture de police était sur place.

- Nous sommes envoyés par la Préfecture de Police, nous avons eu des réclamations contre vous pour perturbation de l'ordre publique.
- De quoi parlez-vous exactement ?
- Il y avait une manifestation ici ? Non ? Et plusieurs personnes ont crié.
- Et qui s'est plaint ? intervint Paulette de sa fenêtre, moi je suis restée là toute la journée et personne ne m'a dérangée à part la musique provenant de l'ambassade, comme vous pouvez encore l'entendre.
- Ce n'était pas de la musique, dit le jeune commissaire.
- Si vous voulez savoir, intervint George, il y a eu une manifestation spontanée à cause de la même musique ignorante.

- Vous savez que chaque fois qu'il y a une manifestation, il faut prévenir la Préfecture ?
- Et pour passer de la musique, il ne faut pas d'autorisation ?
- Ne savez-vous donc pas que ce sont des diplomates et qu'on ne peut rien leur reprocher. En plus, ils ont souvent des moyens qui dépassent ceux de la police. On ne peut rien faire contre eux. Même si on est plus de votre côté, on est souvent obligé de répondre à leur demande.

Christine, la jeune fille qui est au chômage, trouve l'équipe des jeunes policiers plutôt sympathique et n'hésite pas à leur faire des compliments. Sur l'un des visages on peut retrouver encore l'innocence de l'adolescence. Ils sont si jeunes ! Paulette encourage la jeune fille.

Mais tout a une fin. Leur conversation est interrompue par l'arrivée intempestive d'un bruyant personnage qui crie du plus fort qu'il peut.

- Quartier de bourgeois ! Capitalistes !

Un des policiers en civil lui demande de rester tranquille.

- C'est une provocation ! continue le nouveau venu avec la même force.

Les commissaires en civil se retirent sur le côté comme si de rien n'était.

- Quartier de bourgeois ! continue-t-il en arrivant devant moi.

La jeune fille me demande si je le connais.

- Non, je ne le connais pas.
- Alors à qui est-il en train de crier « bourgeois » ?
- Je ne pense pas que ce soit pour moi, après tous ces jours passés ici, je ne ressemble pas à un bourgeois.
- Alors, c'est à moi !

Elle s'adresse alors à lui :

- Qui est bourgeois ici ? Moi qui suis au chômage ou toi qui es si bien habillé en rouge ? Tu sais que je n'ai pas pu payer mon loyer ? Pourquoi tu me traites de bourgeois ?
- Non, je pense qu'il s'adresse à moi qui suis femme de ménage, crie soudain une femme de sa fenêtre.

L'homme commence à perdre un peu de voix. Mais la femme continue.

- Dis-nous un peu ce que tu fais comme métier ? On est curieux ! Regardes-toi, comment tu es habillé ? Tu ressembles à un Don Juan. Avec ton pull-over rouge, on dirait que tu cherches Cléopâtre dans ce quartier. Ne fais-tu pas un travail manuel comme mon mari ? Regardes-toi dans un miroir avant de crier « bourgeois », je suis sûre que tu en trouveras un dedans !
- Non, non, Madame ! Vous savez que ça ne compte pas le métier que l'on fait, recommence à s'exclamer le nouvel arrivé.
- Et puis quoi encore ? Nous sommes les bourgeois et tu es celui qui travaille pour nous !
- Ce n'est pas normal qu'il manifeste ici !
- S'il n'est pas content, il n'a qu'à rentrer chez lui pour manifester !
- Et où c'est, chez lui ? à Moscou ? à Budapest ? à la Havane ? où ?
- Tu n'as qu'à demander un visa à tes copains ! Ou encore tu peux faire mieux ! Tu peux t'installer à côté de lui et faire une grève de la faim aussi longue que la sienne pour défendre tes idées !
- Moi ! Je ne ferais jamais cela ! commença-t-il en agitant les bras dans tous les sens. Moi je m'attaque à tous les systèmes exploiteurs.
- Tu connais ce dont tu parles ? demanda George.
- Bien sûr, et je suis prêt !
- Si c'est ça, j'ai quelque chose à te montrer. Et George lui sort la carte complète des camps de travaux forcés du bloc de l'Est. Tiens, c'est pour toi, regarde bien, ce sont tous les camps de la mort ; comme tu les appelles : l'exploitation des bourgeois.

L'homme commence à arranger sa cravate, comme si toute sa force était dedans et il continue :

- Moi, je paye des impôts et ce n'est pas normal qu'il passe à l'antenne !
- Moi aussi je paye des impôts, dit la mère de Michael, et ça me fait vomir ce que présente la télévision nationaliste ! Toute la journée les aventures de Gorbatchev et de la même compagnie internationale !
- Ici on est en Occident, on commence à en avoir marre des hommes de ton espèce avec une grande gueule, qui ne sont jamais assez payés.

Les habitants de la rue commencent à sortir plus nombreux, l'homme recommence sa chanson, sur le même ton aussi fort : quartier de bourgeois !

- Si c'est un quartier de bourgeois, qu'est-ce que tu fais là ? Il n'y a pas de réunion syndicale ici !

Dominique, de retour, essaie de lui parler :

- Toi, tu dois te taire ! Tu n'es pas assez civilisé pour parler avec moi ! lui crache l'homme en plein visage

La réplique ne tarde pas :

- C'est possible, je n'ai pas la même gueule que toi.
- Bourgeois ! Je rentre chez moi, il n'y a personne d'assez intelligent pour parler avec moi, ici.
- Mais si ! Il y en a, complète Eddie, mais ils sont de l'autre côté de la rue ! Ils savent parler comme toi, mais dans une langue différente de la tienne.
- Si tu pars, prends ce tract, dis George en lui donnant un tract, tu vas apprendre quelque chose et tu pourras dire à tes camarades que tu n'es pas passé pour rien.
- Je n'en ai pas besoin, dit-il en lui tournant le dos.
- Tu n'en as pas besoin parce que tu connais par cœur tous les camps de la mort. Tu y es allé en vacances pour perfectionner ton métier !

L'homme commence à s'éloigner, chaque pas lui apporte un nouveau compliment.

- Change de quartier !
- Va chercher tes camarades !
- Dépêche-toi de payer les impôts !

Comme la nuit commençait à tomber, et que de plus en plus de monde était après lui et comme par accident, aucun de son côté, il avança sans rien dire jusqu'au bout de la rue. Une fois arrivé au bout il reprit son refrain habituel et disparut presque aussitôt.

- Heureusement qu'il était seul, lança Christine, alors pour lui, il n'y a pas besoin d'autorisation pour manifester ? Elle montrait les dents aux commissaires : alors si on crie bourgeois, on n'a pas besoin d'autorisation ? Je pensais au moins que vous lui auriez demandé ses papiers après tout le tapage qu'il vient de faire ! Ou alors ils sont en train de voter une loi pour autoriser le contrôle des papiers et en attendant, on peut crier et faire tout ce qu'on veut !
- Mais non, il ne faut pas que vous le preniez comme ça. Nous sommes là pour vous protéger. Si on était intervenu, on n'aurait pas pu observer leurs manœuvres ! Ce sont des malins. D'un côté ils envoient des provocateurs et de l'autre il y a des hommes plus dangereux qui passent à l'action.

Michael venait d'arriver avec sa sœur.

- Ça va Maman ? On a entendu du bruit et on ne savait pas d'où cela venait, on avait l'impression avec les cris qu'il y avait le feu. Et comme tu n'étais pas à la maison, on s'est dépêché de sortir.
- Ne vous inquiétez pas, il n'y a pas le feu, leur dit leur mère pour les calmer.
- Mais pourquoi crie-t-il comme ça ? demande Michael avec son air d'enfant innocent.
- Il voulait changer de domicile, dit Dominique, il voulait déménager et venir ici.
- Tu parles ! intervient Christine, moi je n'arrive pas à payer mon loyer mais je suis tranquille. S'il vient ici, je serais obligée de déménager !

La mère de Michael serre ses enfants dans ses bras pour les rassurer.

- Ce n'est pas grave, on va rentrer.

Et ils rentrent tous les trois après m'avoir embrassé.

- Si tu as besoin d'aide, tu peux compter sur moi ! ajoute Michael,
- D'accord !

L'air était plus calme. Un nouveau venu voulait me voir. Il essayait de m'atteindre en se faufilant à travers la foule qui m'entourait. Dominique, George, Isabelle lui bloquaient l'accès.
- Mais je suis son copain, je veux lui parler !
- Le connais-tu ? me demanda Isabelle.

Je le connaissais, mais je ne me rappelais plus comment. Comme s'il comprenait, il continuait :
- Je suis le frère de Babeth qui habite dans les Vosges, tu es venu en visite chez nous avec Petrico.
- Ah Oui, je me souviens.
- Heureusement que tu l'as reconnu, car avec son air décidé, on a cru un moment qu'il était copain avec celui qui vient de partir !
- Je suis Didier, je viens de la part de Petrico, il m'a appelé des Vosges pour me dire de passer te voir. De son côté il a essayé de mobiliser pas mal de monde autour de lui et ensemble ils ont envoyé plus de cent télégrammes à l'ambassade. Ma sœur Babeth, a contacté toutes les écoles de Nancy, elles parlent de toi en classe, tu sais, elle est institutrice, et à ta place ils sont en train de gâter Petrico qui est sur place ! Maintenant, je dois les appeler pour leur dire que je t'ai vu et que ça va, pour les apaiser un peu.

Et il me serre la main en essayant de cacher quelques larmes.
- Bon courage ! ajouta-t-il avant de repartir.

…

- Tu veux l'empoisonner ? c'était la voix de George. Tu n'as pas honte ! Espèce de bonne femme ! Tu as essayé de le boycotter pendant trois semaines et maintenant tu viens lui jeter une bouteille d'eau ! Ou tu as peur qu'il commence à parler ?

Je regardais autour de moi mais je n'arrivais pas à voir la femme en question.

- Ce n'est pas la peine de regarder, me dit George, elle est repartie si vite que je n'ai pas eu le temps de terminer ma phrase. Mais je suis sûr que tu sais qui c'est et je suis sûr que tu ne boiras pas l'eau si c'est elle qui l'apporte.

Et joignant le geste à la parole, George alla jeter la bouteille à la poubelle.

- Comme ça, on est sûr qu'on ne finira pas nos jours avec l'aide de nos compatriotes !
- Il faut parler plus poliment aux dames, intervint un jeune commissaire.
- Avec les dames oui, dit Isabelle, mais pas avec cette espèce de femme.
- Moi je suis là, debout, continua George, et je peux vous dire que de ma vie, je n'ai vu une créature aussi perfide. Aucun mot n'est assez dur pour caractériser ses qualités ; si vous saviez comment elle a essayé de boycotter et d'intimider notre ami, je suis sûr qu'à votre place, vous lui auriez déchiré sa fourrure. D'habitude, je ne parle pas comme ça, ma mère a essayé de me l'interdire, mais depuis que je viens devant cette institution, aucun mot n'est assez grave !
- Ah ! On s'excuse, nous ne savions pas qui c'était. Mais tu as bien fait de jeter son cadeau.

Mireille, à son tour, affirma aux commissaires qu'ils étaient sympas, qu'elle n'avait jamais eu l'occasion de parler avec des commissaires de si près et si ouvertement.

- Ce n'est pas une demande en mariage ? ajouta Eddie
- Pourquoi pas ? répondit-elle en regardant le sol, gênée.

Les policiers ne relevèrent pas mais s'excusèrent de devoir rentrer.

- Avez-vous peur de nous les filles ? demanda Christine qui rentrait dans le jeu, avec complicité.
- Non, ce n'est pas ça. Cela fait bien deux heures qu'on a fini notre mission. On est resté à cause de cet individu qui est passé et qui a essayé de réveiller le quartier, si on reste plus longtemps notre chef va croire que c'est nous qui

organisons des manifestations devant cette ambassade ! Allez, bon courage ! nous souhaitèrent les jeunes commissaires gardant leur attitude officielle et contenant leur émotion jusqu'à la fin.

Comme tous les soirs, mes compagnons restèrent tard dans la nuit, tout en essayant de ne pas me déranger. Leurs conversations continuaient, ils débattaient un peu plus loin, sur des sujets toujours aussi variés. Antonio était aussi présent, mais il n'était pas le même, il était accompagné de son fils qu'il avait en garde un week-end sur deux. Il fit les présentations. L'enfant, innocent, exprimait ses émotions et ses sentiments. Son père était plus retenu et réservé que nous avions l'habitude de le voir, et, conscient de la responsabilité qu'il avait, resta moins longtemps.

LA NUIT

Bientôt, je sombrais dans un demi-sommeil.

Comme j'étais toujours entre les rêves et la réalité et que plus personne ne me sollicitait à parler, je me voyais enfant, à l'école maternelle ; c'était comme si, à ce moment, je commençais mon enfance…

C'était les préparatifs de Noël, « Noël » qui était fêté le 30 décembre depuis qu'il avait été remplacé par la « Journée de la République » en 1947. Des préparatifs intenses avaient lieu dans toute l'école maternelle. Les maîtresses avaient la charge d'organiser et de préparer plusieurs programmes.

Moi, j'étais l'un des sept nains, pour la mise en scène de Blanche Neige et les sept nains.

C'était la dernière répétition avant la représentation ; les maîtresses de l'école mettaient tout en œuvre pour que celle-ci se déroule bien devant le délégué du Parti qui avait le rôle « d'attaché culturel ». Après avoir regardé toute la répétition, il commença à donner les derniers conseils : « je veux que tous les nains aient les mêmes chaussures ». La directrice essaya de lui expliquer à voix basse que c'était impossible de trouver des chaussures dans le commerce.

- Je ne veux pas le savoir ! S'il n'y a pas de chaussures, il doit bien y avoir de la peinture noire !
- On ne peut pas faire cela !
- Et pour les lampes à pétrole, c'est pareil, je ne veux pas de vieilles lampes, il faut que tout le monde en achète une neuve, sinon, il n'y aura pas de Blanche Neige !

Les maîtresses n'oublièrent pas de donner cette nouvelle de dernière heure aux parents.

Moi, de mon côté, j'exigeais de mes parents ce que tous les enfants devaient demander aussi à leur mère. Ma mère se faisait du souci. Où peut-on trouver des chaussures d'enfant ? Les dernières que l'on a réussi à avoir ce sont celles de son grand frère ! Elles nous ont été données par l'usine pour la journée de la République. Et puis cette lampe, elle vaut la moitié d'un salaire !

L'arrivée de mon père calma un peu ma mère, qui abandonnait déjà l'idée du spectacle.

- On a déjà eu des moments plus critiques dans notre vie, et ce problème ne me semble pas si grave.

Et tout en me racontant une histoire où le prince Bleu réussissait à battre le méchant prince Rouge, mon père commença à démonter la lampe, pièce par pièce. Il me donna une petite pièce à nettoyer, on travaillait tous les deux. Mais une fois qu'il eut terminé l'histoire, je lui demandais :

- Pourquoi est-ce qu'on nettoie la lampe ? La maîtresse a dit qu'il faut en acheter une toute neuve !

Sans répondre à ma question, mon père commença une nouvelle histoire. Maintenant, c'était l'histoire d'Aladin et de la lampe merveilleuse. J'étais fasciné par l'histoire. Je ne remarquais pas le temps qui passait et la lampe qui brillait comme une lampe toute neuve. Je regardais la lampe et j'avais l'impression qu'elle était aussi magique que celle d'Aladin. Pour rien au monde, je n'aurais voulu changer de lampe. Mon père était content de sa réussite et il donna la nouvelle à ma mère : « tu vois, il suffit d'essayer ».

- Et pour les chaussures, qu'est-ce qu'on va faire ?

Le problème était plus délicat, mais mon père ne se laissa pas démonter.

- On va se débrouiller, il ne faut jamais désespérer.

Il commença à négocier avec mon frère en lui expliquant la situation. Non, pas question, il n'y avait rien à faire !

- Tu te rappelles que l'année dernière on t'a apporté ces chaussures ? Cette année le père Noël va encore passer à l'usine et il t'apportera encore une paire toute neuve.

Finalement, mon frère fut convaincu. Mais ce n'était pas fini. Maintenant c'était à mon tour ! En aucune manière, je ne voulais les mettre aux pieds, je les trouvais un peu trop grandes ! Non ! Non ! Je continuais jusqu'à la nuit avec forces larmes et cache-cache de chaussures !

Ce fut encore une fois mon père qui régla les derniers détails. Il ne cherchait pas les chaussures, au contraire, il gardait son calme. Avec une histoire d'enfants négligents qui jetaient partout leurs chaussures, il réussit à m'endormir.

Le matin, comme l'enfant de l'histoire, je cherchais les chaussures. Je les nettoyais et les regardais en attendant qu'elles se mettent toutes seules à danser, comme celles de l'histoire qui dansaient de joie. Tout se déroula bien jusqu'à ce que j'enfile les chaussures dans mes pieds, elles étaient grandes et lourdes. Je ne voulais plus ces chaussures.

- Qu'est-ce qu'elle va dire la maîtresse ! Elles sont trop grandes pour moi !

Ma mère se préoccupait de l'heure qui tourne, il était presque tard pour aller travailler.

- Tu veux qu'il nous fasse mettre à la porte pour deux minutes de retard !

Mais moi, je continuais avec mon problème.

- Tu vas dire à ta maîtresse que tous les nains ont de grandes chaussures pour cacher l'or dedans !

Cette nouvelle attisa ma curiosité.

- C'est vrai ?

Je demandais à ma mère qui ne manqua pas de m'affirmer qu'elle avait même connu un nain qui cachait son or dedans : plus les chaussures sont grandes et plus il peut mettre de l'or dedans ! Mais comme je ne la croyais qu'à moitié, je demandais à mon père si, lui aussi, l'avait vu en vrai ?

- Des nains ? Mais bien sûr ! J'en ai vu quand j'étais dans les mines de charbon de Donbass. Nous, on avait du charbon et les nains de l'or dans leurs chaussures. Si ta maîtresse te demande pourquoi tes chaussures sont grandes, tu pourras le lui dire.

Avant de partir, ma mère me fit répéter encore mon rôle de nain et la poésie que je devais dire après.

Je répétais ma poésie pendant tout le chemin jusqu'à l'école maternelle. Une fois à l'école, elle me donna ses derniers conseils : ne perd pas ta lampe à gaz, ne te salis pas, je ferais tout mon possible pour sortir assez tôt pour venir voir le spectacle, tu ne dois pas avoir peur pour le spectacle.

Nous étions dans la salle de spectacle. La répétition avant l'arrivée du public, commençait. Le chœur avait terminé sa chanson de gloire au Parti, c'était au tour de Blanche Neige, qui n'aurait pu être habillée autrement qu'en rouge, et des sept nains. L'organisateur politico-culturel intervint pour vérifier si les conseils avaient été bien suivis. Comme tout le monde avait des chaussures un peu trop grandes, il passa comme si tout était en règle. Puis ce fut le tour des lampes. Il s'arrêta devant moi et regarda bien attentivement ma lampe à pétrole. Puis il s'adressa aux maîtresses :

- J'ai dit des lampes neuves ! Ça, ce n'est pas une lampe neuve ! Je vais lui apprendre à ne pas écouter ! Il ne jouera pas !
- On ne peut pas faire ça, intervint la directrice, c'est trop tard pour faire des changements.
- Qui a parlé de faire des changements ! hurla le responsable politique, il ne joue plus, c'est tout !
- Mais il nous faut sept nains ! On ne peut pas changer l'histoire ! Tout le monde va se demander où est passé le septième nain ! On va tout de suite dire qu'il a passé la frontière !

- Oui, c'est possible ! se mit à réfléchir l'organisateur politique, je le laisse jouer, mais je le change de place, il sera le dernier.

Bientôt, la salle se remplit. Le spectacle devait commencer. L'organisateur principal, le même « détaché politico-culturel », faisait l'introduction de la fête : « … grâce à notre Parti, aujourd'hui, nos enfants peuvent exprimer leur joie en chantant ! »
Une fois cette présentation terminée, il se place derrière le rideau et commence à chanter en même temps que nous. Et ses conseils ne tardent pas à tomber : « toi, tu chantes à contre temps, tu dois te taire ! » et sa main continue à montrer tous ceux qui doivent se taire. Bientôt, plus de la moitié des choristes regarde le public en écoutant les autres chanter. Heureusement, la chanson n'était pas trop longue sinon c'est l'organisateur qui aurait fini seul la chanson !
La Blanche Neige habillée en rouge, suivait ; on se pressait pour nous changer de costumes et nous habiller en nain. Puis nous avons regagné la scène. Comme les dernières directives étaient que je sois le dernier, je rentrais à la suite de tous les autres, sur la chanson des nains.
La scène prévoyait que tous les nains présentent leur nom et leur numéro d'arrivée :
- Moi, je suis le premier et je m'appelle …
- Moi, je suis le deuxième et je m'appelle…

… et ce fut mon tour, en septième position :
- Moi, je suis le premier et je …

Je n'arrivais pas à terminer, le public éclatait de rire. Mais l'organisateur voulait prendre en charge cette sortie d'impasse, et de derrière le rideau d'où il suivait le déroulement du spectacle, il recommençait mon texte : « moi, je suis le septième et je m'appelle… » mais le public recommençait à rire, il avait entendu la grosse voix du nain.
Blanche Neige a bien fini par se terminer. Dans les coulisses, j'étais le client préféré de l'organisateur qui recommençait son histoire, de la lampe à pétrole jusqu'à mon rôle.

- Ce n'est pas de sa faute intervint la directrice, à cause du changement, il ne pouvait pas retenir son nouveau numéro, ce serait bien de le laisser un peu tranquille, car cela va être à son tour de dire une poésie.
- Comment ! encore lui ! il n'en a pas assez fait !
- Vous lui faites peur ! laissez-le un peu avec moi pour répéter encore une fois sa poésie.
- Je vous le laisse, mais s'il y a encore des surprises, ce sera à vous d'en répondre devant le directeur.

La directrice m'encouragea pour me faire oublier mes émotions :

- Il faut dire ta poésie très fort, n'aies pas peur, je suis sûre que tu vas réussir ! N'oublie pas qu'il n'y a pas de microphone, parles bien fort, sans te presser, tu es le dernier à passer, tu as tout le temps de dire ta poésie.

La directrice me conduisit devant le public, me présenta et se retira. Et je me retrouvais devant un public silencieux qui attendait ma poésie.

- « Le Toutou boiteux. »

Je commençais en essayant d'être à la hauteur, je recommençais :

> **« Le Toutou boiteux. »**
> je suis le toutou à trois pattes
> et je m'appelle Toutou boiteux,
> ça fait trois ans déjà qu'un enfant m'a frappé
> et m'a cassé une de mes pattes,
> maintenant il m'apporte du sucre
> et il veut que je sois gentil,
> à mon tour, j'ai aussi envie
> de lui mordre un pied,
> mais je ne le mords pas
> je suis sage et bon
> et je m'appelle le toutou boiteux. »

La salle se mit à applaudir, le public était satisfait. Je me pressais de me retirer derrière le rideau. Comme les spectateurs applaudissaient encore, la directrice me renvoya encore une fois devant eux.

Mais quelque chose dans mon rêve n'était pas à sa place.

Ce n'étaient plus les spectateurs de l'école mais Monsieur Korne, accompagné du Consul Télu et de l'ambassadeur, et à côté d'eux, applaudissant avec le même enthousiasme, Antonia C et son mari, Monique L, Madame B, Christian le masseur, le médecin du monde, Madame B, le barbu qui agitait sa barbe rouge, le même homme qui était passé dans la journée, toujours habillé de son pull-over rouge, à côté de lui monsieur Papillon qui se levait pour applaudir en obligeant les autres à faire de même. Je finis par les regarder, sans rien comprendre, comment avaient-ils réussi à s'introduire dans mon rêve ?
La directrice finit par venir me rechercher, et me dit que le spectacle était fini.

- Tu as été super, me dit-elle en coulisse.

Ma mère ne tarda pas à s'extirper du public pour me chercher, elle était fière de moi. Tous les deux, on se dirigea vers la grande porte en fer de l'usine de mon père pour attendre ensemble qu'il sorte de son travail. Au bout d'une demi-heure d'attente, ma mère partit demander la permission d'entrer pour aller chercher son mari. Je devais rester tout seul dans la salle d'attente, car l'accès était interdit aux enfants. Bientôt, une femme entra dans la salle, elle attendait aussi la sortie de son mari. Elle se mit à parler avec moi, mais moi, je n'écoutais plus rien. J'étais fixé sur sa main qui tenait quelque chose qui ressemblait à des boules de couleur orange.

- Ce sont des oranges, m'expliqua-t-elle. Oui, je te dis ça, mais tu es trop jeune pour savoir ce que c'est.

Et comme mes yeux ne quittaient pas ces curieuses boules, elle ajouta :

- Ça se mange. Si tu me dis une poésie, je t'en donne une.

Comme la poésie n'était pas loin dans ma mémoire, je lui récitais toute ma poésie. Elle regardait au loin, le regard perdu. J'avais l'impression qu'elle ne tiendrait pas sa promesse. Mais à la fin, elle me donna l'une des trois oranges.

- Tu ne peux pas la manger comme ça, il vaut mieux attendre ta maman qui t'expliquera comment ça se mange.

- Qui est ce garçon ? demanda la femme au gardien, qui venait d'entrer dans la salle d'attente.
- C'est le fils d'une femme russe.
- Une femme russe ? Et je lui donne une orange !

Son mari ne tarda pas à arriver. La femme lui raconta ce qui venait de se passer. L'homme s'exclama :

- Ce sont les Russes qui nous ont poussés dans cette misère ! Et il se dirigea vers moi : donne-moi cette orange.

Mais de mon côté, rien, je ne répondais pas. Je serrais dans ma main la boule orange.

Mon père arriva à ce moment là, il s'approcha de moi. L'homme qui, tout à l'heure me demandait l'orange, commença à parler avec mon père.

- C'est ton fils ?
- Bien sûr qu'il est mon fils. Pourquoi me demandes-tu cela ?

Mais l'homme ne répondit pas. Au lieu de répondre à mon père, il s'attaqua au gardien :

- Et toi tu m'as dit que c'est un fils de russe ! Moi, je travaille avec Vasile et tu me dis ça ! Et il s'adresse à mon père : tu sais, ma femme vient de lui donner une orange et moi qui étais en train de la lui reprendre, le gardien a dit que c'était le fils d'une femme russe !
- Oui, ma femme est russe.
- Je ne savais pas ! Je vais rentrer, excuse-moi, dit-il et se tournant vers sa femme : ça ne va pas ! Tu veux que je m'attaque aux enfants de Vasile ! Tu ne sais pas qu'il a vécu quatorze ans en déportation ! Et il partit avec sa femme toujours en discutant.

Ma mère était de retour.

- Ils ne m'ont rien donné pour les enfants !
- Oui, je sais, tous ceux qui sont sortis à midi n'ont rien eu. D'abord ils ont dit qu'ils nous laissaient sortir pour voir le spectacle, mais je me suis dit qu'il y avait quelque chose qui clochait et je suis resté. Et finalement j'ai entendu la nouvelle.

- Alors qu'est-ce qu'ils t'ont donné ? Une paire de chaussures ?
- Non. Tu sais comment ça marche, ils mettent tout sur la table et après ils te disent de faire la queue : et ça c'est pour toi, et ça pour toi, quand mon tour est arrivé, celui qui faisait la distribution m'a donné un drapeau rouge en papier. Je lui ai expliqué que j'avais trois enfants, tu sais ce qu'il m'a répondu ? Que ce n'est pas lui qui les a faits ! Je me suis attaqué à lui. Et finalement, il m'a donné deux drapeaux en plus.

De retour à la maison, nous avons retrouvé mon frère qui ne pouvait pas aller au spectacle à cause des chaussures. Il demande ce que le père Noël lui a apporté ou plutôt, où sont ses chaussures neuves ?

Mon père lui montre le drapeau, mais sans grand succès. Il n'était pas du tout content. Il réussit à changer d'avis lorsqu'il vit la boule orange :

- Ça c'est très bon à manger, mais d'abord il faut l'éplucher.

On regardait tous ce nouveau fruit avec émerveillement en faisant attention qu'il ne se casse pas.

A la tombée de la nuit, on préparait à manger, un voisin vint nous dire que l'usine électrique était sabotée. Heureusement, on avait toujours la lampe à pétrole. On a mangé tous ensemble l'orange après la bonne soupe de pommes de terre.

Ma mère ramassa l'écorce d'orange, elle voulait nous préparer une surprise. La surprise, on la découvrit le matin. En nous réveillant, un gâteau à l'orange nous attendait.

Le rêve commençait à se disperser peu à peu…

Malgré mes yeux ouverts, je revoyais toujours le gâteau surprise, et ces spectateurs un peu trop touchés par la poésie. Je me demandais ce que cela pouvait bien signifier. Etait-ce un signe venu de quelque part de très loin ?

Ou ce sont mes rêves qui se mélangent si souvent au présent ?

CHAPITRE XVII
Dix-neuvième jour

Encore une journée de plus au même endroit. Comme c'est lundi, l'activité du quartier est plus matinale. Ionel commence aussi à vouloir rester la nuit avec nous. Il est content de nous rendre service. Victoria, a le sommeil plus agité que d'habitude, elle n'arrive pas à dormir. Malgré ses problèmes, elle n'oublie pas de m'accorder toute son attention. Je lui suggère de rester tranquille pour garder ses forces, mais elle me répond que j'ai l'âge de son fils, et que si elle fait quelque chose pour moi, même si ce n'est pas grand chose, c'est comme si elle le faisait pour son enfant, il ne faut pas que je gâche son plaisir.

Simone arrive un peu plus tôt que d'habitude :

- C'est à cause de la grève des transports, ils sont encore en train de nous embêter avec leurs revendications. En plus, regarde, je ne peux même pas garer ma voiture, toutes les places sont prises de ce côté. De l'autre côté il n'y a pas une seule voiture, mais si je m'y gare, je suis sûre d'avoir une contravention. Mais je n'y peux rien, si je veux travailler, il faut bien que je gare la voiture quelque part. Si vous apercevez les contractuelles, faites moi signe !

Le patron de Simone ne tarde pas à arriver à son tour. Lui aussi est en voiture aujourd'hui.

- Où puis-je garer la voiture ? J'en ai marre de cette ambassade, je vais vendre ma boutique !

Et il reprend sa voiture, comme s'il partait mettre une annonce pour vendre sa boutique.

Antonia était matinale aujourd'hui. Elle venait prendre, pour la je-ne-sais-la-combientième-fois, des renseignements pour son journal. J'essayais de rester calme. Elle recommença les mêmes questions. Je lui répondais comme si je récitais une poésie. Au bout de quelques questions, je connaissais d'avance, les questions qui suivraient.

- Mais ça ne va pas ! intervint Victoria, presque tous les jours tu poses les mêmes questions et aujourd'hui tu recommences encore !
- Je recommence pour éviter toute confusion.
- Je me demande plutôt si tu ne fais pas comme un inspecteur de la milice qui essaye tous les jours les mêmes questions pour voir si l'interrogé ne fait pas une erreur qu'il pourrait ensuite lui jeter à la face. J'ai déjà eu l'occasion d'avoir affaire avec des femmes de ton espèce, là-bas, on les appelle « commandante » et ici en Occident, on les appelle «Madame la journaliste » !

Mais Antonia, imperturbable, continua de faire son article et, ce, jusqu'à l'arrivée de George. Puis elle tint à me dire qu'elle avait tout ça dans son carnet et qu'elle préférait faire une photo pour son journal. Elle sortit son appareil et cinq secondes plus tard, disparut.

- Je te donnerai une photo, dit-elle avant de partir.
- J'espère que tu n'attends pas après sa photo ! dit George qui arrivait, elle est passée prendre une photo pour faire son rapport. Comme Christian, hier, n'a pas réussi à prendre assez de photos, ils l'ont envoyée. Ils ne peuvent pas te donner les photos qu'ils mettent dans leur rapport, réfléchis ! Tu verras, tu n'auras jamais les photos promises.

Malheureusement, George avait raison.

Après le départ d'Antonia, une femme que je reconnus, arriva. C'était la reporter du journal le Monde. Elle s'approcha discrètement de moi et commença à me questionner, les questions se suivaient sans arrêt :

- Qu'est-ce que vous avez mangé l'hiver 56 devant le Kremlin ? Est-ce que ta mère a vu Khrouchtchev ? Comment as-tu réussi à t'échapper ? Qui t'a aidé en France à ton arrivée ? Où as-tu dormi la première nuit à Paris ?

Elle essayait de parler bas pour que personne ne l'entende, mais elle n'arriva pas à échapper aux oreilles attentives de George.

- Où voulez-vous en venir avec toutes vos questions, ou bien commencez-vous à profiter de son état ? Vous voulez faire un lancement spectaculaire de votre carrière ? Vous feriez mieux de le laisser tranquille ou alors demandez-lui exactement ce dont il a besoin. Il ne faut pas profiter de son caractère ouvert.

Et George me demande si je veux le laisser continuer. La journaliste commence à s'excuser.

- George, je sais que tu as raison, mais je voulais savoir jusqu'où elle irait avec ses questions. Je pense qu'elle veut voir si je ne suis pas à moitié fou !
- Mais non ! pas du tout ! s'exclama la journaliste, je voulais comprendre comment un simple ouvrier arrive à faire ce que tu fais !
- Pourquoi ? Les ouvriers n'ont pas le droit de faire cela ?
- Non, ce n'est pas ça. Je me demande pourquoi les intellectuels ne réagissent pas ? Ils doivent être aussi touchés au sujet de la libre circulation, ils doivent, eux aussi, avoir leurs familles dans la même situation. Comme vous le savez, à l'école, on apprend les catégories sociales et souvent tout le monde ignore la classe la plus basse.
- Ce n'est pas une école du Parti que vous avez suivie par hasard ? Parce que moi, je connais des écoles où l'on apprend cela, et je pense que vous vous trompez, n'oubliez pas, les hommes d'Etat les plus célèbres ne sont pas toujours les intellectuels comme vous venez de les définir. Et il y a aussi un phénomène dans ce pays, depuis 1947, l'Etat a mis en marche un système si perfectionné que les intellectuels sont devenus comme des robots qui ne réagissent que lorsqu'ils reçoivent des ordres. Ça vous étonne, mais je vous assure que c'est près de la vérité.
- Vous ne pouvez pas me donner des noms, pour mon journal, d'intellectuels qui ont participé ou qui ont manifesté leur sympathie pour vous.
- Je ne sais pas ce que vous voulez comme intellectuel !
- Disons des intellectuels comme Ionesco ou d'autres qui sont connus.
- Je ne peux pas savoir leur sentiment vis à vis de ma situation ! Mais je peux vous parler de quelqu'un de précis :

le Père Calciu, qui est arrivé des U.S.A. et qui a eu un rôle important dans son pays comme opposant actif ; lorsqu'il est arrivé à Paris, il a été le premier à soutenir que mon cas ne représente pas un cas isolé comme essayaient de le prétendre les organisations d'exilés pour éviter d'intervenir. Et c'est toujours lui qui a insisté auprès des réfugiés pour qu'ils manifestent.

- Je ne comprends pas très bien.
- C'est simple Madame, intervient George, ils ont essayé de boycotter sa grève de la faim en diffusant des dépêches dénaturées et des informations tardives et confuses. Si vous voulez des preuves et que vous promettez de les publier dans votre journal, on peut vous les fournir, sinon, ce n'est pas la peine de vous fatiguer à nous poser des questions.

Isabelle était arrivée à côté de nous depuis un moment et avait assisté à une bonne part de la discussion. Elle trouvait que c'était le moment d'intervenir.

- Vous ne voyez pas dans quel état il est ? Il faut le laisser tranquille. Vous n'arrêtez pas, toute la journée, de lui poser des questions pour un malheureux petit article perdu dans votre journal, pour mentionner qu'il est ici depuis tant de jours, et sans plus. Ce n'est pas la peine de le déranger, je peux vous dire depuis combien de jours il est là si vous l'avez oublié, comme cela vous gagnerez du temps et lui restera tranquille.
- Bon, je vous laisse, je vous tiendrai au courant si je peux passer un article dans le journal, dit la journaliste en s'en allant.

- Je me demande ce qu'elle voulait encore ?
- Si tu veux, je peux te le dire, Isabelle. Elle voulait savoir ce qu'il a mangé en 1956 quand sa mère était devant le Kremlin avec ses frères.
- Non ? Ce n'est pas vrai ?
- Tu peux le lui demander.
- Et moi qui pensais que les journalistes sont plus réalistes que nous.

- Mais ça aurait été trop beau si elle s'était arrêtée là.

Une nouvelle jeune fille arrivait
- Je suis de la Ligue française des Droits de l'Homme, et je suis passée prendre des renseignements pour pouvoir faire un dossier sur son cas.
- Et après, qu'en ferez-vous ? demanda Isabelle.
- Après on étudiera son cas dans l'ordre des priorités.
- Et à quel degré placez-vous son cas ? demanda George.
- On a plusieurs dossiers en cours, mais je suis sûre que dans six mois il pourra avoir une réponse.
- Mais d'habitude vous venez plutôt lorsque la télévision est là pour filmer et là, je vous assure, aucun reportage n'est prévu.
- Non, je ne suis pas là pour ça.
- Mais pourquoi alors ? Ne voyez-vous pas son état ? Il faut le laisser tranquille, ses frères ne sont ni des assassins ni des voleurs internationaux. Ce sont, comme lui, de simples ouvriers. Je ne vois pas ce que vous pourriez faire pour lui, alors que votre organisation ne s'occupe pas des hommes qui travaillent honnêtement.
- Mais pourquoi parlez-vous comme cela ?
- Je ne parle pas comme ça. Justement, il y a dans ce quartier, quelqu'un que votre organisme a fait sortir d'Amérique du Sud. Il ne parle que de bombes et quand il a vu que la serpe et le marteau étaient critiqués, il a fait une attaque du cœur. Si votre organisme s'occupe de ce genre de personnes, je tiens à vous dire une seule chose, ils me font peur.
- Je ne comprends pas votre rôle, ajouta Victoria. Est-ce que vous venez nous dire de nous arrêter ? Et pourquoi ? Pour toucher une prime ?
- Excusez-moi, mais je trouve les manières d'agir de votre système politique, écœurantes. Moi, je suis très humaine, reprit la jeune fille, quand je t'ai vu à la télévision, et quand j'ai su que tu étais père de deux enfants, cela m'a beaucoup

touchée, et j'ai pris la décision de faire un dossier de ma propre initiative.

- Arrête-toi, tu nous fais pleurer.

La jeune fille finit par partir, trouvant qu'elle avait assez de renseignements, il y avait assez d'articles dans les journaux.

Bientôt, je remarquai le facteur. Tous les jours je le voyais apporter le courrier à l'ambassade. Depuis quelques jours, ce n'était plus le courrier sorti de sa sacoche habituelle, mais un grand sac qu'il déposait à l'ambassade et ce jour là, lorsqu'il déposa son grand sac, le consul sortit et lui dit :

- Si c'est toujours le même courrier, ce n'est pas la peine de l'apporter, on a autre chose à faire à l'ambassade.
- Vous savez, moi je fais correctement mon travail, rien de plus, même si cela vous déplait.

En repartant, il s'arrêta devant moi :

- Ils ne sont pas polis dans cette ambassade. Je me suis fait engueuler. Apparemment le courrier vient des écoles, ce doit être des enfants qui écrivent au sujet de votre présence. Je me demande, si vous restez encore quelques jours, si je ne vais pas devoir apporter une camionnette ! Je ne sais pas comment ils vont réagir !

Simone sortit. Il était bien midi. Elle se dirigea vers sa voiture et surprise, se tourna vers nous :

- Ils m'ont collé un P.V. ! Vous n'avez rien vu ?
- Pas du tout, pourtant on a regardé, on n'a vu personne en train d'écrire un P.V.
- Qui m'a mis ce P.V. ? demanda-t-elle au policier de garde devant l'ambassade.
- Ce n'est pas moi, Madame, je sais bien qu'il y a des grèves et c'est difficile de trouver une place aujourd'hui à Paris.
- Alors qui l'a mis ?
- Ce sont les contractuelles qui sont passées.
- Et pourquoi personne n'a-t-il rien vu ?

- Je veux bien vous le dire mais ce n'est pas moi qui vous l'ai dit.
- D'accord.
- Je vous explique comment ça marche. L'ambassade appelle les contractuelles. Elle donne toutes les coordonnées d'avance, ensuite une contractuelle passe comme n'importe quel passant et accroche le P.V. au pare-brise.

Simone finit par aller manger, mais son appétit n'a pas dû être aussi bon que d'habitude.

Je restais un peu seul, regardant devant moi. Quelque chose que je ne comprenais pas me poussait à crier : « bordel de système ! » Je criais si fort qu'Eddie, qui n'était pas loin, se précipita.

– Il faut appeler un médecin, il commence à délirer !

Au contraire, je me sentais très bien, après mon cri, je ressentais comme si quelque chose de très lourd avait quitté mon organisme.

Le gardien de la paix commençait à transmettre par radio. Eddie me regardait sans comprendre.

– Où as-tu trouvé toute cette force, après tous ces jours de jeûne ? Tu m'as fait peur, tu dois avoir quelque chose de surnaturel ou tu délires ! Il vaut mieux qu'on appelle un médecin.

Une voiture de police ne tarda pas à arriver. Les mêmes commissaires à l'allure jeune, étaient de retour.

– Alors ? Ça ne va pas ? Tu te sens mal ?
– Non pas du tout, au contraire, je me sens très bien.

Les commissaires se regardaient sans comprendre.

- Il faut appeler un médecin, recommença Eddie.
- Pour moi ce n'est pas utile, si vous voulez en appeler pour vous, faites-le.
- Tu peux quand même nous dire pourquoi tu as crié comme ça ?

- J'ai crié quand je me suis aperçu qu'ils faisaient leur loi ici comme chez eux et qu'en plus, ils se servaient de la police pour le faire.
- Regardez de ce côté de la rue : et je leur montre les voitures de l'ambassade qui sont garées. Et de l'autre côté, du côté de l'ambassade, aucune voiture ! Et si quelqu'un se gare de leur côté qui est libre, tout de suite une contravention ! Si vous n'enlevez pas le P.V. qu'ils viennent de poser sur cette voiture, ils vont se retrouver avec des voitures bien cuites !
- Non ! Là ! On ne veut pas de violence !
- Il faut que la personne nous donne son P.V. et on va voir ce qu'on peut faire.

Une ambulance arriva bientôt. Un médecin en descendit et commença à m'examiner.
- Je les ai appelés, m'expliqua Eddie.
- J'espère que ce n'est pas pour moi ! Je me sens bien.
- Au moins, il faut que tu te taises un peu, me coupa-t-elle.
- Combien avait-il de tension la dernière fois ?
- Huit, répondit Eddie au médecin.

Comme si son appareil était déréglé, le médecin recommença à me prendre la tension ; vérifiant son appareil à plusieurs reprises.
- C'est grave ? demande Eddie remarquant le contrôle répété du médecin.
- Non, au contraire, je n'arrive à m'expliquer comment il a fait pour monter jusqu'à dix !
- Qu'est-ce qu'il a fait ?
- Il a fait quelque chose, qu'en terme médical, je n'arrive pas à caractériser.
- Il a crié ! intervint Isabelle et s'adressant à moi : et maintenant, comment te sens-tu ? Tu n'as pas mal quelque part ?
- Non, au contraire, après avoir crié, j'ai senti mon organisme plus léger. Comme si un objet lourd était sorti de moi avec le cri.

Eddie me serrait la main, le tremblement de sa main commençait à se transmettre à la mienne.

- Docteur, si vous êtes là, vous pouvez aussi prendre sa tension, elle n'a pas l'air de se sentir très bien, dis-je.

Eddie n'avait pas la forme et ne refusa pas. Le médecin donna son diagnostic :

- Vous n'êtes pas loin l'un de l'autre.

Marie passait pour savoir si Monsieur Korne était passé. :

- Je lui ai demandé comme promis au téléphone, s'il croyait en la moitié du télex qu'il avait écrit, il m'a répondu qu'il allait refaire le texte.
- Oui, il est passé, lui assurai-je.
- Et qu'est-ce qu'il t'a dit pour son télex ?
- Il m'a dit qu'il y avait eu une erreur de frappe, et qu'il allait envoyer sa secrétaire.
- Ça ne m'étonne pas avec un homme comme ça, c'est bien son style. Et j'ai aussi contacté le Nouvel Observateur comme je te l'avais dit, et le rédacteur m'a suggéré d'écrire un article complet sur ma visite en Roumanie.
- Et tu n'as pas peur qu'on te vire du P.C. ?
- Tu sais, finalement, ça m'est égal. C'est dégueulasse qu'il y ait encore des pays comme ça, et personne n'en parle. Pourquoi les intellectuels réfugiés ne font-ils pas des publications sur ce qui se passe là-bas ?
- Ils n'ont pas le temps, intervint Victoria, ils sont tellement occupés à boycotter toutes les manifestations devant l'ambassade qu'ils n'ont pas le temps d'expliquer la situation catastrophique de leur pays d'origine.
- Mais quand même, ne font-ils pas quelque chose ?
- Oui, ils ne font que ça ! tient à clarifier Isabelle. Depuis que je suis là, ils font tout à l'envers, comme si c'était programmé d'avance. Auparavant, je croyais ce qu'ils disaient à la télévision, mais depuis que je vois, sous mes yeux, ce qui se passe, je commence à me méfier. Heureusement, il ne fait confiance à personne.

Le médecin partit, non sans me donner des conseils et Marie partit en même temps.

Simone était de retour, elle n'hésita pas à se battre pour le P.V. :

- Vous qui travaillez à la Police, vous êtes contents de ce P.V. ?
- Non, Madame, justement on vient vous voir pour cela, donnez nous votre contravention, on va voir si on peut faire quelque chose.
- Vous ne trouvez pas ça dégoûtant ? Ils occupent notre côté de trottoir et ce sont toujours eux qui appellent les contractuelles !
- On est au courant, justement on nous a parlé de vous. Vous nous donnez ça, et on va aller déjeuner. On n'a pas encore déjeuné à cause de ces évènements.

Ils prennent la contravention et se dirigent vers leur voiture.

- Quoi ! ce n'est pas possible ! s'exclame le policier, qui a aussi le rôle de chauffeur, en arrivant à leur voiture. Regardez ce qu'ils m'ont collé !

Et il retire un P.V. de son pare-brise.

- Mais comment cela se fait-il qu'on n'ait rien vu ? On était juste à côté !
- Voilà ! s'exclame Simone, s'il n'y avait que moi vous auriez pu dire que j'exagère, mais maintenant, vous êtes vous-mêmes témoin de leur manière d'agir.
- Qu'avez-vous crié, tout à l'heure ? dit le policier à mon attention.
- Pourquoi me demandez-vous cela ?
- J'ai aussi envie de crier la même chose !
- Laisse tomber ! lui dirent ses collègues pour le calmer. On va expliquer tout ça au commandant, et je suis sûr qu'il comprendra, et en même temps que notre contravention on passera aussi la votre, comme cela vous aurez plus de chance.

Les commissaires repartis, Simone reprend son travail.

… Les heures passent et la nouvelle que j'attends n'arrive toujours pas …

C'était l'heure de la manifestation quotidienne. La même masse de femmes, d'enfants, d'hommes, était présente.

Nous commencions à avoir l'habitude de voir des « envoyés spéciaux », et nous nous demandions pourquoi, aujourd'hui, il n'y en avait pas. Nous avons à peine eu le temps de nous poser la question que déjà un homme s'approchait accompagné de cris :

- Rentrez chez vous ! Ici c'est ma patrie ! Moi, j'ai lutté en Algérie ! Vous ne devez pas rester là ! Ou bien vous profitez de ce que je sois invalide et que je ne peux pas me défendre ?

L'homme, en fauteuil roulant s'arrête devant moi et recommence son discours patriotique.

- Tu as dit : Algérie ? dit la voix de Paulette qui se fait entendre par la fenêtre, attends un peu que je descende et je vais te montrer l'Algérie !

L'homme en fauteuil n'attendit pas l'arrivée de Paulette et s'en alla en accélérant si vite que bientôt on ne le vit plus. Paulette était descendue.

- Où est-il ? Je vais lui montrer l'Algérie ! Il pense peut-être que je n'arriverais pas à le reconnaître même s'il est habillé proprement. La dernière fois, il était habillé en costume, il avait encore l'étiquette du magasin avec le prix ! Il a parlé de l'Algérie ? Vous savez où il a vu l'Algérie ? Dans le métro ! C'est là-bas qu'il est tombé ivre mort sur les rails du métro.
- Mais je crois que je le connais aussi, dit Isabelle.
- Bien sûr que tu le connais, il fait la quête dans le quartier pour une cigarette, et il est prêt à crier n'importe quoi.
- Non, je pense plutôt que je l'ai vu devant l'ambassade, et j'ai même été surprise qu'il vienne en fauteuil roulant jusque devant l'ambassade et qu'il monte ensuite l'escalier à pied, sans prothèse, ni canne.

- Mais bien sûr qu'il marche ! Si je l'avais attrapé, sois sûre que je l'aurais fait courir et je suis sûre qu'il en aurait laissé son chariot !
- Il est en est en fauteuil roulant pour faire une bonne quête.
- Tu sais comment je le connais ? Cela fait plusieurs années, il faisait la quête comme d'habitude, il m'a demandé de lui donner de l'argent, et comme je savais qu'il n'était pas invalide, je lui ai dit d'aller travailler. Alors il m'a traitée de pute. Je suis rentrée et j'en ai parlé à mon mari. Aussitôt, il est descendu et lui a donné une bonne leçon. Vous savez que le maire lui avait interdit de quêter près de la fontaine ? Il jetait toutes ses misères autour, mais il ne voulait pas quitter la fontaine ; depuis que mon mari lui a passé un shampooing et lui a interdit de rester là-bas, il n'y est plus retourné. Si le maire l'avait su, il m'aurait donné une prime ! S'il revient, il suffit de m'appeler, mais je suis certaine que, parce qu'il a entendu ma voix, il ne reviendra plus.

Le médecin barbu du quartier passa pour m'ausculter à son tour ; Eddie venait de lui raconter l'exploit d'aujourd'hui, et il voulait vérifier par lui-même, les dires d'Eddie ; à l'aide de son appareil, il prit ma tension.

- Oui, c'est bien ce que tu m'as dit, Eddie, mais pour moi ce phénomène, ce n'est plus du domaine de la médecine. Je savais déjà, que pour les sportifs, lorsqu'ils subissent des opérations, on assiste souvent à des guérisons fantastiques. Mais pour la tension, je n'avais encore rien vu de semblable.

Il examina Victoria, puis Eddie qui n'avait toujours pas l'air en forme. Pour Victoria, il se faisait du souci :

- Vous devez avoir mon âge, je ne fais rien d'autre que d'essayer de me mettre à votre place, je ne vois pas comment vous pouvez encore tenir le coup, lui dit-il.

LA NUIT

La nuit ne tarda pas à arriver. Des discussions avaient lieu comme d'habitude, sur des sujets plus ou moins graves, mais j'en étais mis à l'écart, ils me laissaient dormir. Mais la même odeur tuait mon sommeil. Comme presque toutes les nuits, la viande grillée se faisait sentir et son odeur sortait par la même fenêtre. Et mon rêve – réalité ne tarda pas à arriver.

J'étais en prison, c'était au moment où j'étais enfermé en 1972. C'était pendant cette période où 30% de la population active avait été sélectionnée, en dehors de tout critère de culture générale, et était passé dans l'Ecole Supérieure du Parti et où les dirigeants formaient des cadres. C'était la « Réforme Progressive » lancée par le Président, sa visite en Chine Populaire lui donnait de nouvelles idées. Les cadres avaient pour mission de réduire les dépenses, la population devait faire du travail forcé non rémunéré.
J'avais dix-sept ans et je n'avais pas été épargné. Le juge voulait faire un exemple : j'avais réussi à éviter le viol d'une jeune fille de quatorze ans, et comme l'accusé mis en cause était un futur agent de sécurité d'Etat, il fallait blanchir son avenir ! Un viol équivalait à un petit examen avant de le mettre dans des responsabilités plus importantes ! Malheureusement, c'était à moi de payer pour lui. J'étais condamné à cinq mois de prison ferme, et ils m'ont bien mentionné que c'était mon jeune âge qui me sauvait de la « vraie condamnation qu'ils donnent à ceux qui s'attaquent aux représentants de la loi », c'est à dire les agents secrets du Gouvernement, même s'ils sont encore stagiaires.
Comme j'étais trop jeune pour m'envoyer sur leurs chantiers, les camps de travaux forcés, ils m'utilisaient à des travaux comme la cuisine, l'entretien, où à brûler des dossiers d'archives qui commençaient à devenir trop nombreux.
La majorité des dossiers dataient d'après 1948. Malgré le départ du dernier roi en 1947, les mandats d'arrêt mentionnaient toujours la même formule : « au nom du roi, vous êtes

condamnés à tant d'années de prison », la notion de « mois » n'était mentionnée sur aucun mandat d'arrêt.
Le mandat d'arrêt le plus choquant que j'ai trouvé, datait de 1949, la période du début des grands moments de la Nationalisation. Il concernait un Roumain d'origine juive, qui pendant la réquisition de son magasin de chapeaux, avait réussi à cacher une dizaine de chapeaux sous le comptoir. L'acte était considéré comme un « vol du patrimoine national » et il était condamné à 15 ans de prison ferme. Je tremblais en regardant la décision du tribunal populaire qui condamnait toujours au nom du roi. Et je me disais que j'avais vraiment eu de la chance avec mes cinq mois de prison.
Comme mon travail était très varié, je me suis retrouvé à travailler avec les maçons qui agrandissaient la prison. Un des maçons m'expliqua qu'il y avait quelqu'un aux arrêts depuis dix jours, pour avoir refusé le travail forcé imposé par la « société développée ». Ce maçon improvisé de force avait 65 ans, l'âge normal pour une retraite tranquille. Mais comme il habitait à la campagne, le système de retraite n'était pas mis en place. Pour arriver à survivre, il gardait du bétail, l'été. L'hiver ne lui permettait pas de gagner de quoi manger, aussi il commettait de petites infractions pour passer de courts moments en prison, où là, au moins, il pouvait manger, et c'est ainsi qu'il se retrouvait devant moi, à me parler.
Le maçon me proposa de porter des cigarettes à cet homme tenu en quarantaine qui n'avait que 100 grammes de pain et deux litres d'eau par jour.
La proposition était risquée, car il fallait traverser une bande de terrain sablé pour que les gardiens voient mieux les traces de pas vers la cave où l'homme était retenu prisonnier. Et de plus, il fallait passer sous les yeux des gardiens. Mais le vieux maçon était un vieux renard, il ne pouvait pas se déplacer mais son imagination était plus alerte que je ne pouvais l'imaginer. Je profitais d'un moment de négligence du gardien et comme le vieux renard venait de me l'apprendre, je posais une planche de bois sur le sable pour éviter les traces de pas. J'arrivais bientôt tout près de la fenêtre. Je sortais le paquet de cigarette de ma

poche et je passais une par une les cigarettes à travers le grillage en fer. Une fois ce travail terminé, à l'aide d'un petit balai, j'enlevais les dernières traces. Tout est bien qui finit bien, j'étais de retour.

- Alors tu l'as vu ? Tu lui as parlé ?
- Non, je n'ai pas parlé avec lui, je n'ai pas réussi à le voir, je pense qu'il était allongé par terre.
- Il ne peut pas rester par terre à cause de l'eau qu'ils mettent exprès sur le sol, afin qu'il reste toute la journée debout. Je suis sûr qu'il y a quelque chose d'anormal… Tu n'as rien remarqué de suspect ?
- Non, j'ai juste aperçu une écriture sur le mur faite à la peinture rouge. C'était marqué : « vive le premier mai ».
- De la peinture rouge, tu dis ? Je ne vois pas où il a réussi à se procurer de la peinture rouge !

On continua un moment, tous les deux, à travailler sur le parapet, en hauteur.

Tout à coup, le vieil homme laissa tout tomber et se dirigea rapidement vers la cave. Il oublia toute précaution, même la bande de sable et les yeux étonnés des gardiens qui, cette fois, réussirent à voir quelqu'un s'approcher de la terrible cave. Il commença à appeler celui qui était enfermé. Comme personne ne répondait, il s'approcha un peu plus de la fenêtre.

- Mais ! C'est écrit avec du sang, cria-t-il. Assassins ! Criminels ! il criait de toutes ses forces, vous l'avez tué ! C'est avec son sang qu'il a écrit « vive le premier mai » !

Moi, qui étais resté là-haut, je commençais à réfléchir à ses paroles, je voyais la grande écriture rouge et je commençais à me sentir mal. Le vieil homme le remarqua et m'aida à descendre.

- Qu'est-ce que tu as ? Tu as le mal de mer ? Ils t'ont mis en prison pour t'être attaqué à l'un de leurs agents et tu tombes comme une poule quand tu vois un peu de sang !

L'alarme ne tarda pas à retentir. Plus tard je ne travaillais plus de ce côté, le prisonnier avait été hospitalisé d'urgence et ce fut le pauvre vieux qui prit sa place.

Mon nouveau secteur, c'était la cuisine. A l'aide d'une pelle et d'une brouette, il fallait apporter le chou aigre. Le chou aigre se trouvait dans une cave, dans un tonneau de six mètres de haut et de trois de diamètre. Il était à moitié vide. Pour attraper le chou, il fallait que je me débrouille avec les instruments du bord. A cause de la hauteur et de ma peur du noir dans cette cave, je glissais sur l'échelle et je me retrouvais dans le tonneau, trempé. Mais je ne voulais pas laisser tomber. Finalement, je réussis à remplir la brouette et à ressortir de la cave. La pluie avait commencé à tomber, elle était si abondante qu'elle me lava et retira toute l'odeur en quelques secondes. C'était une pluie torrentielle bienvenue. Bientôt le soleil réapparut en même temps que la pluie continuait à tomber.

Cette sensation de pluie coupa le fil de mes rêves.

Je regardais autour de moi, aucune trace de pluie. Le soleil n'avait pas encore fait son apparition, mais dans mes yeux, j'avais encore sa lumière forte. J'essayais de fermer les yeux, mais ce même soleil était dans mes yeux.

CHAPITRE XVIII

A côté de moi, Victoria est déjà réveillée. Ionel est resté toute la journée et toute la nuit avec elle, dans la rue. Isabelle et Paulette, avant leur café, avec les mêmes yeux gonflés, sont descendues pour me voir. Les jeunes femmes gardiennes de la paix qui me gardent depuis quelques jours, s'approchent de moi, pour dire bonjour. Leur longue nuit passée à côté de nous, leur donne envie de parler. Marc et Simone se trouvent sur leur chemin, tous les commerçants parlent plus longtemps entre eux. Le court bonjour habituel se transforme maintenant en petites conversations. Je commence à connaître de mieux en mieux leurs petites habitudes.

- Que va-t-on faire quand il va partir ? demande Marc à ses voisins, on ne pourra plus discuter aussi longtemps, on passera l'un à côté de l'autre sans s'arrêter.
- Heureusement qu'il est là, on arrive à mieux se connaître entre voisins. Souvent, je vois des personnes passer dans la rue et je ne sais pas s'ils habitent le quartier. Ils passent sans rien dire. Maintenant, je réussis à les connaître et à leur parler. Je sais maintenant ce qu'ils font comme métier, leur nom, et je connais même un peu de leur vie privée. C'est drôle ce qu'un seul homme arrive à faire !

Comme chaque jour, ma présence sur place apportait quelque chose de nouveau. Aujourd'hui, George venait m'encourager. Il était encore de ceux qui n'étaient pas effrayés par les différentes manœuvres effectuées pour réduire l'opposition au silence. Il s'approche de moi, l'air grave.

- Dans quel état t'ont-ils mis ! Qu'est-ce qu'ils croient ! Qu'une fois que ce sera terminé avec toi, ils n'auront plus de fête devant leur ambassade ? Ils se trompent ! J'en ai parlé avec ma femme et aussi avec le prêtre Vasile ; quand tu arrêteras, ce sera notre tour de continuer. On verra jusqu'à quand ils diront que tu es un cas isolé !

Simone sortit de son bureau :
- C'est Antenne 2 qui m'appelle ! La dame d'Antenne 2 demande si tu veux bien lui parler. Elle a reçu un coup de fil de la part du consul de cette ambassade, pour lui dire que ce n'est pas la peine qu'elle se déplace pour venir te voir, car ton cas est résolu depuis dix jours et que c'est toi qui ne veux pas rentrer à la maison, et qu'il ne sait pas ce que tu attends en restant là.

Aidé par George et Isabelle, j'arrivais au téléphone.
- Alors ! Vous commencez à croire à leurs histoires ? lui dis-je pour débuter la conversation.
- Non, je n'y crois pas, mais le consul m'a assurée qu'il allait me donner par écrit ce qu'il vient de m'affirmer par téléphone.
- Et vous allez attendre jusqu'à ce que vous receviez cette lettre ? J'ai plutôt l'impression que vous commencez à devenir gênants avec vos reportages télévisés. Malheureusement, ils n'ont rien fait, c'est l'ambassadeur français à Bucarest qui essaie de faire avancer les choses ou plutôt l'administration française à Bucarest.
- Si demain, je n'ai pas la lettre promise, je passerai dans l'après-midi. Bonne journée !

Je regagnais ma place, George attendait mon retour.

L'arrivée de Krevin accompagné d'une jeune fille, bouleversa George. Il était là lorsque la gitane était passée faire la quête devant moi en mentionnant bien qu'elle était une gitane roumaine. Sur son costume, il y avait le même insigne avec Lénine, et accroché à cet insigne, une petite rose rouge, d'un rouge si coloré qu'on avait l'impression d'une couleur métallique. D'un geste délicat, le jeune homme prit sa rose et la posa à côté de moi. Il regardait sa compagne d'un air content, comme s'il lui demandait si elle était d'accord pour qu'il me donne la fleur et comme si, en même temps, il avait reçu sa réponse.
- Bon courage ! me dit-il, et ils repartirent tous les deux.

- Les connais-tu ? me demanda George.
- Pas plus que ça, je les connais comme tous les autres qui sont venus me voir.
- Pourquoi t'ont-ils donné la rose ?
- Ça, je ne peux pas te le dire, je ne sais pas.
- Moi, je crois qu'ils sont au courant que la télévision allait passer et que tu n'avais pas leur symbole à côté de toi. Je me demande pourquoi ils ne t'ont pas donné aussi leur insigne ?
- S'ils sont d'accord avec mon action, il faut laisser comme ça. Bientôt, ils vont changer d'opinion et ils jetteront leur insigne volontairement. Ce que je sais, c'est qu'il milite dans un parti révolutionnaire ; on lui reproche que ses militants font des manœuvres, menaces et violences, même sur mon lieu de manifestation.
- Ce que j'apprécie chez toi, c'est le fait que tu résistes à toutes les manœuvres, tu es très méfiant. Moi, comme responsable, je ne suis pas au courant des agissements de certaines cellules incontrôlables, qui ne font même pas partie de notre mouvement.

George avait du mal à comprendre et il me laissait le temps nécessaire pour réaliser l'importance de cette visite.
Moi, je regardais la petite fleur, sa couleur métallique me rappelait les vers d'un poète, qui à son tour, était touché par la beauté de ces fleurs et qui avait écrit une poésie. Elle s'appelait : « Les fleurs de plomb »

Les fleurs de plomb
Je reste tout seul dans mon caveau
Et j'ai froid
Et fleur de plomb
Et mortel caveau
Je reste tout seul dans mon caveau
Et fleur de plomb….
George Bacovia

Cette fleur venait rejoindre les fleurs du poème, que ce poète avait composé pour décrire la mort, à sa façon.

Je commençais à avoir peur. Et si c'était le symbole du poète ? Dans l'état où j'étais, l'arrivée de cette fleur trouvait à mes yeux, une signification particulière.

- Je suis sûre que s'il a laissé la rose aujourd'hui, demain il laissera l'insigne, reprit Victoria.

Elle coupa le rêve que je subissais les yeux ouverts.

La tranquillité de la rue est bientôt interrompue. Les collègues de Victoria sont de retour, elles sont un peu plus nombreuses que la dernière fois.

- Victoria, normalement on rentre manger pour midi, mais on a décidé de venir te tenir compagnie. De toute façon on n'a pas envie de manger. Aujourd'hui, on s'est toutes arrêtées de travailler à l'hôtel de ville et on a demandé à rencontrer le premier ministre, il nous a reçues et nous a assuré qu'il allait intervenir auprès de l'ambassade. Il a rédigé devant nous le télégramme pour l'ambassadeur. Cela ne durera plus longtemps s'il intervient.
- Tu sais, continue une autre collègue, ce n'est pas lui qui laisse tomber ce qu'il a commencé. Cela a été long pour attirer son attention, mais une fois que c'est fait, c'est comme si c'était déjà résolu. Je suis sûre que tu seras bientôt de retour parmi nous.

Bientôt une nouvelle femme s'approche du groupe.

- Je suis directrice d'école et, à mon tour, je suis très touchée par les reportages que la télévision a retransmis à l'antenne. Je viens de la part de mes élèves, en tant que représentante. Et je ne vous raconte pas ! J'ai été obligée de recevoir les élèves en réunion pour répondre à leurs questions et leur expliquer ce qui se passe dans le quartier. Ils étaient si touchés que leurs maîtresses n'arrivaient pas à trouver les mots pour expliquer que tu fais cela pour un simple visa touristique ; dans leur vision, ils n'arrivent pas à imaginer que l'on puisse risquer sa vie pour une question aussi simple. Plusieurs enfants en ont parlé avec leurs parents, mais même leurs parents n'arrivent pas trop à comprendre. En tant que directrice et surtout en tant que femme et mère de famille, je ne peux rester indifférente. On n'est plus au quinzième siècle pour ne plus pouvoir circuler comme on a envie. Aujourd'hui, je suis passée pour vous apporter notre soutien, un soutien du cœur. Et je me permets d'écrire ça.

Et sans attendre, elle se met à travailler. Elle déroule un carton et écrit lentement, en grandes lettres : « syndicat du cœur ».

Madame Fourrure ne tarde pas à arriver sur place. Elle regarde la nouvelle affiche et ses conseils ne tardent pas à tomber :

- Il ne faut pas écrire ça, les passants vont confondre avec les restaurants du cœur.
- Mais qu'est-ce que ça peut vous faire ? s'exclame la directrice d'école, d'abord qui êtes-vous pour vous mêler des affaires des autres ?
- Il faut que je fasse les présentations, intervient George en s'adressant à la directrice, madame, que vous voyez ici devant vous, est la plus grande spécialiste des Droits de L'Homme, son rôle est de boycotter toute manifestation devant cette ambassade. Elle a encore reçu une plainte et tout de suite, elle a pris la situation en main.
- Mais en quoi cela vous concerne-t-il ce que je suis en train d'écrire ? demande la directrice à Madame Fourrure.

Mais Madame Fourrure fait comme si elle ne comprenait pas que la question s'adressait à elle et elle commence à promener sa fourrure. Une fois de plus, elle n'était pas reçue avec les applaudissements espérés.

- Les écritures les dérangent.

Je demande à la directrice si elle veut bien écrire quelque chose pour moi.

- Bien sûr, avec le plus grand plaisir.

Je commence à dicter le texte. Elle commence à écrire avec des lettres aussi grandes que celles de l'affiche qu'elle vient de faire : « libre circulation de la famille, sans condition, chantage, otage ni outrage »

L'ambassadeur était sorti et regardait, étonné, l'enthousiasme avec lequel la directrice complétait sa deuxième affiche. Une fois terminée, elle n'hésite pas à la lui montrer en la tournant vers lui.

- Ça va ? Vous arrivez à voir ? Et si vous croyez que vous pouvez la retirer, vous aurez des surprises. Demain on va passer avec toute l'école et on fera encore de nouvelles affiches.

Des journalistes s'approchent de nous.

- On vient pour « Présent », on est passé plusieurs fois et on n'a pas encore vu ces affiches, on va faire des photos de vous devant les affiches. Alors, ils n'ont pas encore de papier pour te donner une réponse écrite ? Ils sont toujours autant de glace ?
- Nous avons toutes les informations possibles sur votre cas qui ont été publiées dans la presse, et nous avons suivi de près le déroulement des évènements, continue un autre journaliste, nous ne voulons pas trop vous déranger. Mais au contraire, nous voulons nous intéresser à cette dame qui commence, elle aussi, une grève de la faim.

Et ils commencent à poser des questions à Victoria. Quelques minutes plus tard, ils ont terminé et repartent.

Un nouveau reporter arrive aussitôt derrière eux.

- Je travaille pour « le Parisien ». Je voudrais savoir depuis combien de temps vous êtes là ?
- Demain cela fera vingt jours, répond George, et la dame là-bas…
- Pour le moment c'est seulement lui qui m'intéresse, coupe le journaliste. Alors cela fait trois semaines, note-il dans son carnet. Bon, pour aujourd'hui, c'est tout. Si vous restez encore là, je repasserai. Au revoir, il faut que je fasse encore quelques articles. Bon courage !
- J'ai l'impression que personne ne veut de moi dans ses articles ! dit Victoria, je me demande pourquoi ?
- Il ne faut pas penser cela ! dit George. Ce n'est pas facile à comprendre. Et même si tu essaies de comprendre, tu verras

que ce n'est pas si simple les complications de la Presse ! Je me demande, si la presse se serait autant intéressée à lui si Sergiu n'était pas passé à la télévision avec des roses à côté de lui !

Comme tous les jours à l'heure de la manifestation, il y avait beaucoup de monde autour de moi. Tous ces gens quittaient leurs préoccupations quotidiennes pour me soutenir ou plutôt pour suivre un nouvel épisode de ce roman policier. Episode qui, comme par hasard, commençait tous les jours à la même heure. Ils ne s'agitaient pas, ils attendaient, se demandant ce qu'ils auraient comme surprise aujourd'hui. Plusieurs ne croient plus aux surprises :

- Ce serait trop ! Ils n'ont plus d'acteurs à nous envoyer.

Mais rien ne pouvait empêcher la surprise de venir. Au moment où certains commençaient à se dire : « rien ne va plus arriver, nous allons rentrer », un homme, d'une cinquantaine d'années, assez gros, les cheveux blancs, colorés avec des nuances de rouge, se présenta à l'heure habituelle, avec une jeune fille légèrement habillée.

- Pourquoi êtes-vous triste ?

Le début se passait bien.

- Mais il est là ! s'exclama Victoria. Ne rentrez pas ! Restez pour voir le spectacle !

Et le spectacle commença :

- Pourquoi ne regardez-vous pas la télévision ? Il faut profiter de la vie ! Il faut boire !

Et il montre sa bouteille de champagne bien au froid dans un seau à glace que la jeune fille tient à la main. Comme personne ne réagit, il repart. Mais pas pour longtemps. A son retour, il tient un grand plateau plein d'huîtres avec quelques citrons. Derrière lui, la jeune fille fait tout pour exciter la jeunesse présente sur place.

- C'est ça la vie ! Il faut boire ! Il faut manger ! Il faut avoir de belles femmes ! C'est moi qui vous le dis ! Et moi, je ne suis pas n'importe qui ! Moi, je connais le Président de la République ! Je lui donne des cours de pilotage.

Mireille fut la première à lui répondre.

- Si tu es si chaud, pourquoi ne vas-tu pas à l'hôtel ou bien as-tu peur que la fille soit trop jeune pour toi ?
- J'ai déjà une chambre à l'hôtel, mais j'aime bien penser à tout le monde.
- Tu ne veux pas qu'on mange avec toi aussi ? Pourquoi as-tu apporté ton plateau ?
- Il faut profiter de la vie ! Il faut que vous rentriez à la maison !
- Et toi ? Tu n'as pas de maison ? Qu'est-ce que tu fabriques dans ce quartier ? Va profiter de la vie un peu plus loin à Pigalle !

Tout le monde commence à lui envoyer des questions :

- Ça va ta copine ou plutôt ne serait-ce pas ta fille ?

Avant de tomber dans le piège, il s'arrête et s'en retourne vers le restaurant de la rue. Dans sa retraite il n'oublie pas d'ajouter :

- Il faut profiter de la vie ! C'est le psychologue qui vous parle ! Il faut rentrer à la maison ! Il faut regarder le championnat de foot ! Il faut boire ! Il faut manger !

Accompagné de sa copine, il rentre dans le restaurant, mais en ressort peu de temps après en criant.

- Moi je m'en fiche ! Je vais chercher un autre restaurant !

Il ne passait pas inaperçu dans le quartier. Il trouvait le quartier un peu moche et triste. La gérante du restaurant ne tarda pas à sortir, elle nous demanda si on le connaissait. Puis elle commença à nous raconter ce qui venait de se passer :

- Le restaurant presque plein, il rentre et demande une place. J'attire son attention discrètement sur le fait que ce restaurant n'est pas une cantine. Mais lui n'est pas homme à rester discret. Il s'est mis à crier que le restaurant n'était pas assez luxueux pour lui. Ce sont mes clients qui sont intervenus en disant : si tu veux manger ce que tu as acheté au supermarché tu n'as qu'à aller le manger chez toi. Mais comme il aime avoir le dernier mot, il continue : il faut que je change de quartier, celui-ci n'est pas assez propre pour moi.

La responsable de l'hôtel était sortie aussi. Le bruit inhabituel attisait sa curiosité.

- Qu'est-ce qui se passe ici ?
- Mais c'est votre client ! Ne saviez-vous pas qu'il réside dans votre hôtel ?
- De qui parlez-vous ?
- D'un homme aux chevaux teints, d'une cinquantaine d'années, accompagné d'une jeune fille. Après avoir conseillé à un peu tout le monde de profiter de la vie et de rentrer à la maison, il est entré dans mon restaurant avec un plateau d'huîtres et l'a posé sur une table. Je ne sais pas où il a pu les trouver.
- Ah bon ! Il a fait ça ! Quand il est arrivé à l'hôtel tout à l'heure, il m'a dit qu'il restait une semaine et que ce n'était pas la peine qu'il règle la note à l'arrivée. Il est si grand que je n'ai pas osé lui dire quelque chose, surtout que le soir, je n'ai pas de réceptionniste. Mais je vais téléphoner pour faire venir un remplaçant. Des hommes pareils, ils sont prêts à mettre le feu si on leur demande de payer. Je suis sûre qu'il va filer sans payer.

Tout le monde était en train de parler de lui, croyant qu'il avait changé de quartier. Mais malheureusement non, avec le même enthousiasme, il faisait à nouveau son entrée dans la rue.

- Mais vous n'êtes pas rentrés à la maison ! Il faut que vous profitiez de la vie !

Un flash le coupe net dans son élan :

- Ça y'est ! Je l'ai en photo ! s'exclame Victoria.

Comme s'il n'avait plus de langue, l'homme se précipite dans la chambre d'hôtel. Sa compagne le suit de très près. La surprise était inattendue. Le polaroïd ne tarda pas à sortir le visage de notre acteur.

- Mais il a l'air sympa ! dit Victoria, fière de son exploit.

Vraiment c'était un exploit. D'un simple flash, elle avait réussi à ramener le calme dans la rue.

Pendant les manifestations, chacun avait pris l'habitude de venir avec son drapeau : qui un drapeau tricolore, qui un drapeau avec

une fleur de lys, Antonio avec son drapeau rouge… les places devenaient de plus en plus chères, chacun à sa manière et avec ses convictions voulait manifester. Un par un, ils trouvent un moment pour venir me confier : « tu vois celui-là là-bas, il n'est pas bon, c'est la cause que je défends qui en vaut la peine, je préférerais ne pas avoir à manifester avec lui »
Aujourd'hui, la maîtresse d'école intervient :

- Et si on roulait tous nos drapeaux ? Et qu'on en gardait qu'un seul ? C'est trop facile de se jeter devant les caméras en brandissant nos opinions. Aujourd'hui, plus que jamais, il s'agit d'un droit fondamental pour tous. Nous sommes tous concernés par son action, nous avons tous une famille, des blessures qui ne sont pas encore refermées par l'Histoire. Et si on oubliait, pour une fois, la gauche, la droite, et que l'on regardait vers notre propre avenir ?

Tout autour de moi, dans un silence total, les porteurs de drapeaux attendent un geste, une réponse de ma part, la multitude des regards suivent de près mes réactions et attendent que je tranche comme un justicier envers une des parties.

- D'abord, je vous remercie d'être tous présents depuis des jours auprès de moi. Et si on donnait raison, malgré nos opinions divergentes, à la maîtresse d'école, à cette femme qui a fait plus de quatre cents kilomètres pour me soutenir. Et de plus, elle a mobilisé des écoles, des enfants pour ma cause, qui est devenue la cause de tout le monde.

Sans commentaires, la majorité des drapeaux se font enrouler avec une délicatesse enfantine.

Isabelle, qui s'était absentée un moment, revient avec une bonne nouvelle :

- Je viens de parler au téléphone avec ta femme : elle a été informée que l'ambassade française à Bucarest appelle toutes les quatre heures chez tes frères pour suivre de près cette affaire. Le visa d'entrée est accordé par la France mais ils n'ont pas encore obtenu le visa de sortie par la Roumanie.

Finalement, c'était une très bonne nouvelle, tout était maintenant une question d'heures. Mais je ne pouvais encore rentrer. Ma rentrée anticipée pouvait faire encore changer d'avis certains fonctionnaires, il fallait que je résiste jusqu'à ce que j'obtienne tout ce que j'avais demandé.

Soudain, les fenêtres s'ouvrent : « la France a gagné ! »
En quelques secondes, les mêmes personnes qui, quelques moments auparavant n'arrivaient pas à communiquer vraiment entre elles tout en étant côte à côte, se tournent les unes vers les autres et les murmures se transforment bientôt en cris de joie lancés par tous les manifestants :

- Platini a marqué! La France a gagné ! La France avec nous !

Bientôt, tous parlent entre eux, échangeant pour faire plus connaissance en donnant plus de détails sur leur vie privée :

- Vous savez, je n'ai jamais discuté auparavant avec quelqu'un qui a des opinions différentes de la mienne. Je trouve que ce jeune homme, pour lequel nous nous sommes mobilisés est un peu sorcier, il a réussi à nous faire parler la même langue malgré nos différences.

Pour finir, ils s'échangent leurs coordonnées. Certains se découvrent venir de la même ville ; d'autres, bien qu'ayant des appartenances politiques différentes font le même métier et ont les mêmes soucis de transport ; d'autres encore ont aussi des fins de mois difficiles et hésitent à parler avec leurs voisins de peur qu'ils se moquent de leurs problèmes… et les discussions vont bon train assez tard dans la nuit.

LA NUIT

Je reste avec Victoria. Nos compagnons commencent à se disperser. La même fille qui, quelques jours auparavant, m'avait suggéré de tout laisser tomber parce que la vie est trop courte, et qui me proposait un peu de chaleur humaine, était de retour. Elle préférait les moments où il n'y avait pas beaucoup de monde pour pouvoir s'exprimer à sa façon.
Aujourd'hui, elle recommence ce qu'elle m'a proposé les jours précédents. Plus que jamais elle veut m'être utile.

- Si tu veux m'être utile, chante moi quelque chose, une de tes chansons.

La fille me regarde un peu étonnée. Mais comme j'insiste en disant que cela me ferait plaisir d'entendre une de ses chansons, elle commence tout doucement :

- Oublie tous les problèmes… oublie tout…
- Ce n'est pas assez fort.
- Je ne peux pas plus fort.
- Alors tu n'es pas une chanteuse.

Mais comme elle veut me montrer qu'elle est vraiment une chanteuse, elle recommence, cette fois plus fort. Si fort, qu'elle réussit à attirer l'attention.

- Oublie tout….

Quelques instants plus tard, elle termine sa chanson.

- Pourquoi me regardent-ils de l'ambassade ? ajoute-t-elle à la fin.
- Ce n'est pas grave, il ne faut pas te faire de soucis pour ça. Ils regardent parce qu'ils n'arrivent pas à comprendre ce qui se passe ici. Chaque soir apporte quelque chose de nouveau. Il y a deux jours, il y avait des représentants de l'église bouddhiste tibétaine, et aujourd'hui c'est toi qui chante. Les évènements les perturbent dans leurs manières de penser et de réagir. Ils n'arrivent plus à suivre. S'ils arrivent à faire leurs rapports écrits, avec tout ce qu'ils arrivent à voir, je suis sûr que leur chef va les envoyer consulter un spécialiste !
- Mais je peux exprimer mes sentiments comme je veux !
- Justement, c'est ça qui les gène. Les sentiments, dans leur société si avancée, n'existent pas. Il ne faut pas exprimer de sentiments.

La fille me laissa tout seul après m'avoir fait encore une de ses propositions, que, si Isabelle avait été là, elle aurait qualifié de demande en mariage.

J'essayais de dormir, c'était la seule façon de récupérer mes forces…

… Les rêves ne tardent pas à arriver. La fatigue de tous ces jours me donne l'impression que je suis toujours dans un train qui n'arrête pas de rouler. Dans mon rêve, je me trouve aussi dans un train.
Devant moi, la même personne que j'ai rencontrée lorsque j'ai eu fini mon service militaire. C'était un ancien détenu qui venait d'être libéré le même jour. Il ne cachait pas le fait qu'il avait été condamné et il m'expliqua comment il était arrivé dans le Delta du Danube, aux travaux forcés.

J'étais sur un chantier en Moldavie, commença-t-il, comme pour tous les travaux durs, le travail était accompagné d'alcool. En plein hiver, il fallait oublier un peu les soucis et le froid. A Noël, après avoir fini la journée, on s'est dit qu'on irait bien au restaurant. Chose dite, chose faite. Nous voilà prêts à partir, un petit groupe de trois, malgré la neige et le vent qui nous apportait moins trente degrés. Nous connaissions un restaurant pas loin, et nous voilà partis en route.
Après quelques kilomètres, on avait complètement perdu la route entièrement recouverte de neige. On se dirigeait à l'instinct, vers une lumière, quelque part au loin. On se disait que même si on arrivait chez un particulier, il ne nous laisserait pas dehors par ce froid, ce n'était pas le caractère des hommes de la région.
Finalement, on est arrivé jusqu'à cette lumière. La chance est avec nous, se disait-on. C'était bien un restaurant. On commandait à boire, mais il n'y avait que de la vodka. Alors on a pris chacun une bouteille pour fêter l'arrivée de Noël.
Une fois nos bouteilles vides, on a demandé l'addition au barman qui était aussi en forme que nous. Très poli, il nous marque sur un papier : 80. On s'est dit : comment cela se fait-il que ce restaurant ne soit pas plus cher ? On a sorti notre argent et on a payé le barman.
– Vous n'avez pas de roubles ? nous a-t-il demandé.
Comme blague, on la trouvait bonne. Le barman rit avec nous et nous offrit de lui-même une bouteille à boire. Puis il disparut un moment.

Une demi-heure plus tard, une dizaine de soldats entrait dans le restaurant et tout le monde, autour de nous, disparaissait. Les soldats, je les trouvais un peu bizarrement habillés. Quand tout le monde fut sorti, les soldats n'hésitèrent pas à nous sauter dessus. On ne comprenait plus rien. Ils nous fouillaient partout. Bientôt, on s'est retrouvé dans une caserne militaire, les menottes au poignet. Jusqu'au matin, ils nous oublièrent dans une chambre froide.

Puis les interrogatoires commencèrent :

- Est-ce que vous connaissez la région ?
- Qui vous envoie ?
- Quel est votre rôle, votre mission ?

Je leur demande : Pourquoi toutes ces questions ?

- Ne savez-vous pas que vous avez passé la frontière ?
- Quelle frontière ? On n'a pas vu de frontière ! Et où sommes-nous si nous avons passé la frontière ? Tout le monde ici parle comme nous. Je ne comprends rien de ce que vous nous racontez.
- Ici, vous êtes sur le territoire de l'Union Soviétique et vous êtes accusé d'espionnage et de passage frauduleux de la frontière.
- Mais ! On n'est pas en Moldavie ?
- Si, vous êtes en Moldavie, mais en Moldavie soviétique. Vous êtes condamnés à deux semaines de prison sur le territoire soviétique. Le temps de prouver que vous n'êtes pas des espions. Et pour cela, vous devrez nous montrer exactement par où vous êtes passés.

Pendant deux semaines, ils nous ont promenés partout. Finalement, ils ont compris qu'à cause du froid, la rivière avait gelé avant notre passage et qu'on avait pu y passer. Aussi, au bout de deux semaines, ils ont arrêté de nous demander où on avait caché nos parachutes et nous ont raccompagnés chez les douaniers roumains.

Nous étions enfin soulagés et pensions que tout était fini. Mais bien au contraire, ce n'était que le début ! Les policiers et les douaniers ont commencé tout de suite une enquête. Nous étions

tous condamnés d'urgence à six mois de prison ferme. Et encore ! prison : c'est une manière de parler ! On nous a envoyés pour le travail gratuit et comme d'habitude, forcé. Le procureur nous disait à l'époque qu'on avait beaucoup de chance de travailler, sinon c'était un an de prison.
Et maintenant quand je vais arriver à la maison, qu'est-ce que je vais raconter à ma famille ? Je vais raconter que je voulais passer à l'Est ? Si je dis cela, ils vont me prendre pour un fou ! Il faut que je trouve autre chose. Je serais, avec mes copains, le premier à réussir cet exploit : passer à l'Est ! Si au moins on avait essayé de passer en Occident ! On aurait été puni de la même façon…

…Je parlais toujours avec celui qui était sorti de prison, mais à sa place, il y avait le soleil qui m'aveuglait de sa lumière. Le même soleil que je voyais dans mon rêve, un jour auparavant ; la lumière était si violente que j'ouvris les yeux… et coupais le fil de mon rêve…

Mais pas de soleil, au contraire, il fait encore noir.
Je referme les yeux. Mais toujours ce même soleil qui sort après une pluie torrentielle.
Réveillé, je regardais la rue silencieuse. De l'autre côté de la rue, le gardien de l'ambassade qui suit les allées et venues de la gardienne de la paix. J'essaie de regarder vers lui. Lui aussi regarde vers moi au même moment. D'un seul coup, nos regards se croisent quelque part dans la rue. On se regarde tous les deux, avec des yeux de loup, et même de loups affamés qui attend chacun de son côté le moment décisif pour s'attaquer à l'autre.
Le rêve, le regard, tout était mélangé. C'était difficile de séparer le rêve de la réalité…

Je regardais l'éclat du jour qui se levait.
Victoria remarqua que j'étais réveillé et s'approcha de moi :
- Tu commences à parler dans ton sommeil ! Hier soir , comme ce matin, tu as beaucoup parlé. C'est comme s'il y avait quelqu'un à côté de toi.

Ionel aussi s'était réveillé. Il inscrivit sur l'affiche : vingtième jour.

- Voilà, j'ai écrit, mais pour demain, il va falloir trouver un autre carton, celui-ci n'a plus de place. Ou mieux encore, j'espère que tu n'en auras plus besoin.

CHAPITRE XIX

Le temps passe … je n'arrive plus à compter les jours, vingt, vingt-deux, vingt-sept ?

Simone et Marc venaient d'ouvrir chacun leur boutique. Isabelle et Paulette m'encourageaient, George et le père Vasile arrivaient en même temps.

La dame de l'hôtel venait vers nous. Elle n'avait pas l'air très commode aujourd'hui.

- Avez-vous vu mon client de l'hôtel ? demanda-t-elle l'air perdu.
- Oui, je l'ai vu, affirma Victoria, il a sonné à la porte de l'ambassade vers sept heures, et comme personne n'a répondu, il est parti.
- Qu'est ce qu'il voulait ?
- Sûrement l'argent pour payer l'hôtel, mais comme l'affaire a mal tourné pour lui, qu'il s'est fait piéger avec la photo, ses camarades ont décidé de l'oublier. Après tous ses efforts !
- C'est incroyable ce que l'on peut voir. Hier soir, la jeune fille est partie avec deux valises, et ce matin, lui. Depuis que j'ai cet hôtel, je n'ai encore jamais vu cela. Maintenant, je suis obligée de laver, derrière lui et sa copine, toute la chambre ! Je ne sais pas d'où il vient, mais il a de très mauvaises habitudes. Il m'a sali la chambre comme personne avant lui. Je me demande s'il n'en a pas fait exprès. Il est sorti ce matin en disant qu'il allait chercher le journal et qu'il revenait. Heureusement, j'ai demandé à sa compagne, quand elle est sortie avec ses deux valises, de me donner les papiers de son compagnon. Elle m'a apporté une carte de visite. Comme vous le voyez, il n'est ni psychologue, ni pilote, comme il a essayé de nous le faire comprendre. Il vient simplement d'Allemagne et là-bas, il est dans une société industrielle. Mais je ne laisse pas tomber, je vais aller porter

plainte. Qu'est ce qu'il croit, que je vais nettoyer tout ça pour ses beaux yeux !

Victoria lui montre la photo, celle qu'elle a réussie à prendre hier en pleine action.

- Si tu veux bien me prêter ta photo pour ajouter à ma plainte, cela m'arrangerait bien.
- Bien sûr, c'est la moindre des choses.

Victoria lui donne la photo. Au même moment, un motard s'arrête avec deux télégrammes à la main, cherchant leurs destinataires. Il nous regarde : à la position dans laquelle nous sommes, il devine que nous en sommes les destinataires.

- Je viens du Ministère des Affaires Etrangères, j'ai deux télégrammes à vous donner. Un pour chacun d'entre vous, dit-il en nous tendant les télégrammes.
- Pourquoi sont-ils envoyés à l'adresse de l'ambassade ? On n'y habite pas ?
- Moi, je n'y suis pour rien ! Mais sûrement le ministère qui s'occupe de près de votre affaire est-il au courant de tout. Il faut signer que vous avez reçu les télégrammes.

Le motard me tend un cahier et me montre où je dois signer. C'était la deuxième fois que je n'arrivais pas à lire les mots écrits. Cette fois, c'est plus grave. Je demande à Isabelle, si c'est bien là qu'il faut signer. Après avoir jeté un coup d'œil, elle m'assure que c'est bon. J'essaie de faire une signature et je ne sais plus si c'est la bonne. Victoria prend aussi son télégramme.

Isabelle ouvre mon télégramme et commence à lire : « voulez-vous vous présenter d'urgence au Ministère des Affaires Etrangères - section circulation des étrangers – pour contacter Monsieur X »

Victoria, de son côté, regardait son télégramme. Le même texte l'invitait à la même adresse.

- Mais qu'est ce qu'ils me veulent ? S'ils ont une réponse, pourquoi ne l'ont-ils pas marquée dans le télégramme ?
- Mais pourquoi veulent-ils vous voir là-bas ? demande Simone, sortie à l'arrivée du motard.
- Il veut nous tirer les oreilles !

- Si tu veux téléphoner du bureau, tu peux le faire. Et je trouve que c'est aussi bien que de te déplacer jusqu'au ministère.

Elle rentre et essaie d'entrer en contact avec le ministère. Un quart d'heure plus tard, elle vient nous avertir qu'elle est en ligne directe avec le ministère et qu'elle ne doit pas raccrocher, le ministre venait d'appeler en urgence l'ambassade de France à Bucarest afin d'être plus sûr de ses paroles. Simone et George m'aident à atteindre le téléphone. La voix du secrétaire se fait entendre « ne quittez pas s'il vous plait » puis c'est la voix du Ministre :

- Bonjour Monsieur, je ne sais pas comment cela se fait-il que dans mon ministère tout le monde ne parle que de vous ! Je me demande comment vous avez réussi à mobiliser tant de députés et même ma femme qui me demande de vos nouvelles. Ce serait mieux si vous pouviez vous déplacer au ministère pour discuter.
- Excusez-moi, Monsieur le Ministre, mais mon état de santé ne me le permet pas. Je sais que vous avez fait de grands efforts pour arriver à faire bouger une administration insensible, et que l'ambassade de France à Bucarest fait aussi tout son possible pour résoudre ce problème. Malheureusement, je ne quitterai pas ma place tant que je n'aurai pas eu de réponse très claire.
- D'accord. Je vais vous expliquer exactement où l'on en est avec votre cas : Notre ambassade, comme vous le savez, a tout fait pour faciliter l'obtention du visa d'entrée en France, notre ministère et moi-même, nous en assumons toute la responsabilité, mais comme vous le savez, le visa de sortie dépend entièrement des administrations de là-bas qui n'ont pas du tout les mêmes méthodes que nous. Moi et mon équipe nous faisons tout ce que nous pouvons pour que tout se déroule dans de bonnes conditions. Votre sœur a obtenu un visa de sortie ce matin et notre ambassade la contacte tous les quarts d'heure pour connaître exactement le moment de leur départ.

- Je vous fais confiance, Monsieur le Ministre, je me rends compte de vos efforts. Que me conseillez-vous ? Que j'arrête ma grève de la faim ?
- Oui. Je pense qu'il faut l'arrêter. D'abord, vous me faites de la peine, ensuite ce n'est plus la peine de continuer. Je dis cela par expérience ; dans tous les dossiers que j'ai eu l'occasion de résoudre, une fois arrivés à ce niveau, ils se sont tous terminés avec un résultat favorable.
- Pensez-vous que ma présence au ministère soit indispensable ?
- Non, si vous arrêtez, ce n'est pas la peine de vous déranger. Si votre famille vient en France, je veux qu'elle vous trouve en bonne santé. J'espère que bientôt, vous pourrez reprendre votre travail. Je vous souhaite bon courage. Nous on s'occupe toujours de votre cas et l'on vous appellera dès que nous aurons des nouvelles.
- N'oubliez pas Madame Victoria, qui est dans la même situation. Au Revoir, Monsieur le Ministre.

Simone qui avait mis le son du haut-parleur au maximum, était satisfaite de la façon dont le Ministre avait exposé la situation. Moi, de mon côté, je n'arrivais pas à faire la différence entre le rêve et la réalité. La tête me tournait. Je me préparais à ressortir.

- Attention, il va tomber ! dit une voix derrière moi.

Bientôt, je me retrouve dans la voiture de Victoria. On m'a allongé sur la banquette arrière en attendant que je revienne à moi. Victoria m'apporte à boire et assure aux autres qu'elle va faire du mieux possible pour que je retrouve la forme.
Tout le monde s'en va. Peu à peu, je reviens à moi.

- Alors, tu ne veux pas me dire ce dont vous avez parlé avec le Ministre ? me dit Victoria.
- Mais si, il m'a dit qu'il faut qu'on rentre à la maison.
- Moi, je vais attendre mon avocat, j'ai aussi d'autres problèmes à régler. Et toi, tu rentres ? me demande Victoria.

Quelque chose me retient de répondre. Je regarde comme si je n'en croyais pas mes yeux. C'était bien la pluie de mes rêves. Une pluie torrentielle s'abat dans la rue. On n'arrive pas à voir à un mètre et le soleil est toujours présent malgré la pluie abondante.

- Quel temps ! s'exclame Victoria en regardant dehors.
- Voilà ma réponse, dis-je à Victoria qui n'arrive pas à me suivre.

Et je lui montre la pluie comme réponse.

- Quelle est ta réponse ? me demande Victoria.
- La pluie est la même que dans mon rêve, je suis sûr qu'elle m'apporte le bonheur.

La pluie s'arrêta brusquement, aussi brusquement qu'elle était arrivée.

Dehors, devant mon abri de fortune, Isabelle toute mouillée, les pieds nus, la robe volant à cause du vent, à côté d'elle, Mireille et Angélique, trempées également des pieds à la tête. Toutes les trois, en train de me chercher.

- Mais où est-il ?
- Il est là, crie Victoria pour les calmer.
- Nous nous faisions du souci avec la pluie ! Jamais on n'a vu une telle pluie avec un si beau soleil.
- Mais vous êtes toutes mouillées ! ajoute Marc le coiffeur, qui s'est joint au groupe, entrez dans mon salon de coiffure.

Les filles l'accompagnent, mais Marc attend que je sois également entré avant d'entrer lui-même. Il m'aide ainsi que les filles.

Tout de suite, sa femme s'affaire autour de moi, laissant en plan sa cliente, la tête shampouinée. Elle retourne vers sa cliente quelques moments plus tard :

- Oh ! Excusez-moi ! Je vous en avais oubliée.
- Ce n'est pas grave ! répondit la cliente. Je suis si touchée de ce que vous faites pour cet homme que moi-même, j'ai oublié que j'étais chez le coiffeur.

Une dame entra dans la boutique.

- J'arrive de la mairie, quand j'ai vu cette pluie, je me suis dit : le pauvre, comment fait-il dehors ? Et je suis venue tout de suite. J'espère que je ne serai pas mise à la porte pour cela. Je suis venue également vous annoncer que notre maire adjoint, qui est aussi député de Paris, a envoyé des lettres un peu partout, en expliquant votre cas. Il en a envoyée une aussi au Vatican, et le Pape lui a répondu. Dans sa lettre, il le remercie pour son courage, et lui assure qu'il va également envoyer un télégramme à l'ambassade. Il va également faire une prière pour tous ceux qui se trouvent derrière le rideau de fer. Tout cela sera fait avant son départ pour l'Amérique du Sud.

Marc faisait de son mieux pour que je me sente bien dans sa boutique, il m'apporta une couverture, me proposa son téléphone pour appeler ma sœur et mon frère, afin d'avoir la confirmation des paroles du ministère. Je réussis bientôt à les avoir en ligne. Ils me confirment la totalité des paroles que je venais d'entendre quelques moments auparavant.

La journaliste finlandaise qui était passée quelques jours plutôt, me cherchait également. Elle était accompagnée d'un photographe. Elle voulait une photo pour son journal.

Les commissaires de Police ne tardèrent pas à arriver à leur tour. Eux aussi étaient impressionnés par cette pluie d'orage et s'inquiétaient de savoir si je n'étais pas trop mouillé.

- C'est bien la première fois que j'entends des policiers poser ce genre de questions ! ne put s'empêcher de dire Mireille.
- Mais nous aussi, on est des hommes, mais on est tellement sollicité par différents incidents qu'on a peu l'occasion de montrer nos qualités.
- Et en plus ils sont jeunes ! continue Mireille.
- Ça, c'est comme une demande en mariage ! dit Marc en souriant.
- Mais c'est vrai qu'ils sont beaux ! dit Paulette pour mettre un peu d'huile sur le feu.
- Bon, maintenant, qu'est-ce qu'il va faire ? demande le commissaire le plus âgé à mon intention.
- Il va rentrer à la maison, confirme Marc.

- Dans cet état ? insiste le même commissaire.
- Quoi ? Maintenant, vous ne voulez plus le laisser rentrer chez lui ?
- Ce n'est pas la question. Il faut penser qu'il a une famille. Je n'aimerais pas qu'on ait des surprises à cause de sa santé ! Il faut appeler un médecin.

Et sans attendre, il contacte par radio, un médecin de garde.

Le médecin ne tarde pas à arriver. Calme, mais l'air grave, le médecin commence à m'ausculter. Il demande de quoi il s'agit, puis il donne tout de suite son diagnostic :

- Il faut l'interner à l'hôpital, ma voiture ne me permet pas de l'emmener, il faut appeler une ambulance.
- On va faire mieux, dit le commissaire, on va faire venir une de nos voitures.

Il commençait à y avoir beaucoup de monde, toutes les personnes habituelles arrivaient. Ils commençaient à se disputer, qui avec sa banderole, qui avec son drapeau, qui avec sa pancarte, qui avec sa fleur. Finalement, ils s'accordèrent pour affirmer qu'ils étaient tous touchés par mon action.

Quelques moments plus tard, la voiture t est là. Tout le monde veut m'aider à monter dans le véhicule.
Juste à ce moment, une nouvelle équipe de policiers arrive et s'interpose à ma montée dans ce véhicule.

- Mais il faut qu'on l'emmène ! intervient le commissaire de la première équipe.
- Même s'il le faut, je ne veux pas que vous l'embarquiez sans l'accord de mon chef direct, reprit la police qui avait l'habitude d'intervenir dans le quartier. Je vous dis cela, parce qu'on a tellement souvent reçu d'ordres de l'embarquer et qu'à chaque fois il a refusé, qu'on préfère qu'il complète lui-même un formulaire dans lequel il affirme qu'il arrête de son plein gré, sans y être forcé.

Le formulaire ne tarda pas d'arriver, sous les applaudissements de toutes les personnes présentes sur place.

Du côté de l'ambassade, presque tout le monde était sorti comme s'ils disaient : ce n'est pas vrai ! Il rentre ! Il va partir de là !
Et pour s'assurer que tout cela est bien vrai, ils suivent des yeux la voiture qui démarre.

- Quelle direction prend-on ? se demandent-ils entre eux, il faut trouver un hôpital. On va contacter notre chef par radio pour savoir où aller.
- Pourquoi ? pour que l'ambassade lui envoie ses médecins ?
- Tu as raison, c'est mieux qu'on ne communique pas par radio. On fera notre rapport après.

J'étais allongé sur l'une des banquettes, un des policiers me regardait, le regard perdu.

- Excuses moi, si je t'ai offensé avec mes questions quand tu es arrivé la première fois devant l'ambassade. J'avais reçu l'ordre de te faire partir. Mais si j'avais pu imaginer que tu arriverais dans cet état, ma parole si je t'aurais dit quelque chose !
- Il ne faut pas vous excuser, des fois dans la vie on est obligé de faire des choses qu'on n'aime pas.

Le policier ne disait plus rien. Il se tourna vers l'un de ses collègues :

- Il a diminué de moitié, il était deux fois plus costaud quand je l'ai fait arrêter au début de son action.

Le collègue ne répondit rien, essayant de cacher ses sentiments.

- C'est la première fois qu'on doit accompagner et protéger un gréviste de la faim.

Avec la sirène, on avançait parmi le flot de voitures, assez nombreuses à cette heure de pointe. Un quart d'heure plus tard, j'étais dans un fauteuil roulant.
Le règlement de l'hôpital fit partir mes derniers compagnons, les policiers durent me laisser entre leurs mains et ne purent entrer.

J'étais pris en charge par les médecins.
Après m'avoir fait signer les formulaires nécessaires, ils m'ont tout de suite administré une perfusion.

- J'ai chaud !
- Ce n'est pas grave. On voit facilement que vous n'avez jamais été hospitalisé. Chaque fois que l'on fait une perfusion, l'organisme dégage de la chaleur.

Puis la tête suivit le corps.

…

Le téléphone n'arrêtait pas de sonner.

- Oui, allô ! Que voulez-vous ? Non, Monsieur Pop n'est pas là. Et d'abord, qui êtes-vous ? Il n'est pas là, c'est tout.

Le jeune médecin raccrocha le téléphone.

- Je ne sais pas qui c'était, mais il est là sous notre protection, dit-il à ses collègues. C'était une voix de femme qui me disait qu'elle était de la police, je lui ai demandé son numéro de matricule et quand j'ai vu qu'elle me répondait tout de suite, je me suis dit que c'était un peu trop. Mais de toute façon, c'est mieux pour toi que tu restes tranquille pendant deux semaines. Comme tu es très connu, on est obligé de t'assurer une protection spéciale. On va lui chercher une chambre où il n'y a pas beaucoup de patients.

J'ai été transféré dans l'une des salles d'hôpital, presque toutes les chambres étaient occupées. J'attendais dans un hall d'être placé quelque part. Le médecin de garde arriva bientôt.

- Ah bon ! C'est lui ! C'est le maire qui nous appelle pour avoir de ses nouvelles. Il tient qu'on le mette à l'écart de tout le monde. Je ne sais pas comment on va faire pour la nuit, on n'a pas assez d'infirmières.

Bientôt, j'étais placé dans une chambre. Je pensais que tout était en règle maintenant. Mais je réfléchissais. Je me disais qu'ici, j'étais plus exposé. Surtout que la responsabilité pouvait être rejetée sur quelqu'un d'autre. Je restais toute la nuit les yeux ouverts. Je m'imaginais un éventuel moyen de défense. Mais heureusement, cela ne resta qu'au stade de la simple imagination.

CHAPITRE XX

Le matin, le médecin principal faisait sa tournée d'inspection. Il m'ausculta très attentivement.

- Oui, le glucose c'est bien, mais il faut ajouter des vitamines.

Et il donna les consignes nécessaires aux infirmières.

Isabelle arriva accompagnée d'Eddie, elles avaient réussi à me trouver. Mais c'était plus difficile de réussir à entrer dans ma chambre. A leur insistance, le médecin de garde me demanda si elles pouvaient entrer. Je ne pouvais pas refuser ! Deux silhouettes finirent par entrer.

- Alors on dirait que tu es toujours bien protégé ! dit Eddie.
- C'est presque impossible de te trouver, continua Isabelle. Nous sommes d'abord allées à l'hôpital Necker comme c'était écrit dans le journal Le Monde, mais tu n'y étais pas. Après, on a contacté les policiers qui t'ont amené à l'hôpital, ils nous ont dit où tu étais. Victoria continue sa grève, elle ne veut pas laisser tomber comme ça.
- Mais tu ne sais pas la nouvelle ? Si on n'était pas restées sur place, son mari s'attaquait à elle !
- Pourquoi ?
- Un coup de téléphone anonyme lui a dit qu'elle restait sur place parce qu'Ionel y était aussi, et qu'elle devait rentrer à la maison. Le pauvre homme qui est sorti de l'hôpital il y a une semaine, est arrivé devant l'ambassade avec une tension très basse. Nous, on a essayé de lui expliquer que Victoria n'était pas en cause. Que c'était une simple ruse, comme ils font avec tout le monde.
- Quand je l'ai vu, continua Eddie, ainsi parti contre Victoria, j'ai été surprise qu'il soit si jaloux !
- Ce n'est pas de la jalousie. C'est surtout ce qu'il a entendu, leur répondis-je.
- Si non, toi, tu as l'air de bien aller, reprit Isabelle. Tous les voisins t'envoient leurs compliments. Tu sais qu'après ton départ, on s'est rassemblés à la même heure. On a regardé ta place et on s'est demandé pourquoi tu étais parti. On s'était

habitué à toi, à ta présence, et à tous ces rendez-vous avec les voisins, on est arrivé à mieux se connaître. Depuis tout le temps que j'habite là-bas, je n'avais jamais réussi à connaître mes propres voisins. On avait besoin de toi dans le quartier pour réussir à se rencontrer. Avant, on passait l'un à côté de l'autre sans même se dire bonjour. Maintenant, tu nous as fait changer nos habitudes, on prend notre temps pour se parler. Mais maintenant, il ne faut plus t'en faire, il faut penser à toi. Il faut que tu reprennes des forces.

- Comment va-t-il Madame ? demanda Eddie à l'assistante qui venait d'entrer.
- Il commence à se sentir mieux. Mais à cause de sa tension, il ne peut pas sortir avant deux semaines.

Un autre jour, j'eus la visite d'une jeune femme se présentant comme étudiante en journalisme. J'avais été prévenu par les assistantes médicales qu'elle allait passer et se présenter comme journaliste et que c'était la fille de l'un des maires de Paris. Elle m'interrogea sur ce que je pensais des minorités en Roumanie et des problèmes que cela posait. Je lui répondis :

- Que voulez-vous apporter comme solution ? Que l'on fasse une paix à la libanaise, avec une loi sur les majorités minorités, la minorité devient majorité minoritaire et la majorité, minorité majoritaire et où cela se termine par une guerre civile et des conflits interminables. Il n'y a pas de raison qu'une population ait plus d'avantages que d'autres.

Deux jours plus tard, je réussissais à me lever et je partis chercher ma sœur à la gare.

Une fois de retour à l'hôpital, je rencontre en traversant le parc, le médecin qui m'avait ausculté auparavant et qui n'était pas au courant de ma sortie. Il me regarde en disant :

- Je vous connais, mais je ne sais plus où je vous ai vu ? Ah mais si ! C'est vous la tension huit ! Comment cela se fait-il que vous soyez debout ? C'est la première fois que je vois quelqu'un, avec une telle tension, debout si rapidement.

- J'espère que c'est bien vous ! me demande-t-il encore une fois.

Et pour s'en convaincre, il vérifie dans la salle où l'on m'avait installé et demande aussi au personnel présent. Puis il revient au devant de moi, dans le petit parc de l'hôpital.

- Pour un miracle, c'est vraiment un miracle ! En trois jours, déjà debout ! En train de se promener ! C'est quelque chose !

…

Isabelle qui m'avait accompagné à la gare, revenait me chercher pour rentrer à la maison, elle m'informa qu'Antenne 2 était déjà au courant de l'arrivée de ma sœur et qu'ils voulaient passer chez moi pour me voir.

- Ils n'ont rien reçu du Consul Telu, qui avait promis d'envoyer une lettre pour confirmer la délivrance des visas et une fois de plus, ils se sont fait avoir. Je leur ai dit l'heure à laquelle tu allais sortir et ils sont déjà en chemin pour venir te voir. Il faut se dépêcher car il y a encore une grève des transports.

Le voyage de l'hôpital jusque chez moi se passa bien, on arriva presque même temps que l'équipe d'Antenne 2.

Quelques jours plus tard, mon frère arriva à son tour.
Puis, après leurs vacances, mon frère et ma sœur ont regagné la Roumanie.

…

Je suis retourné rue de l'Exposition. Les habitants de la rue m'ont demandé combien de temps, mon frère et ma sœur étaient restés en France. Je leur ai expliqué, que pour chaque jour de vacances où ils étaient restés, j'avais fait un jour de grève de la faim.

EPILOGUE

Avant mon départ de Roumanie, la tante Carolina, sans connaître mes intentions secrètes de partir, m'a prédit :

– Tu vas traverser des mers, des rivières, des montagnes, tu seras quelqu'un d'écouté et aimé, ton chemin est parmi les infidèles et incrédules autour de toi, tu dois te faire ton propre chemin, tes ancêtres seront à côté de toi, ils te protègeront et te sortiront de situation apparemment sans issue. A chaque génération, un des membres de la famille, de ton âge environ, a eu de grands changements dans sa vie et a découvert de nouveaux territoires. Aussi bien ton grand-père que ton père, tous deux ont connu cela. Tu arriveras avec tes actions, à changer les choses autour de toi, sur ta route, sans avoir à utiliser la force des armes et de la violence.

……….

Dans le cadre de ma grève de la faim, les chanceliers me proposaient presque tous les jours pour me faciliter les démarches, de faire une offre officielle de regroupement de famille ou d'abandonner ma nationalité. La demande d'un visa touristique passait parmi les médias et chez toute personne donneuse de leçons avec ses principes, comme quelque chose de banal…
J'étais emporté dans une aventure, sur une planète où je me trouvais bien seul. Pour amener quelqu'un sur ma planète, il fallait tomber sur des rêveurs, des rêveurs de liberté. Je vendais quelque chose, que moi-même je n'arrivais pas à définir.

Je n'ai jamais cessé de croire dans mon rêve…

Et après ...

Par rapport à mon action, une sorte de silence s'était installé en Roumanie. Plus tard, j'ai réalisé que c'était le calme avant la tempête...
Mon histoire se situe au début d'une série de révoltes où l'armée et la police se sont rangées aux côtés de la population.
Le régime dictatorial a été renversé en 1989 soit trois ans plus tard, puis ce fut la révolution velours en République tchèque, la chute du mur de Berlin…
Il y a toujours une veilleuse qui doit rester allumée ; si elle n'est pas alimentée, elle risque de s'éteindre au souffle, et au moindre petit courant d'air de tyrannie.

Décembre 1989 : des manifestations ont lieu pour la chute du couple Ceausescu. Pendant que de belles paroles cherchaient des armes, j'ai proposé d'apporter du pain au peuple. Les mêmes acteurs anonymes de la rue de l'exposition, se sont mobilisés dès la première heure, un vrai ministère s'est organisé.
Les experts de l'aide humanitaire se sont demandé comment, pour la première fois dans l'histoire des aides humanitaires, 98% des aides sont arrivées à destination ? C'était simplement organisé par une armée de rêveurs de liberté.

Aujourd'hui, vingt ans après la révolution roumaine, la Roumanie fait partie de l'Europe. Elle accepte des lois dites « de progrès » mais est encore dirigée par des lois d'une « autre époque ».
Parmi les hauts fonctionnaires roumains que j'ai eu l'occasion de rencontrer, il y en a beaucoup qui se disent débordés par mon insistance et mes demandes ; ils affirment encore aujourd'hui, que la liberté est pour eux un élément nouveau et qu'ils ont besoin de temps pour progresser. Comme s'il s'agissait d'une pièce de monnaie dans la main d'un magicien avec côté pile, la liberté et côté face, le temps !

Quelques notes sur la vie de l'auteur

Serge a vécu son enfance et sa jeunesse en Roumanie, à Brasov ville multiculturelle. Dès l'âge de 14 ans, il commence à travailler comme apprenti tout en poursuivant ses études par des cours du soir. Il rejoint le lycée de Victoria, il y découvre à la fois la nature sauvage et l'industrie chimique.
A l'âge de 28 ans il fuit le régime et se réfugie en France.
Il voyage tout en continuant des études : White Plains (U.S.A.) et devient membre honorifique de « Ethical Humanity Society ». Il se rend dans de nombreux pays et milite pour porter au monde la connaissance de ce qu'il se passe réellement en Roumanie, pays auquel son cœur reste attaché.
Autodidacte, polyvalent, il pratique différents métiers : aviation, automobile, restauration, bâtiment…
A trente ans, il rêve de peinture ; il achète des pinceaux et se met à peindre des tableaux, se découvrant un don hérité de son grand-père, bâtisseur d'églises.
Amateur de voitures anciennes, d'Histoire, il vit aujourd'hui en Bretagne où il s'adonne à ses passions : la nature, la mer, le dessin… et fidèle à ses valeurs, il n'hésite pas à interpeller les autorités, lors de ses vacances en Roumanie.

Aujourd'hui, son frère et sa sœur habitent toujours en Roumanie où ils travaillent tous deux et sa mère y coule une paisible retraite.

Articles de presse

GREVE DE LA FAIM POUR UN VISA

Serghei Pop jeûne depuis le 29 mai. Il s'est installé à l'abri du vent, dans le renfoncement d'une boutique du 7ème arrondissement. Sur le trottoir d'en-face, les employés de « *l'ambassade de la république socialiste de Roumanie* » qui reviennent de déjeuner lui jettent des regards vengeurs. La fermeture de son blouson remontée, il sommeille. Seuls dépassent des cheveux très noirs et une barbe de quelques jours.

Derrière lui, Serghei Pop a placardé une affichette qui réclame l'obtention d'un visa touristique pour son frère, sa sœur et leurs enfants restés en Roumanie. Au feutre noir, il a écrit : « nous voulons la libre circulation de la famille sans condition ou chantage ».

Depuis l'âge de trois ans, Serghei sait qu'il faut se battre. Son père lui a montré l'exemple. Après avoir épousé une soviétique, il fit, au cours de l'hiver 1956, le siège du Kremlin durant deux semaines. Il voulait retourner vivre dans son pays natal avec son épouse et leurs trois enfants. Lasses, les autorités soviétiques lâchèrent l'autorisation. Adulte, Serghei Pop suit la route tracée par son père. En 1980, il quitte la Roumanie avec un visa touristique. Il a acheté un billet pour une croisière en bateau qui lui a « *coûté deux ans de salaire* ». À Marseille, il demande l'asile politique et obtient le statut de réfugié.

Pour permettre à sa femme de le rejoindre et pour revoir ses deux fils, il entame en Novembre 1982 une grève de la faim. Pendant une semaine, il occupe en face de l'ambassade de Roumanie le même renfoncement abrité du vent. « *Avec l'appui de Georges Mesmin, député du 16è arrondissement,* dit-il et grâce au soutien de quelques amis, les Roumains ont fini par dire oui ». En Mars 1983, sa femme et ses enfants débarquent en France. Serghei Pop sourit. Il y a trois nuits, une main anonyme a déposé pour lui une rose et une couverture sur le trottoir. Et mardi soir, une quarantaine de personnes ont manifesté devant l'ambassade. A Brasov, son frère Valeri et sa sœur Raïssa attendent toujours une réponse à leur demande de visa. Ils attendent depuis cinq ans et demi.

Libération - jeudi 5 juin 1986 - par Jean-Luc Clouard

A TRAVERS LE MONDE - DROITS DE L'HOMME

Grève de la faim devant l'ambassade de Roumanie à Paris

M. Serghei Pop, chaudronnier de son état, a entamé, le 29 mai dernier, une grève de la faim illimitée devant l'ambassade de Roumanie à Paris, afin que son frère, sa sœur et leurs familles puissent recevoir le visa touristique pour la France qu'ils réclament en vain depuis cinq ans et demi. M. Pop avait, en février 1983, obtenu par le même moyen la sortie de Roumanie de sa femme et de leurs deux enfants.

Affaibli, il explique aux passants qu'il désire « la libre circulation de sa famille sans recours au chantage ». Beaucoup de riverains le soutiennent : une nuit un sympathisant a déposé une couverture près de lui ; un autre, une rose. A l'ambassade, on se borne à déclarer : « pas de commentaires ». *(Le Monde – 5 juin 1986)*

A Paris : LE GREVISTE DE LA FAIM ROUMAIN A ETE HOSPITALISE

Serghei Pop, le jeune carrossier roumain qui fait la grève de la faim depuis le 29 mai afin que son frère, sa sœur et leurs familles puissent obtenir le visa touristique pour la France qu'ils réclament depuis cinq ans a été hospitalisé, le 16 juin, à l'hôpital Necker, à Paris. Mais entre-temps, il a fait une émule, Madame Victoria P, soixante-deux ans, fonctionnaire du service scolaire de la ville de Paris, qui exige un visa pour son fils de trente-trois ans bloqué en Roumanie. Elle ne s'alimente plus depuis onze jours.

Madame P. est installée dans une Opel rouge, tout à côté de l'embrasure où était allongé Serghei. Dans la journée, elle fait quelques pas, discute avec les sympathisants qui l'entourent et les passants qui s'arrêtent. Dans le quartier, Serghei Pop et elle étaient devenus des « vedettes », faisant se déplacer les équipes de télévision. Plusieurs manifestations de soutien ont eu lieu, qui rassemblaient riverains, élus locaux et membres de la communauté roumaine. M. Jacques Chirac a envoyé un télégramme à l'ambassade de Roumanie et le secrétaire d'Etat aux droits de l'homme suit, dit-on, l'affaire de près. L'ambassade, pour l'instant, s'est bornée à prévenir M. Pop que sa sœur et le mari de celle-ci pourraient obtenir un passeport, mais sans visa de sortie... *(Le Monde –20 juin 1986)*

L'HARMATTAN, ITALIA
Via Degli Artisti 15 ; 10124 Torino

L'HARMATTAN HONGRIE
Könyvesbolt ; Kossuth L. u. 14-16
1053 Budapest

L'HARMATTAN BURKINA FASO
Rue 15.167 Route du Pô Patte d'oie
12 BP 226
Ouagadougou 12
(00226) 76 59 79 86

ESPACE L'HARMATTAN KINSHASA
Faculté des Sciences Sociales,
Politiques et Administratives
BP243, KIN XI ; Université de Kinshasa

L'HARMATTAN GUINEE
Almamya Rue KA 028
En face du restaurant le cèdre
OKB agency BP 3470 Conakry
(00224) 60 20 85 08
harmattanguinee@yahoo.fr

L'HARMATTAN COTE D'IVOIRE
M. Etien N'dah Ahmon
Résidence Karl / cité des arts
Abidjan-Cocody 03 BP 1588 Abidjan 03
(00225) 05 77 87 31

L'HARMATTAN MAURITANIE
Espace El Kettab du livre francophone
N° 472 avenue Palais des Congrès
BP 316 Nouakchott
(00222) 63 25 980

L'HARMATTAN CAMEROUN
BP 11486
(00237) 458 67 00
(00237) 976 61 66

622541 - Octobre 2015
Achevé d'imprimer par

1livre.com
du rêve à la réalité !